U0454815

成都市成华区文化体育和旅游局
成都市成华区文物保护管理所 编著

孟知祥墓与后蜀

MENG ZHIXIANG MU

YU HOUSHU

四川科学技术出版社

图书在版编目（CIP）数据

孟知祥墓与后蜀 / 成都市成华区文化体育和旅游局，成都市成华区文物保护管理所编著. -- 成都：四川科学技术出版社，2022.7

ISBN 978-7-5727-0644-8

Ⅰ.①孟… Ⅱ.①成…②成… Ⅲ.①孟知祥（874-934）—生平事迹②中国历史—五代(907-960) Ⅳ.①K827②K243.109

中国版本图书馆CIP数据核字(2022)第126118号

孟知祥墓与后蜀
MENG ZHIXIANG MU YU HOUSHU

编　　著　　成都市成华区文化体育和旅游局
　　　　　　成都市成华区文物保护管理所

出 品 人　　程佳月
组稿编辑　　李蓉君
责任编辑　　王双叶
封面设计　　张　勇
责任出版　　欧晓春
出版发行　　四川科学技术出版社
　　　　　　成都市锦江区三色路238号 邮政编码 610023
　　　　　　官方微博：http://weibo.com/sckjcbs
　　　　　　官方微信公众号：sckjcbs
　　　　　　传真：028-86361756
成品尺寸　　170mm × 240mm
印　　张　　16.25
字　　数　　330千
制　　作　　成都华桐美术设计有限公司
印　　刷　　四川华龙印务有限公司
版　　次　　2022年9月第1版
印　　次　　2022年9月第1次印刷
定　　价　　168.00元

ISBN 978-7-5727-0644-8

邮　　购：成都市锦江区三色路238号新华之星A座25层　邮政编码：610023
电　　话：028-86361758

■ 版权所有·翻印必究 ■

《孟知祥墓与后蜀》
编委会

主　任

马亚炜

副主任

杨　楠

编　委

张娇　陶棠　高烈　庞智彬

顾　问

王占魁　白玉川　刘建成

指导专家

罗二虎　吴建国　谢涛　索德浩　覃影　郑腾

编　辑

王涛

文字编辑

肖林芝　王玉霞　邱琴　温涛　杨婷

黄芬　王森　彭汝月　郑腾　杨宇

田铮　张雪　杨君

经过"安史之乱"的猛烈冲击，唐王朝最终走向土崩瓦解，全国陷入分裂割据的局面。自公元907年朱温建立后梁，相继出现了后唐、后晋、后汉、后周共五个中原政权，以及吴、吴越、前蜀、闽、南汉、荆南、楚、后蜀、南唐、北汉等十个地方政权，史称"五代十国"。其中，后蜀（934—965年）政权的开创离不开一位重要的历史人物——后蜀高祖皇帝孟知祥，他以成都为政治中心，对西蜀地区进行了短暂的统治。

孟知祥，生于唐末邢州龙冈县（今河北邢台）。少时随父事晋崭露头角，因颇具才干而深得李克用赏识重用。其后，孟知祥审时度势，步步为营，从拥兵镇守西川到统一东、西两川，经过八年苦诣经营，最终与中原沙陀人建立的后唐朝廷决裂，自立称帝。应顺元年（934年）正月二十八日，孟知祥即帝位，国号蜀，史称"后蜀"。从此，后蜀王朝掀开了新的历史篇章。

可惜的是，即帝位后不久的孟知祥，身体状况却日趋恶化。应顺元年（934年）七月二十六日，病危弥留之际的孟知祥安排好后事便与世长辞了，时年六十一岁，谥号"文武圣德英烈明孝皇帝"，庙号"高祖"，葬于"和陵"。

1970年冬，原金牛区（现成华区）青龙公社石岭大队六队的农民在改修沟渠取用长条砖石过程中发现了一座圆形石墓，后经正式的清理发掘确定为后蜀孟知祥夫妇合葬墓。

"和陵"地处成都北郊磨盘山南麓（现属成华区白莲池街道石岭社区境内）。墓葬早年被盗，出土文物不多，仅有完整的福庆长公主墓志铭、孟知祥玉册残简以及青瓷、白瓷器物残片、石质油缸等遗物。不过墓葬本身保存基本良好，墓道、墓门及墓室结构完整，尤以青石构筑的圆形穹窿墓室独具特色。

抚今追昔，当我们徜徉在卷帙浩繁的典籍中，帝王将相、英雄豪杰名垂青史者不胜枚举，然而数千年的时光洗濯，得以沉淀重现于今世者却寥寥无几。孟知祥墓就是这样珍贵的存在，它与其他后蜀墓葬共同为世人描摹出五代时期西蜀权贵"地下世界"的一隅之象。赞叹墓葬结构设计规整合理，欣赏墓葬装饰栩栩如生之余，我们得以重新审视孟知祥是如何在五代十国时期极为混乱恶劣的政治环境中，以超人的智慧、冷静的头脑、非凡的胆略统一两川的；又是如何实行较为开明的政治，善待臣民，使蜀中免受战乱之苦，经济得到发展的。

成都市成华区文化体育和旅游局

2021年11月15日

上　编

后蜀的历史变迁

下　编

孟知祥墓及后蜀墓葬探究

附　录

上编

后蜀的历史变迁

第一章
孟知祥及其家族

一、武将家族兴起

贞观之治，天、开之盛，是唐朝的黄金时代。至唐朝末年，统治集团内部腐败堕落，社会矛盾尖锐剧烈，以致农民起义大爆发。起义被镇压后，唐王朝的危机进一步加重，掌握实权的藩镇势力趁机不断争夺扩张，中央王朝的统治形势发生了巨大的变化。藩镇势力名义上归属于唐王朝的领导，实际上掌控当地的政治、军事、财政大权，独立于唐朝廷之外。军阀混战、各自为政的时代，武将家族日渐兴起壮大。

晚唐时期，孟知祥所在的孟氏家族既不是世族，更算不上豪族，而是在战乱四起的年代依靠世袭藩镇牙兵而崛起的新兴武将家族。

关于邢州龙冈孟氏的族源，始于何时何地并不知详。史料中记载，孟知祥的祖父孟察、父亲孟道皆承袭邢州郡校。他的伯父孟方立、叔父孟迁则曾先后任节度使。特别是孟方立，毕生戎马倥偬雄踞一方，可谓一代乱世枭雄而青史留名。另外，孟知祥家族还有一人，名叫孟元阳，也曾于元和五年（810年）任昭义节度使，此人在《旧唐书》中有其本传："起于陈许军中……右羽林统军"[1]。另外，在《册府元龟》中对孟元阳也有相同的记载。现以孟知祥祖父孟察为第一代起，详述其祖、父辈家庭成员的情况。

---

[1] [后晋]刘昫等撰：《旧唐书》卷一百五十一《列传一百一》，中华书局，1975年，第4062-4063页。

1. 祖辈

孟察，是孟知祥的祖父。史载"祖察，父道，世为郡校"①。也就是说，孟知祥的祖父孟察和父亲孟道先后在邢州任军将，而孟知祥的祖父孟察父辈以上的情况史书中并无记载。孟知祥在称帝后"追尊曾祖佚为孝元皇帝，庙号太祖"②。

2. 父辈

（1）孟道，如上所述，为孟知祥的父亲。孟道的一生并不显达，自孟迁跟随晋国投降朱梁后，"知祥父道，独留事晋而不显"③。孟道婚配情况不详，至少育有一子一女，即孟知祥及其妹。孟知祥称帝后追尊其父"考巇为孝武皇帝，庙号显宗"④。

（2）孟迁。过往有学者考证"孟察至少生子二人：道、迁。另有从子孟方立"⑤。因史书记载互异，说法不同，关于三人的关系，诸书互异，有四种说法，进一步论证为：其一，《旧唐书》谓孟方立"其弟洺州刺史迁"；其二，《新唐书》谓孟方立"从弟迁"；其三，《旧五代史·孟知祥传》谓孟知祥"伯父方立……从父迁"；其四，《新五代史》谓孟知祥"其叔父迁"。从三人名字来看，"道、迁"皆为单名且俱从"辶"部，与方立双名明显不同。因此，孟方立与孟道、孟迁二人为从兄弟的可能性较大。⑥

（3）孟方立，生年不详，邢州人（今河北省邢台市），原籍邢州平乡。据上所论，孟方立当为孟察从子，也就是孟知祥的从伯父。孟方立"少为军卒，以勇力选为队将"。广明年间（880—881年），他任泽州（今山西省晋城一带）天井关戍守

---

① ［宋］薛居正等撰，朱东润等点校：《旧五代史》卷一百三十六《僭伪列传第三》，中华书局，1976年，第1822页。

② ［宋］张唐英撰，王文才、王炎校笺：《蜀梼杌校笺》卷三《后蜀先主》，巴蜀书社，1999年，第317页。

③ ［宋］欧阳修撰，［宋］徐无党注，石淑仪等点校：《新五代史》卷六十四《后蜀世家》，中华书局，1974年，第797页。

④ ［宋］欧阳修撰，［宋］徐无党注，石淑仪等点校：《新五代史》卷六十四《后蜀世家》，中华书局，1974年，第797页。

⑤ 胡耀飞：《论唐宋之际邢州孟氏家族的地域迁徙与门风转型》，《珞珈史苑·2012卷》，武汉大学出版社，2013年，第134页。

⑥ 胡耀飞：《论唐宋之际邢州孟氏家族的地域迁徙与门风转型》，《珞珈史苑·2012卷》，武汉大学出版社，2013年，第136-137页。

将，后来被提升为游弈使。

关于孟方立"擅裂邢、洺、磁为镇"的来龙去脉，史料记载比较混乱，时间、人物等内容相左处甚多，赘列如下：

《旧五代史·孟方立传》中载："时黄巢犯关辅，州郡易帅，有同博奕。先是，沈询、高湜相继为昭义节度，怠于军政。及有归秦、刘广之乱，方立见潞帅交代之际，乘其无备，率戍兵径入潞州，自称留后，以邢为府，以审诲知潞州。"[1]

《新唐书·王徽传》中载："昭义高浔与贼战石桥，败绩。其将刘广擅还，据潞州。别将孟方立杀广，因取邢、洺、磁三州贰于己。"[2]

《新唐书·孟方立传》中载："中和元年，昭义节度使高浔击黄巢，战石桥，不胜，保华州，为裨将成麟所杀，还据潞州，众怒。方立率兵攻麟，斩之，自称留后，擅裂邢、洺、磁为镇，治邢为府，号昭义军。"[3]

《册府元龟》（卷三五九）："安文祐为潞州牙门将。光启中，潞州军校刘广逐节度使高浔，据其城。僖宗诏文祐平之。既杀刘广，召赴行在，授邢州刺史。"[4]

《北梦琐言》中载："广明中，潞帅高浔攻诸葛爽于河阳，方立出天井关为前锋，时浔为大将刘广所逐，广忌方立，留戍于关，后广为潞人所杀，三军乃以方立为帅，因有首邱之思，遂移军于邢州，用法平正，人皆附之。"[5]

《资治通鉴》中载："高浔与黄巢将李详战于石桥，浔败，奔河中，详乘胜复取华州。巢以详为华州刺史……昭义十将成麟杀高浔，引兵还据潞州。天井关戍将孟方立起兵攻麟，杀之。方立，邢州人也。"[6]

① ［宋］薛居正等撰，朱东润等点校：《旧五代史》卷六十二《唐书三十八·列传第十四》，中华书局，1976年，第827页。

② ［宋］欧阳修等撰，石淑仪等点校：《新唐书》卷一八五《列传第一百一十》，中华书局，1975年，第5408页。

③ ［宋］欧阳修等撰，石淑仪等点校：《新唐书》卷一八七《列传第一百一十二》，中华书局，1975年，第5448页。

④ ［宋］王钦若等编纂，周勋初等校订：《册府元龟》（校订本）第五册，卷三五九《立功第十二》，凤凰出版社，2006年，第4057页。

⑤ ［五代］孙光宪撰，贾二强点校：《唐宋史料笔记丛刊：北梦琐言》卷十三，中华书局，2002年，第272—273页。

⑥ ［宋］司马光编著，［元］胡三省音注，石淑仪等点校：《资治通鉴》卷二百五十四《唐纪七十》，中华书局，1976年，第8257—8259页。

《资治通鉴考异》中载："'泽潞牙将刘广据潞州叛，天井关戍将孟方立帅戍卒攻广杀之，自称留后，仍移军额于邢州。初高浔援京师，广率师至阳平谋为乱，不行，还据潞州，自称留后，用法严酷，三军畏之。方立乘虚袭杀焉。'……'贬昭义节度使高浔为端州刺史。'……中和三年《实录》'初，孟方立杀高浔自立。'"①

　　根据以上所列史籍资料，《旧五代史》记录了孟方立"自称留后"的基本背景概况，即当时黄巢起义军进犯关中及三辅地区，州郡将帅变换频繁。沈询、高湜（《旧五代史》误作"高浔"为高湜）先后任昭义节度使，怠误了军政事务。到了归秦、刘广作乱之时，孟方立趁着潞州将帅交替更换的时机，率领戍守军士进入潞州，自称留后。

　　另外，"自称留后"事件发生的时间、人物关系与前因后果可暂作如下推断：《册府元龟》与《北梦琐言》所载"刘广死于安文祐之手"略同。广明中年（880—881年），高浔在河阳地区进攻诸葛爽，孟方立作为前锋从天井关出兵。中和元年（881年），高浔率官军与黄巢部将李详战于石桥，高浔被打败，逃奔河中，李详率军乘胜收复华州，黄巢便任命李详为华州刺史。在此过程中，潞州军校刘广率领兵士至阳平谋反叛乱未能成功，又返回占领了潞州。刘广将高浔逐出潞州后，因忌惮孟方立便让他留守天井关。于是，唐僖宗下诏派遣潞州牙门将安文祐去镇压刘广。《新唐书》所称"别将孟方立杀广"与《资治通鉴考异》中所载"天井关戍将孟方立帅戍卒攻广杀之"内容相似，都认为刘广是孟方立所杀。经刘广一事，高浔被贬为端州刺史。其后，据《新唐书·孟方立传》与《资治通鉴》，高浔被昭义十将成麟所杀。成麟又带领兵士占据了潞州，引起了众怒。孟方立便起兵攻打潞州，斩杀了成麟。而《资治通鉴考异》所书"初，孟方立杀高浔自立"，恐误。虽然这一段史实不甚明确，高浔、刘广、成麟、孟方立之间的斗争纠葛不够明确，但并不影响孟方立最终进入潞州"自称留后"的步伐。

　　孟方立杀成麟后，未直接留在潞州，而是率兵回到家乡邢州，号称昭义军，并以邢州为治所。唐朝廷有大臣认为孟方立的昭义军首领身份没有经过唐朝廷的批准，是不合法的，便请求推举监军使吴全勖为知兵马留后。中和二年（882年），对黄巢作战的总指挥前宰相王铎时任诸道行营都统，是管理军队的高级长官。他认为潞州一带还没有稳定，应由孟方立暂且代理较好。唐朝廷便授予孟方立为检校

---

① ［宋］司马光撰：《资治通鉴考异》卷二十四，上海涵芬楼影印宋刊本，2003年，00337页。

左散骑常侍、兼职御史大夫，负责邢州一带的事务。孟方立拒不受命，并囚押了吴全勖，声称宦官不能为留后。他写信给王铎，希望能委派儒臣来镇守潞州。王铎只得任命参谋、中书舍人郑昌图知昭义留事，并希望郑昌图能真正管理军队。不久之后，唐僖宗又任命旧臣右仆射、租庸使王徽为同平章事，充任昭义节度使。但王徽认为唐僖宗西迁蜀地，中原一带正扰乱不安，又得知孟方立擅自割据太行山以东的邢、洺、磁三州，并且李克用也对潞州之地虎视眈眈，估计朝廷无力控制这种复杂的局面，所以推辞而不赴任，请求暂且委派郑昌图为昭义节度使。朝廷又颁诏改任王徽为大明宫留守、京畿安抚制置修奉使，负责修缮长安宫阙。郑昌图赴潞州就任，但不到三个月就离开了，孟方立实际上控制了昭义。孟方立把昭义军治所从潞州迁到邢州，自称留后。他还进呈表章请任他的将领李殷锐为潞州刺史，并称潞州地形险要而民风彪悍，多有乱贼将帅叛乱，想要削弱这些势力，于是将治所地迁移至龙冈，地方富庶豪杰势力多有不满言论。唐朝廷派来的宦官、昭义监军祁审诲得知潞州百姓不悦，中和三年（883年）十月，就让潞州牙将安居受写密信给握有重兵的河东节度使李克用，乞求他出师予以镇压并恢复潞州真正的昭义军。李克用见到有可乘之机，立即答应。李克用和孟方立二大藩镇之间的战争就正式拉开帷幕了。

李克用一开始派出大将贺公雅、李筠、安金俊率领三部人马气势汹汹地进击潞州，与孟方立在铜鞮交战，一直处于劣势，结果被孟方立所破而后退。李克用感到孟方立不好对付，又选派了左营军使李克修指挥出战。李克修是李克用的堂弟，经常跟随李克用东征西伐，精通骑马射箭，军事指挥技术过硬。在李克修的轮番攻击下，终于攻陷潞州，孟方立委任的刺史李殷锐也被斩杀。

李克用还上表唐廷请求委任李克修为昭义节度留后，全面负责昭义的军事大事，唐朝廷予以了批准。这样，除了孟方立据邢、洺、磁三州自为昭义军外，又多了另一个"昭义节度"。

为了扩大势力范围，李克用继续派兵不遗余力地攻打孟方立。多年对抗，孟方立早已有些难以为继。光启二年（886年），李克修趁机出兵太行山以东，成功收复了邢、洺两州。其年十一月，又夺取了故镇。孟方立当即派出将帅吕臻、马爽增援。此次战斗十分激烈，李克修大败孟方立的部将军队，擒获吕臻，斩杀俘虏士兵万余人。李克修的军队进一步攻陷了武安、临洺、沙河、邯郸等属县，乘胜之势围攻邢州。同时，李克用派安金俊出任邢州刺史，招抚孟方立的兵卒。孟方立不得已，只得向镇州（今河北省正定一带）成德军节度使王榕请求出兵救援。王榕觉察到李克用的凶悍和野心，他认为若李克用消灭了孟方立，那么有可能将矛头对准自己，于是立即派出三万人马前去支援孟方立。李克修军队见到王镕援军赶来便慌忙撤离，孟方立暂时转危为安。后因张全义夜袭河阳，李罕之在猝不及防的情况下全族被俘，仅他自己一人逃到了泽州。李克用为了拉拢诸方势力为己所用，立刻任命李罕之为泽州刺史，同时李存孝统率七千骑兵，与薛阿檀、安休休协助李罕之复攻河阳。

两年后，孟方立派遣部将奚忠信率兵三万余人袭击河东镇的辽州，并与金国（今山西省大同一带）的啖赫连铎结成联盟，约定共同作战。恰逢契丹国军队进攻啖赫连铎，啖赫连铎的部队因而被拖住无法按时到达。但奚忠信对此情况全然不知，依旧兵分三路击鼓进军。李克修设精兵埋伏在辽州的东山一带。等到奚忠信的前军一进伏击圈就将其制服，奚忠信大败，被李克修俘获并献给李克用。最终，奚忠信出战的三万人马只有十分之二得以逃脱。这次战役的失败，使得孟方立集团的军事力量受到致命的打击，已再无实力与李克用进行对抗了。

龙纪元年（889年），李克用开始大举攻伐孟方立，派出大将李罕之、李存孝再次向邢州、磁州、洺州进军。时年六月，洺、磁两州都被李存孝攻克。孟方立派遣爱将马溉、袁奉韬率领全部兵士迎战于琉璃陂。孟方立军队大败，李存孝活捉了马溉、袁奉韬，并押送他们到邢州城下，用刀威胁他们向城内喊话孟方立，让他尽快投降，并承诺若谁能斩下孟方立的首级，就可以获封三州节度使。

孟方立看到属州一片断壁残垣，人们恐慌不安，再想到自己平时性格刚烈急躁，对待下级苛刻少恩，深感力屈道穷。夜晚去视察守城士兵时，士兵们都倨傲不满，诉说疲劳，无力应战。孟方立自知重振大业无望，返回后便饮鸩自杀。

（4）孟迁，生年亦不详。如上所述，孟迁为孟知祥叔父。史载"军中以其弟洺州刺史迁为留后"[1]，即孟方立自杀以后，孟迁因平时深得士兵拥护，被大家推举担任昭义节度留后。

孟迁虽接任昭义节度留后，但是大敌当前且兵力悬殊的情况并没有改变。他只得以投降作为条件，向盘踞河南的藩镇朱温求援。朱温的军队当时正在进攻占据徐州的时溥，一时无法抽调兵力至河北，但又不舍得放弃昭义这块肥肉，于是朱温命令部下王虔裕率领精兵百人前往救援。经由河南罗宏信所据之处时不予通行，王虔裕只得由其他小路进入邢州。对孟迁来说，王虔裕带来几百人的增援无疑是杯水车

---

① ［宋］欧阳修撰，［宋］徐无党注，石淑仪等点校：《新五代史》卷四十二《杂传第三十》，中华书局，1974年，第457页。

薪，根本上无法解决眼前的危机。王虔裕急中生智想出了一个方法，将稻草捆成人状，穿上衣服，放置在城楼上，并广布梁军朱温的旗帜，以扰乱视听，迷惑李克用部队，李军误以为孟迁的大量援军到了便撤回了。三个月后，李克用得知王虔裕的援军只有几百人，便重新向邢州发起围攻。

大顺元年（890年），李存孝领命攻打邢州，孟迁实在无力抵抗，挈邢、洺、磁三州归降，同时把王虔裕和他的士兵也抓起来献给了李存孝。同年，李存孝押送孟迁举家入晋、迁居太原。取得邢州的李克用，任命安金俊为邢、洺、磁团练使，孟迁则被封为"军城都虞候"，后被任命为汾州（今山西省临汾市一带）刺史。光化二年（899年），孟迁任昭义军留后，并于第二年实任检校司徒兼潞州大都督潞州节度使。

天复元年（901年）四月，朱温先后消灭了秦宗权、时溥、朱瑾等，取得了山东、河南、江苏、安徽等地域，成为当时实力最强大的藩镇。对朱温构成威胁的势力，只剩下占据山西、河北的河东节度使李克用。

于是，他派遣六路大军大举进攻河东。朱温的爱将氏叔琮率兵五万从太行山出发，向泽州、潞州进攻；大将张文恭率领魏博（今属河南）兵向磁州新口进攻；葛从周率领兖、郓（今属山东）兵从土门进攻；张归厚领率邢、洺（今属河北一带）兵从马岭进攻；王处直率领定州（今属河北）兵从飞狐进攻；侯言率领晋、绛（今属山西）兵从阴地进攻。

六路大军势不可挡，氏叔琮突破天井关，仅一天就取得了沁州、泽州。潞州城也被氏叔琮的军队团团围攻，孟迁麾下只有少量的士卒，无法与朱温的军队抗衡，只得再次开门投降，第二次做了俘虏。

攻克潞州后，氏叔琮率军一路进攻直指晋阳。李克用见兵临城下形势危急，亲自登城指挥防御。后因天降大雨，氏叔琮部队水土不服暴发痢疾，加之后方粮食供给不足，内部发生饥荒。李克用部将趁此良机从城中暗道杀出，斩杀氏叔琮的士兵诸多。

天复元年（901年）五月，朱温不得已只得召回氏叔琮，撤退部队至山西上党，并带走了归降朱温的孟迁。同年闰六月，到达河南的孟迁，被朱温上奏封为河阳（今河南省孟州一带）节度使，但只领管怀州一郡。孟迁后被朱温所杀，具体被杀时间不详，原因则可参考《新五代史》中所书："梁太祖恶其返覆，杀之。"①此外，孟迁的婚配子嗣情况史料也并无记载。

---

① ［宋］欧阳修撰，［宋］徐无党注，石淑仪等点校：《新五代史》卷四十二《杂传第三十》，中华书局，1974年，第457页。

二、终成贵戚权门

孟知祥，字保胤，邢州龙冈人，为孟道之子。"咸通十五年甲午岁四月二十一日生"①，即公元874年，孟知祥出生了。他出生时室内出现一道神奇的火光照耀室内外，邻里们都感到十分惊异。有僧人认为孟知祥是神灵转世，告诉大家："此五台山灵也。"②

大顺元年（890年），孟迁以邢、洺、磁三州归降李克用，孟迁虽取得了李克用的宠信，但后晋还是将孟氏一族迁往太原。景福二年（893年），孟知祥弱冠之时，李克用提拔他补替太原衙内都指挥使之职。受到李克用厚待的孟知祥，其后又娶了晋王李克让之女琼华长公主为妻，也就是后来的福庆长公主。孟知祥早年发迹，仕途顺利，又成为皇亲国戚，这一系列的际遇对于当时其他武将家族子弟来说无疑是可遇而不可求的。这些也成为其逐步壮大并最终在蜀地建立起地方统治最大的政治资本之一。

后蜀明德元年（934年），孟知祥正式建立后蜀，不幸的是同年他便去世。后蜀先主孟知祥虽早逝，但孟氏家族人丁兴旺后继有人。据学者考证，孟知祥与福庆长公主共育有四子二女，四子分别为孟贻范、孟贻邕、孟贻矩、孟贻鄴，二女为孟久柱、孟延意；太后李氏育有五子及二女，五子分别为孟昶、孟仁毅、孟仁赟、孟仁裕、孟仁操。③

孟昶，也就是孟知祥后蜀大业的第二代继任者。④他原名仁赞，因避讳而改名，是李、孟生育的第一子，孟知祥的第三子。后唐天祐十六年（919年）十一月十四日，孟昶出生于太原，后跟随母亲李氏长大。天成初年，孟知祥平定东川后才迎孟昶入蜀，并任命他为节度行军司马兼都总辖义胜、定远两川衙内马步诸军事。孟昶既非孟知祥的嫡子也非长子，一入蜀就得到其父的重用，甚至待遇远超

---

① ［宋］张唐英撰，王文才、王炎校笺：《蜀梼杌校笺》卷三《后蜀先主》，巴蜀书社，1999年，第253页。

② ［宋］张唐英撰，王文才、王炎校笺：《蜀梼杌校笺》卷三《后蜀先主》，巴蜀书社，1999年，第253页。

③ 胡耀飞：《论唐宋之际邢州孟氏家族的地域迁徙与门风转型》，《珞珈史苑·2012卷》，武汉大学出版社，2013年，第140-144页。

④ 胡耀飞：《论唐宋之际邢州孟氏家族的地域迁徙与门风转型》，《珞珈史苑·2012卷》，武汉大学出版社，2013年，第143-144页。

其兄孟贻矩、孟贻邺，究其原因有"自幼温厚，知书乐善"[①]之说，又有《五国故事》所载："昶之幼年，有日者周元豹视之，谓知祥曰：'此儿骨法非常，宜爱之'"，但先主起初并未听从，后来周元豹继而告曰："此四十年偏霸之主，非等闲也。"[②]总之，孟昶深得孟知祥的厚爱，既有他本身确有过人之处外，也有其父听闻儿子能偏霸一方后的野心使然。在这样的背景下，明德元年（934年）七月，孟知祥寝疾，一直被视为嗣主的孟昶被正式册封为太子，同年十一月顺理成章地登上了后主之位。

子承父业的孟昶在富庶的蜀地大展拳脚，即便从政期间存在各种短弊，但与其他地方政权相比，后蜀走过了比较稳定和平的三十余年。但是作为亡国之帝，孟昶也难得善终，按史书所言孟昶正月降，至京师后"七日而卒"[③]，由此推算，孟昶卒亡之时不过四十七岁。

另外，孟昶在世时君临天下，后宫佳丽不断，故而子嗣很多。孟昶至少育有三子六女，但基本没有成就非凡事业之人。除了第三子孟玄宝七岁便夭折，另外两子孟玄喆、孟玄珏皆是不求上进的平庸之辈。随着后蜀政权的一朝倾颓，孟昶的后人身份进行了转化，变成既受制于宋又得到其荫庇的臣子。直到淳化三年（992年）玄喆、玄珏相继离世，称霸一时的孟氏家族也渐渐退出了历史舞台。

---

① ［宋］张唐英撰，王文才、王炎校笺：《蜀梼杌校笺》卷三《后蜀先主》，巴蜀书社，1999年，第326页。

② ［宋］佚名撰，张剑光校点：《五国故事》卷上《后蜀孟氏》，《五代史书汇编》第六册，杭州出版社，2004年，第3188页。

③ ［宋］欧阳修撰，［宋］徐无党注，石淑仪等点校：《新五代史》卷六十四《后蜀世家》，中华书局，1974年，第807页。

第二章
孟知祥创建后蜀

一、群雄逐鹿占西蜀

（一）乱世而立

黄巢农民起义让大唐的统治权力土崩瓦解，逐渐形成藩镇割据的态势，而孟氏一族所处的山西地区是为李克用所占据的。

李克用，沙陀族人，他在对抗黄巢起义的战争中骁勇善战，因率兵将黄巢赶出长安，被唐僖宗封为"河东节度使"，掌管山西地。乾宁二年（895年），李茂贞、王行瑜及韩建三帅进京挟持唐昭宗，李克用因成功救出昭宗而被封为晋王。

后梁开平二年（908年）正月，李克用逝世，长子李存勖承嗣晋王位。李存勖虚怀若谷，即位后便在政治和军事上进行了重要的改革，大大提高了军队的战斗力。他四处征战，与之发生冲突最多的便是后梁。后梁立国，以河南、山东为主要辖地，皆与山西接壤，所以李存勖与后梁展开了长达十数年的战争。孟知祥先被李存勖任命为马步军教练使并出任岚州知州，辅助他开疆拓土，随后又被任命为中门使。中门使主要负责接受表奏和传达皇帝命令，其职能类似于"枢密使"。在李存勖与后梁的长期作战中，"知祥参谋应变，事无留滞"[1]，得到李存勖极大的信任。但是孟知祥鉴于有的中门使本来忠诚，反而获罪被杀的教训，请求调任，举郭崇韬代替自己。李存勖遂允之，任命孟知祥为马步军都虞候，为皇帝亲卫，足可见晋王对他的信任。

同光元年（923年）四月，李存勖于魏州登基，自认继唐之后，改国号唐，以太

---

[1] ［宋］张唐英撰，王文才、王炎校笺：《蜀梼杌校笺》卷三《后蜀先主》，巴蜀书社，1999年，第255页。

原为西京，后唐政权正式建立。此时，孟知祥被任命为太原尹、北京留守。孟知祥与李存勖既有郎舅之亲，孟又是后唐的功臣，故他们之间结成了特殊而良好的关系。

同年八月，后梁左右先锋指挥使康延孝降唐，揭露了后梁统治集团内部的矛盾，又泄露了十月梁将分几路大举进攻的军事秘密，并献计："臣窃观梁兵聚则不少，分则不多。愿陛下养勇蓄力以待其分兵，帅精骑五千自郓州直抵大梁，擒其伪主，旬月之间，天下定矣。"[①]李存勖一举挥兵至郓州，晋军直趋后梁，后梁灭亡。

李存勖灭梁后，便有了统一全国的意图，而蜀地向来以"地富民饶"而著称，便将蜀地作为扩充版图的首选。

（二）蜀地之变

此时与太原相距一千三百多公里以外的蜀地已经建立了自己的政权，史称"前蜀"。

王建，字光图，许州舞阳（今河南舞阳西北）人。王建本为贼首，在中和四年（884年）时，他投奔唐僖宗麾下。当时唐僖宗因黄巢农民起义西逃至成都。在各地节度使的支援下，僖宗利用蜀地的富庶和天然的地域优势展开对起义军的反扑，并赢得胜利。王建在战役中的英勇表现得到了唐僖宗的认可。光启元年（885年），王建随僖宗返回长安，任神策军将领。次年四月，出为利州（今广元）刺史，开始在三川地区发展个人势力。

首先，王建占领了阆州。阆州（今阆中）位于今四川省东北部，四面环山，三方绕水，号称"地僻人富""地奥民豪"，自古就是军事重镇。光启三年（887年）三月，在谋士周庠的策划下，王建"召募溪洞酋豪，有众八千，沿嘉陵江而下，袭阆州，逐其刺史杨茂实而据之"[②]。其后，王建以"防御史"为名，招纳大批的逃亡者入伍，囤积军队。其次，王建又一举拿下西川地区。王建的势力逐渐壮大后，东川节度使顾彦朗害怕遭到王建侵扰暴掠，遂与他交好，多次派出使者问候，并赠军需粮食。这遭到了西川节度使陈敬瑄的忌惮，"恐其合兵图己，谋于田令孜"[③]。而田令孜是王建的义父，他写信召王建到成都。实际上，王建也想乘机

---

① ［宋］司马光编著，［元］胡三省音注，石淑仪等点校：《资治通鉴》卷二百七十二《后唐纪一》，中华书局，1976年，第8891页。

② ［宋］司马光编著，［元］胡三省音注，石淑仪等点校：《资治通鉴》卷二百五十六《唐纪七十二》，中华书局，1976年，第8346—8347页。

③ ［宋］司马光编著，［元］胡三省音注，石淑仪等点校：《资治通鉴》卷二百五十七《唐纪七十三》，中华书局，1976年，第8367页。

到西川发展，便率兵南下，行至鹿头关（今德阳北）时，陈敬瑄又怕引狼入室，急忙派人阻止。进退两难让王建十分震怒，直接破关而入，在顾彦朗的支持下连占四州，"败汉州刺史张顼于绵竹，遂拔汉州、进军学射山，又败西川将句惟立于蚕此，又拔德阳"[1]。经过三年苦战，至昭宗大顺二年（891年）八月二十六日，陈敬瑄、田令孜投降，王建入据成都，自称"西川留后"。十月，朝廷承认既成事实，任命王建为西川节度使。其后，又经过十余年的战斗，王建占据东川和山南西道地区，统管三地。至天复二年（902年），王建在成都称帝，国号"大蜀"（一度改称"大汉"）。

李存勖欲灭前蜀时，前蜀的执政者是王建的十一子王衍。当时前蜀掌管的疆域大致在今四川大部、甘肃东南部、陕西南部、湖北西部。同光二年（924年）四月，李存勖遣客省使李严出使蜀地。[2]表面目的是答谢前蜀贺后唐开国，并采购前蜀所产的珍宝，真正目的则是在侦察前蜀情况，为讨伐前蜀提供决策依据。

李严在蜀期间多次在公开场合发表激进言论，最著名的便是他所撰的《笏记》，其内容重点称颂后唐庄宗李存勖功勋卓著："十年对垒，万阵交锋，虑久困于生灵，乃选拣其死士。才过汶水，缚王彦章于马前，旋及夷门，斩朱友贞于楼上。剑霜未匣，枪雪犹挥，段凝领八万雄师，倒戈伏死……取乾坤只劳于八日，救涂炭遂定（于）四维……才安宇宙，便息干戈，未顺枭凶，方议除剪。"[3]在另一次与前蜀枢密使宋光嗣的谈话中，李严也提道："吾皇以德怀来，以威款附。顺则涵之以恩泽，逆则问之以干戈，四海车书，大同非晚。"[4]李严的言论在蜀国大臣中引起了强烈反应，他们皆认为后唐对前蜀有很大的威胁，宣徽北院使宋光葆上言："晋王有凭陵我国家之志，宜选将练兵，屯戍边鄙，积糗粮，治战舰以待之。"[5]李严使蜀期间，王衍竟邀请他一同朝上清宫，欣赏布景戏《折红莲队》

① [宋] 司马光编著，[元] 胡三省音注，石淑仪等点校：《资治通鉴》卷二百五十七《唐纪七十三》，中华书局，1976年，第8367页。

② 李严使蜀的具体年月，诸书记载各异。《旧五代史·庄宗纪》记载系同光二年七月，李严使蜀回到洛阳在同光三年八月；勾延庆《锦里耆旧传》和《蜀梼杌》均以李严使蜀在咸康元年；《资治通鉴考异》据《实录》《蜀史》《十国纪年》辩证定为同光二年四月。

③ [宋] 张唐英撰，王文才、王炎校笺：《蜀梼杌校笺》卷二《前蜀后主》，巴蜀书社，1999年，第202-203页。

④ [宋] 薛居正等撰，朱东润等点校：《旧五代史》卷七十《唐书四十六列传第二十二》，中华书局，1976年，第930页。

⑤ [宋] 司马光编著，[元] 胡三省音注，石淑仪等点校：《资治通鉴》卷二百七十三《后唐纪二》，中华书局，1976年，第8918页。

舞。这正好暴露了王衍统治下前蜀的弱点，使得李严看到了蜀国的畸形繁荣和君臣的腐朽不堪。

回到洛阳后，李严便向庄宗汇报："衍童骏荒纵，不亲政务，斥远故老，昵比小人。其用事之臣王宗弼、宋光嗣等，诣谀专恣，黩货无厌，贤愚易位。刑赏紊乱，君臣上下专以奢淫相尚。以臣观之，大军一临，瓦解土崩，可翘足而待也。"[1]李严带回的消息坚定了李存勖伐蜀的意志。而前蜀也在边防增加兵力，采取防御措施："八月，戊辰，蜀主以右定远军使王宗锷为招讨马步使，帅二十一军屯洋州；乙亥，以长直马军使林思锷为昭武节度使，戍利州以备唐。"[2]蜀地的变化很快被后唐方面所察觉，于是李存勖又派遣使者李彦稠入蜀查探。李彦稠九月到达成都，十一月返回洛阳，据《蜀梼杌》载："九月，唐庄宗遣李稠来通好，市珍玩锦绣……"[3]而这只是表面任务，实则是为了麻痹前蜀。在李彦稠回来后，王衍便派遣翰林学士欧阳彬为唐国通好使，并撤除所有对后唐的守备，"十一月……蜀以唐修好，罢威武城戍，召关宏业等二十四军还成都。戊申，又罢武定、武兴招讨刘潜等三十七军。"[4]前蜀主撤了天雄军的招抚讨伐任务，命令王承骞等二十九军回到成都。十二月，蜀主罢金州屯戍，命王承勋等七军还成都。

李严和李彦稠先后使蜀，摸清了前蜀的底细，李存勖制订了灭蜀计划。同光三年（925年）六月，"诏下河南、河北诸州，和市战马，官吏除一匹外，匿者坐罪。"[5]伐蜀一事，排上了庄宗的日程表。九月十八日，伐蜀大军出发，以皇子魏王继岌为西川四面行营都统，枢密使郭崇韬为北面行营都招讨、制置等使。郭崇韬名义上是继岌的副手，实为后唐伐蜀军的统帅，军中事务都由他决定。

相较于后唐军队的来势汹汹，前蜀皇帝还在游山玩水"幸利州"。十月初，后唐排阵斩斫使康延孝与李严带领骁骑三千、步兵万人为前锋，至宝鸡发布檄文：

① ［宋］司马光编著，［元］胡三省音注，石淑仪等点校：《资治通鉴》卷二百七十三《后唐纪二》，中华书局，1976年，第8921页。

② ［宋］司马光编著，［元］胡三省音注，石淑仪等点校：《资治通鉴》卷二百七十三《后唐纪二》，中华书局，1976年，第8924页。

③ ［宋］张唐英撰，王文才、王炎校笺；《蜀梼杌校笺》卷二《前蜀后主》，巴蜀书社，1999年，第192页。

④ ［宋］司马光编著，［元］胡三省音注，石淑仪等点校：《资治通鉴》卷二百七十三《后唐纪二》，中华书局，1976年，第8927页。

⑤ ［宋］王溥撰：《五代会要》，上海古籍出版社，2006年，第208页。

　　"舍过论功，王者示好生之道；转祸为福，圣人垂善变之文。翘彼蜀人，代承唐德，元宗朝以兵兴河塞，久驻金銮；僖宗朝以盗起中原，曾停玉辂。蜀之乃祖乃父，或士或人，而皆内禀忠贞，外资骁果，武负关张之气，文传扬马之风，迎大驾以涉岷峨，合诸军而定关辅忠气冠乎日月，勋业著乎山河，凡在幽遐，皆所传达。不幸龟龙忽去蛇豕寻生，遇此匪人，据斯重地。蜀主先父，出身陈许，拥众巴庸，接王室之频迁，保边隅而自大。盖属昭宗皇帝方兹播越，正切抚绥，洗彼瑕疵，润之雨露，绾红旆碧幢之贵，兼凤池鸡树之荣。狂兕逢山，渐展横行之志；鸣枭出穴，曾无返哺之声。拔本塞源，见利忘义。加以结连同恶，聚集群凶。当天步多艰，莫展扶持之节；及坤维暂绝，却为僭伪之谋。烈士闻之抚膺，懦夫见之攘臂。洎兹余裔，益奋残妖，阉竖擅权，而勋贤结舌。不稼不穑，奢侈者何啻千门？内淫外荒，涂炭者已余万室，而更纳其短见，侮我大朝，辄横拒辙之臂，拟举投罗之翼。我皇帝仰膺元谶，再造皇图，四时顺而玉烛明，万汇安而金绳正。惟兹蜀土，敢隔朝风，连营亏恤养之恩，比屋困烦苛之政。每闻残酷，深所悯伤，是命车徒，以申吊伐。步卒则矗如山列，骑车则迅若雷奔，振雄声而耸动乾坤，腾锐气而动摇河岳。彼若率兵赴死，我则无阵不摧；彼若据垒偷生，我则无城不拔。却虑高低士庶，远近封巡，不早回翔，终同覆灭，故今晓示，贵在保全。应三川管内，有以藩镇降者，即授之节度；有以州郡降者，即授之刺史；有以镇县降者，即付之主守；有能见机知变，诛斩伪命将帅，以其藩镇城池降者，亦以其官授之。如列阵交锋之际，有以万人已上降者，授之节度；五千人已上，授之大郡；三千人已上，授之次郡；一千人已上，授之主将。有蜀城将校诛斩伪主首领降者，授以方镇。如蜀主王衍首过自新，以三川归国，即授方面。其同谋将校，当加列爵，有旧在本朝文武官，或负罪流落在蜀者，苟能率众归朝，一切不问。大军所行之处，不得焚烧庐舍，剽掠马牛，所有降人，倍加安抚。所罪者一人僭伪，所救者万姓疮痍。况蜀主宗枝，成都父老，较其罪状，良可矜宽。只如伪梁，挟我皇威，窥吾大宝，为四十年之巨寇，覆十九叶之丕基，昨国家平定中原，只诛元恶，列藩牧伯，咸不替移，阖境生灵，一无骚扰。虽蜀中邈僻，亦合传闻。各宜审计变通，速谋归向，据兹事件，得以旌酬。勿谓无言，竟贻后悔。故兹示谕，各宜知悉。"①

　　这篇檄文对瓦解前蜀各级军政将官起了很大的作用，文中指出前蜀政权的非法

---

① ［清］董浩等编：《全唐文》卷一二七，中华书局，1983年，第1276-1277页。

性，并斥责王衍的"残妖"，强调这才是兴师讨伐的理由。檄文发出后各方激荡，后唐与蜀地的战争开始。

十月十八日，康延孝、李严带领的先锋部队攻蜀威武城（今陕西凤县），前蜀指挥使唐景思和城使周彦祥先后投降。康延孝得威武城粮食二十万斛，放走蜀兵万余，倍道向凤州进发。

十月十九日，郭崇韬入大散关，先锋部队趋凤州，李严飞书告谕蜀武兴军节度使（驻凤州）王承捷。王承捷持凤、兴、文、扶四州印节迎降，李严得兵八千，粮四十万斛。

十月二十日，蜀主王衍到达利州后，遇到威武城的败兵，才相信唐兵真的打进来了。只得慌忙部署反击，他任命随行的王宗勋、王宗俨、王宗昱为三招讨使，带兵三万迎战。然而几万人的军队散漫在从汉州、绵州到利州深渡（在绵谷县北大小漫天间）的千里道上，毫无作战的思想准备，士气更是低落。

后唐军队却是乘胜挺进，先后拿下兴、成二州。康延孝与前蜀三招讨使的军队在三泉（今陕西宁强县境）激战，又斩首五千级，得粮十五万斛，自是师无匮乏，军声大振。

王衍在利州得到三泉失守的消息，急忙向成都逃跑，拆除桔柏津浮梁，命令中书令、判六军诸卫事王宗弼率领大军守利州。

李严和康延孝率兵五千，"先驱阁道，或驰以词说，或威以兵锋，大军未及，所在降下"[1]，同日郭崇韬也正式起兵。此战所经州县大部分降于唐军，包括：武德留后（驻梓州）宋光葆的梓、绵、剑、龙、普五州，武定节度使（驻洋州）王承肇的洋、蓬、壁三州，山南节度（驻兴元府）王宗威的梁、开、通、渠、麟五州等，其余城镇也望风款附。

当唐军沿凤州、固镇、兴州一线前进的时候，天雄节度使王承休打算掩击唐军。天雄节度使所辖的秦州与前蜀割断了联系，成为一块"飞地"。王承休率兵抗击唐军，但被副使安重霸诓骗，率军西撤。

镇江军所辖的夔、忠、万、施四州位于蜀国东部，由峡路招讨使张武镇守。张武听到北路军事失利的消息，也遣使向唐军都统魏王李继岌投降。

北方战线上利州还在蜀国手中。郭崇韬先给利州守将王宗弼送去书信，陈说利

---

[1] ［宋］薛居正等撰，朱东润等点校：《旧五代史》卷七十《唐书四十六·列传第二十二》，中华书局，1976年，第930页。

害，王宗弼怯懦，在康延孝的军队还没有到时，便弃城逃走。十一月九日，康延孝到利州，昭武节度使（驻利州）林思谔先已逃往阆州，遣使请降。十一月十五日，李继岌到剑州，蜀武信节度使兼中书令王宗寿以遂、合、渝、泸、昌五州投降。

之后，康延孝率军到达嘉陵江与白龙江合流处的桔柏渡，他修治被王衍砍断的浮梁桥，渡过嘉陵江，趋兵南至绵州。到达涪江时，涪江桥梁又被蜀军所毁。为了乘胜追击，康延孝与李严率兵骑马渡江，从兵仅千余人，以迅雷不及掩耳之势进入鹿头关，驻兵汉州，等待后军的到来。

此时前蜀小朝廷早已一片混乱。王衍回到成都，从利州逃跑的王宗弼也在十六日赶到，但他已被郭崇韬降服。当天晚上，王宗弼便迁蜀主太后、后宫姬妾侍女、诸王于西宫，没收皇帝玺绶，另派亲信搜取内库金帛，全部搬回家中，自称权西川兵马留后，遣使慰劳唐军。

二十日，魏王李继岌到达绵州，王衍命翰林学士李昊草降表，中书侍郎、同平章事王锴草降书，遣兵部侍郎欧阳彬带上降表、降书前往绵州迎接。前蜀灭亡。

后唐军队入境，除三泉一战外，完全没有遭到蜀军的抵抗。从后唐出兵至王衍投降，一共七十天，得五十二州及成都、兴元二府，兵三十万，马九千五百匹，兵器七百万，粮二百五十万石，钱一百九十二万缗，金银二十二万两，珠、玉、犀、象二万，纹、锦、绫、罗五十万匹。

（三）牧守西川

后唐既灭前蜀，便需要建立两川地区的新秩序，由谁掌管东、西两川的政务就显得非常重要。在郭崇韬的推荐下，东川由董璋接管，后唐朝廷任命他为东川副大使、知节度事。董璋，原是后梁的骁将，后梁末帝时，他为泽州刺史，李存勖入主汴梁时，董璋朝见，素知其名声，李存勖待他甚好，仍令他回泽州就任，于是归降。郭崇韬也非常认可董璋的实力，在大举伐蜀的军队中，任命他为行营右厢马步都虞候，军事方面诸多大事都与他一同商量决定。蜀平，便以董璋领东川。

而西蜀则由孟知祥统领，孟知祥的能力早已有目共睹，再加上他对郭崇韬曾有举荐之恩，在尚未启程伐蜀前，郭崇韬便已向李存勖建议："若西川平定，陛下择帅，如信厚善谋，事君有节，则孟知祥有焉，望以蜀帅授之。"[1]待蜀地平定，同光三年（925年）十二月，李存勖便任命孟知祥为成都尹，充任剑南西川节度副大使。

---

① [宋]薛居正等撰，朱东润等点校：《旧五代史》卷五十七《唐书三十三·列传第九》，中华书局，1976年，第769页。

孟知祥赴新任之前，先从太原赶到京师洛阳拜见李存勖，李存勖设宴招待他，酒酣畅叙之余，叹息道："继岌之前还是乳臭未干的孩子，现在竟然能助我平定两川之地，我们是老了，孩子们让人感到高兴，但这更让人觉得悲伤，当我回忆起先帝离世时，疆土侵削，仅有一隅之地，哪里能想到今日'奄有天下，九州四海，珍奇异产，充牣吾府'。"他指着珍奇异产继续对孟知祥说："吾闻蜀土之富，无异于此，以卿亲贤，故以相付。"[1]孟知祥深感蜀地之重要。

虽占据蜀地，但蜀地的管理却非常困难，如匪患严重。前蜀灭亡之后，"蜀中盗贼群起，布满山林"[2]，其中既有四方而来的绿林好汉，也有被后唐军队激怒的民众。明宗天成二年（927年），右谏议大夫梁文矩曾上书说："平蜀已来，军人剽略到西川人口甚多，骨肉阻隔"[3]，可见西川地区遭到后唐军队的大肆洗劫，连人都成为剽略的对象，因此激起了西川人民的愤怒，所以群起反抗。同时，不甘心王氏小朝廷覆灭的前蜀官吏也举兵反抗，如前戎州刺史肖怀武、眉州刺史鲜于皋。

借由这次平定匪患，李存勖想以此为契机将心头大患郭崇韬一举铲除。匪患猖狂，而新任的西川节度使孟知祥还未到达，郭崇韬便直接派出将士分路招讨，众将士未能按时班师回朝，这引起了李存勖的猜忌，再加上有人进献谗言，加深了李存勖对郭崇韬的误解。于是，同光四年（926年）正月，宦官马彦珪受命到成都监视郭崇韬的举动，如有异动便将其除掉。马彦珪到达成都的第二天黎明，李便以李继岌之命召郭崇韬议事，待郭崇韬一到，李继岌随从李环便用铁椎打碎郭的脑袋，同时杀了他的两个儿子，郭崇韬另外未随军的三个儿子也被诛杀，家产全被没收。此案还株连李存义、朱友谦等人。

除了来自民间的反抗，南唐任命的蜀地的政府内部也存在问题，如康延孝之乱。康延孝在伐蜀大军中任西南行营马步先锋、排阵斩斫使，此战他居功至伟。他率领先锋部队下凤州，收固镇，败蜀军于三泉，昼夜兼行，造浮桥，渡嘉陵江，乘马泗涪，长驱进入鹿头关，直抵汉州，以迅猛之势加速了王衍投降。

平蜀后，伐蜀大军启程东归，康延孝领一万二千人为后军，与中军保持三十里

① [宋]欧阳修撰，[宋]徐无党注，石淑仪等点校：《新五代史》卷六十三《后蜀世家第四》，中华书局，1974年，第798页。

② [宋]司马光编著，[元]胡三省音注，石淑仪等点校：《资治通鉴》卷二百七十四《后唐纪三》，中华书局，1976年，第8952页。

③ [宋]薛居正等撰，朱东润等点校：《旧五代史》卷三十八《唐书十四·明宗本纪第四》，中华书局，1976年，第523页。

距离行进。二月，行至剑州时，康延孝听闻好友朱友谦被诛一事，预感自身难保。而康延孝也早已不满郭崇韬偏爱董璋，将其任命为东川节度使，又联想到郭、朱相继被害，害怕自己也会被除掉。于是他决意背叛后唐，带领劲兵八千，从剑州西还蜀地，自称西川节度、三川制置等使，发布檄文，招谕蜀人，三日内便聚集五万人。

李继岌在利州听闻此事后，旋即命任圜为副招讨使，派步骑七千追讨康延孝。任圜先命别将攻下剑门关，控扼西川通向关中的要隘，又率领精锐部队尾追康延孝。董璋率兵士二万屯于绵州，与任圜一同讨伐。李存勖也遣中使告知孟知祥为战守准备。随后，孟知祥一面构筑工事，一面派遣马步都指挥使李仁罕带领四万人，骁锐指挥使李延厚带领二千人会同讨伐康延孝。

在三军同时夹击之下，平定康延孝之乱前后只用了二十九天。先是任圜追击康延孝及至汉州，延孝出兵逆战，而董璋"以东川懦卒当其锋，伏精兵于其后"[1]，康延孝击溃东川兵后紧追不舍，遂中埋伏，伏兵四起，康延孝大败。康延孝不得不退入汉州，闭城不出。见此情况，孟知祥又增兵二万，与任圜合力攻之。孟知祥派出李延厚率兵二千前去与李仁罕会合征伐。行前，李延厚对将士们说："今出师征讨，不三旬必破贼，乃立功图赏之日也。土卒有誓报国恩、不以家为虑者，立东厢，衰疾怯懦、厌为征行者，立西厢，无自苦也。"[2]誓后，征得七百人出战，将康延孝追赶至西寨，斩首百余级，竟拔其城。三月之时，任圜在汉州城东的金雁桥排兵布阵，率领各路会讨的军队鼓噪而进，四方纵火，使康延孝立木为栅的城垒防御工事顷刻化为灰烬。康延孝知汉州不保，命骑兵突击，两军相恃于金雁桥，又被打败，康即带领十余骑向绵竹方向逃窜，最终被任圜部下擒获。康乱平。

诛杀郭崇韬、平定康延孝，后唐政权虽然成功地铲除了两个心头大患，但也给别有野心者留下了可乘之机，孟知祥就是其一。实际上，孟知祥在蜀地建立孟代政权的想法由来已久。在他初到成都上任西川节度使时，李继岌还住在蜀宫，孟知祥就只能住在蜀太师徐延琼的府第。当他看见徐府墙壁上有一个"孟"字的时候，便问前蜀臣僚缘由，臣僚答曰："是王蜀后主的御札。"孟知祥感慨："疏狂天子，

---

[1] ［宋］薛居正等撰，朱东润等点校：《旧五代史》卷七十四《唐书五十·列传第二十六》，中华书局，1976年，第970页。

[2] ［宋］路振撰，吴在庆、吴嘉骐校点：《九国志》卷七，《五代史书汇编》六，杭州出版社，2004年，第3306页。

亦预知与吾交代乎？是知必有先应者也。"①

　　同光四年（926年），中原多事，李存勖去世，李嗣源登基称帝，河朔地区也不太平，开始发生动乱，后唐无暇顾及剑南，孟知祥便有了充足的时间在西川将自己的想法逐步付诸实践。首先，扩充军队，不断增加军队战斗力。其次，修建城池，下令在成都创筑羊马城来防御南诏、西羌等少数民族的侵犯。另外，他也注重恢复蜀地的生产生活，而且十分注重维护蜀地的利益。后唐宰相兼判三司任圜，知晓后唐军攻成都伐前蜀时，曾强令蜀中富人输犒赏钱五百万缗，还剩下二百万缗现钱未予上缴。朝廷知道此事后派遣盐铁判官、太仆卿赵季良为官告国信使兼三川都制置转运使，督促孟知祥将剩余犒军钱送往京师。孟知祥马上做出反应，以"府库他人所聚，输之可也。州县租税，以赡镇兵十万，决不可得"②直接回绝朝廷。通过以上种种措施，孟知祥坐稳了西蜀之地，也为日后夺得西蜀打下基础。

二、纵横捭阖成霸业

（一）联董拒唐

　　郭崇韬被杀后，安重海当国，他看到西川孟知祥、东川董璋占据险要的地盘，拥兵自重，对孟知祥更是非常忌惮，深感"虑久而难制，潜欲图之"③，想找人取而代之的念头越来越强烈。正当此时，李严"乃求为西川兵马都监，庶效方略"④，安重海欣然应允从之。

　　天成元年（926年）十月，以李严为西川监军、朱弘昭为东川副使入川，此举的目的就是监视孟知祥和董璋，这引起了两川的反感。孟知祥表面上对李严礼接甚厚，表示尊重，但实际上并没有把李严放在眼里。天成二年（927年）正月的某一天，孟知祥对李严说："您曾奉使到前蜀，返回便请兵伐蜀，庄宗听信了您的

---

① ［五代］何光远撰，邓星亮等校注：《鉴诫录校注》卷一《瑞应谶》，巴蜀书社，2011年，第1-2页。
② ［宋］司马光编著，［元］胡三省音注，石淑仪等点校：《资治通鉴》卷二百七十五《后唐纪四》，中华书局，1976年，第8994页。
③ ［宋］薛居正等撰，朱东润等点校：《旧五代史》卷一百三十六《僭伪列传第三》，中华书局，1976年，第1822页。
④ ［宋］薛居正等撰，朱东润等点校：《旧五代史》卷七十《唐书四十六·列传第二十二》，中华书局，1976年，第931页。

建议，最后却致使王衍、庄宗皆遭丧亡。现在，您再次来蜀中，蜀人都害怕再引战事。况且现今天下都已废除监军，您独来监督吾军，是为何故？"然后，孟知祥又悉数列举了李严的五大罪状："只知初与王朝，折箭为誓，及其降也，复又诛之，遂使天道恶盈，二国俱灭，其罪一也……今又来为监护，坐握兵权，蹴我藩维，承我爵位，人神岂恕，天意争容。尔之再来，机亦知谬矣，其罪五也。"①话毕，命令武士把李严拖到阶下斩杀了。

天成三年（928年），唐明宗又要将已经归顺孟知祥的亲信赵季良调任果州团练使。明宗准备让与自己关系更亲近的何瓒出任西川节度副使，但孟知祥忌惮他，不愿他作自己的副手，于是将制书藏起来，继续上表留赵季良。朝廷依旧不同意，孟知祥就多次派专人到京师协调此事。明宗看孟知祥态度如此坚决，不得已屈从孟知祥的要求，任命赵季良为西川节度副使。由此，孟知祥逐步开始在西川各署衙安插亲信，并求得了"支属刺史乞臣本道自署"②的权利。

天成四年（929年）夏，明宗将议南郊，借此名义向地方征贡"遣客省使李仁矩赍诏谕两川……以征贡奉"③，让西川征贡钱一百万缗、东川五十万缗，这再次引起了两川的极大不满。董璋以"地狭民贫，许贡十万而已"而应之。使者李仁矩因态度倨傲，险些被董璋杀掉，回朝后的李仁矩，"多言璋欲反状"。

安重诲认为两川的形势日益严峻，初时他以为孟知祥发展较快，需要遏制，现在他觉得董璋反叛的日子可能也为时不远，必须采取措施。具体做法依然是安排亲信入蜀：分割原东川巡属的果、阆二州置保宁军，以李仁矩为节度使；遣姚洪将兵千人随李仁矩戍阆州；武虔裕为绵州刺史、夏鲁奇为武信节度使（治遂州）。鉴于李严的被杀，这次新任节帅、刺史都配备精兵为牙兵保护，到任之后，就地屯驻。

孟知祥听闻朝廷有要割绵、龙二州建节镇的消息也十分紧张。安重诲对两川的控制与两川的反控制矛盾日益激化，两川联合抗唐势在必行，大战一触即发。

在此以前，孟知祥和董璋的关系并不算友好，虽地处邻镇，但互不交往。今由于形势所迫，董璋便率先主动派人到成都与孟知祥结好，并求娶孟女为儿媳。两家在共同利益的基础上，一拍即合，达成了"并力以拒朝廷"的共识。

---

① [五代]何光远撰，邓星亮等校注：《鉴诫录校注》卷一《诛利口》，巴蜀书社，2011年，第6页。
② [宋]薛居正等撰，朱东润等点校：《旧五代史》卷四十《唐书十六·明宗纪第六》，中华书局，1976年，第547页。
③ [宋]薛居正等撰，朱东润等点校：《旧五代史》卷六十二《唐书三十八·列传第十四》，中华书局，1976年，第832页。

长兴元年（930年）二月，孟、董联名上表，说"两川闻朝廷于阆中建节，绵、遂益兵，无不忧恐"①，明示了两川已然结盟的事实，明宗下诏安慰。

四月，董璋"恐绵州刺史武虔裕窥其所为"②，当武虔裕来到梓州后，董璋把他囚禁在府廷中，把绵州置于自己控制之下。五月，董璋阅集民兵，在剑门北设置永定关，布列烽火，开始出动军队攻掠遂、阆守兵。

八月间，董璋写信给儿子表明自己的心意："朝廷割吾支郡为节制，屯兵三千，是杀我必矣。尔见枢要道吾言，如朝廷更发一骑入斜谷，则吾必反，与汝诀矣。"③其子虽从中调解，但安重海坚持原来的裁制政策。董璋听到荀咸乂带兵入蜀的消息，便公开揭起反旗，准备向利、阆、遂三镇发起进攻。

九月，西川进奏官苏愿告诉孟知祥，朝廷将要发动大军讨伐两川。孟知祥同副使赵季良商量对策，赵季良建言："请以东川兵先取遂、阆，然后并兵守剑门，则大军虽来，吾无内顾之忧矣。"④孟知祥同意了赵季良的建议，遣使约董璋共同举兵。于是两川开始联合行动。

东川方面，董璋移檄三镇，指斥他们离间东川与朝廷的关系，整备军马进击阆州。西川方面，孟知祥以李仁罕为行营都部署，赵廷隐为副，张业为先锋指挥使，将兵三万攻打遂州；别将侯弘实、孟思恭将兵四千与董璋汇合攻打阆州。不仅如此，孟知祥还发出檄文《起兵西川示诸州榜》昭告天下，将发动战争的责任全部推卸给朝廷：

"盖闻皇王御下，恩信乖而叛离；臣子事君，猜忌生而权变。固不可刮席而忍耻，胶柱而移音，开户牖以启戎，长根芽而稳患。以至举戈问罪，誓众言征，旁庇齐民，式求多福。某国朝懿戚，受命庄宗，自节制于西川，遇鼎移于东洛。且以时变则变，丧君有君，因尽节而倾诚，遂梯航而入贡。五年之内，发运无虚，积数

---

① [宋]司马光编著，[元]胡三省音注，石淑仪等点校：《资治通鉴》卷二百七十七《后唐纪六》，中华书局，1976年，第9039页。

② [宋]司马光编著，[元]胡三省音注，石淑仪等点校：《资治通鉴》卷二百七十七《后唐纪六》，中华书局，1976年，第9040页。

③ [宋]薛居正等撰，朱东润等点校：《旧五代史》卷六十二《唐书三十八·列传第十四》，中华书局，1976年，第833页。

④ [宋]司马光编著，[元]胡三省音注，石淑仪等点校：《资治通鉴》卷二百七十七《后唐纪六》，中华书局，1976年，第9045页。

五十万缗，粗给朝中之费，此则励勤荩于天子，欲表率于诸侯，宇内皆知，人谁不见？至于屡加官秩，亦荷宠光。不幸闲谍潜兴，窥觎显露，于阆中而立节，就列镇而益兵，摇动我军民，控扼我吭背，频将异议，累具上闻，冀粗轸于怀柔，希稍安于方面。而朝廷不以为德，转深其疑，竟乖鱼水之欢，自绝龙之契。某与东川相公已联姻好，况密封圻，朝闻鸡犬之声，暮接笳鼙之响，地里虽分于两镇，人心何异于一家，势比同舟，事资共济。今与东川点检马步军十五万人骑，分路往武信利阆路黔夔等州，问逐制置之由，与兴屯集之众。其行师法令，别载条章，务期晏宁，必无侵虐。况王氏开国，久霸成都，东则铁锁于瞿唐，北则泥封于大散。自是子孙失守，将相离心，合在蜀之烝人，固未忘于霸主。某因众多之感旧，奋武旅以开疆，伫遣四民，各安其业，然后花林步月，锦水行春，繁华何让于往年？爵禄重新于此日。凡百士庶，宜体端倪。"①

　　两川共点检马步军十五万人骑，分路向遂、利、阆、黔、夔等州进攻。九月二十五日夜，董璋亲领两川军队攻打阆州。次日，占领州城，杀死节度使李仁矩及其全家。

　　董璋公开反叛，于是后唐朝廷立即下制削董璋官爵，并以天雄军节度使石敬瑭为东川行营都招讨使，武信军节度使（治遂州）夏鲁奇为副使。此时朝廷还想拉拢孟知祥，以求拆散孟、董联盟，故赐孟知祥为兼西南供馈使，让他一同举兵讨伐东川。而孟知祥与朝廷早已离心，若董璋被灭，孟知祥的归宿也不卜自明。事实上，孟知祥的兵马已经攻下遂州，朝廷肯定清楚他的狼子野心，不过唐廷仍心存希望，想要施策离间董、孟。与董璋唇亡齿寒的共存关系，孟知祥自是了然于胸，故朝廷的怀柔政策必然无济于事。孟知祥继续和董璋联合抗唐。

　　十月至十一月，两川陆续取下遂、合、巴、蓬、果、渝、泸等州。

　　后唐讨伐军发起反攻后，剑门关成为战斗的主要争夺地。剑门关在今剑阁县北偏东约三十公里的地方，是川北的一道天然屏障。地势险峻，易守难攻，历来为兵家必争之地。而后唐军队采用迂回战术，从关后倒转攻剑门关。后唐的前锋部队从白卫岭走小剑路出汉源驿，过青强店，回头攻克剑门关。剑门关失守。

---

① ［清］董浩等编：《全唐文》卷一百二十九，中华书局，1983年，第1294—1295页。

失去剑门关对两川的战事极为不利，"内有坚壁、外有勍敌、远近震骇"[①]，董璋随即向孟知祥告急。孟知祥派牙内都指挥使李肇将兵五千赴援，又从遂州抽赵廷隐率万人会屯剑州。董璋也派王晖增兵分屯剑州南山。

十二月，后唐军队至剑门，进屯剑州北山；赵廷隐镇于牙城后山，李肇、王晖列阵于河桥。后唐军引步兵袭击赵廷隐，赵廷隐则选择善射的五百兵士在归路上伏击唐军，按甲以待，等到唐军临近身边，矛稍可以刺到对方时，扬旗、鼓噪、攻击。此法大获全胜，唐军退走。主将石敬瑭派骑兵冲河桥，遭到李肇强弩对抗。唐军无奈败退屯守剑门。

此时朝廷已对石敬瑭胶着于剑门关不能前进颇有微词。明宗下令更换统帅，安重海披挂上阵。然而安重海在路过凤翔时，节度使朱弘昭"迎拜马首，馆于府舍，延入寝室，妻子罗拜，奉进酒食，礼甚谨"[②]。朱弘昭暗地里遣人向明宗具奏："（安）重海怨望，有恶言，不可令至行营，恐夺石敬瑭兵柄。"[③]其他大臣也对安重海意见极大，于是明宗诏其还朝，在途中改授河中节度使，请他致仕。长兴二年（931年）闰五月，朝廷下制让安重海以太子太师致仕，并用"有异志"的罪名把安重海杀了。为了安抚两川，明宗居然下诏，说离间孟知祥、董璋是安重海的罪过，出兵讨伐两川是安重海造成的，非明宗的本意。讨伐两川的战争自然止息，两川在这场博弈中取得了实际上的胜利。

（二）董、孟之争

与朝廷的战争结束后，两川之间的斗争也逐渐白热化。

长兴二年（931年）十一月，朝廷派遣西川进奏官苏愿回到成都，孟知祥从他那里得知"甥姪在朝廷者皆无恙"[④]，感到十分满意，便想趁此机会与朝廷重修旧好。孟知祥派出使者至东川，邀约董璋联名上表谢罪。

① ［宋］张唐英撰，王文才、王炎校笺：《蜀梼杌校笺》卷三《后蜀先主》，巴蜀书社，1999年，第296页。

② ［宋］司马光编著，［元］胡三省音注，石淑仪等点校：《资治通鉴》卷二百七十七《后唐纪六》，中华书局，1976年，第9055页。

③ ［宋］司马光编著，［元］胡三省音注，石淑仪等点校：《资治通鉴》卷二百七十七《后唐纪六》，中华书局，1976年，第9055页。

④ ［宋］司马光编著，［元］胡三省音注，石淑仪等点校：《资治通鉴》卷二百七十七《后唐纪六》，中华书局，1976年，第9062页。

但与孟知祥不同的是，董璋的儿子及其亲属都已被诛杀，这种差别对待引起了董璋极大的愤怒，董璋怒曰："孟公亲戚皆完，固宜归附；璋已族灭，尚何谢为！诏书皆在苏愿腹中，刘澄安能豫闻，璋岂不知邪！"①于是他拒绝了孟知祥的提议，并怀疑孟知祥早已与朝廷联合，出卖了自己。

孟知祥认为此时与朝廷维持现状是最好的选择，但董璋坚决不从，他阻断了绵州去往洛阳的通路。孟知祥只得拟改由峡路进京通奏，而掌书记李昊以为不可，他说"异日负约之责在我"，因之前孟知祥发表的榜文已称与董璋定下"山河之誓"，如今若单独上表，有背信弃义之嫌。所以，孟知祥又几次三番地派使者到东川与董璋讲明道理，"主上加礼于两川，苟不奉表谢罪，恐复致讨"②。可是董璋还是不为所动固执己见。长兴三年（932年）三月，孟知祥又派遣自己的亲信李昊去梓州，与董璋言明其中的利害关系，希望他能改变态度。董璋勃然大怒，斥骂李昊，仍旧不肯上书。李昊返回成都，对孟知祥说："璋不通谋议，且欲入窥西川，公宜预备为是。"

董璋本就有"窥四海之心"。联孟抗唐单方面不得善果，这件事又极大地刺激了董璋，使他与孟知祥的关系变得格外焦灼。而后唐朝廷又有坐视二虎相争之意，并希望蜀地仍能保持分治的状态，枢密使范延光提醒明宗说："若两川并于一贼，抚众守险，则取之益难，务必要使两川控制在朝廷掌握之中。"由此，控扼蜀地的三方势力各有打算。

为了探知董璋的真实意图，孟知祥又第五次派赵季良出使梓州"探其机谊"，并得出结论，董璋"必行雷电之机，不顾山河之誓"③。果不其然，长兴三年（932年）四月二十八日，董璋率二万精兵突然进攻西川，破汉州白杨林镇，俘虏了西川的戍将。两川之间的战争正式开始。这次突袭，董璋旗开得胜，取得两川之争的首场胜利。

孟知祥也不敢疏忽，认真对待，与赵季良讨论对策，赵曰："璋为人勇而无恩，士卒不附，城守则难克，野战则成擒矣。今不守巢穴，公之利也。璋用兵精锐

---

①［宋］司马光编著，［元］胡三省音注，石淑仪等点校：《资治通鉴》卷二百七十七《后唐纪六》，中华书局，1976年，第9062页。

②［宋］司马光编著，［元］胡三省音注，石淑仪等点校：《资治通鉴》卷二百七十七《后唐纪六》，中华书局，1976年，第9065页。

③［五代］何光远撰，邓星亮等校注：《鉴诫录校注》卷一《知机对》，巴蜀书社，2011年，第12页。

皆在前锋，公宜以羸兵诱之，以劲兵待之，始虽小衄，后必大捷。璋素有威名，今举兵暴至，人心危惧，公当自出御之，以强众心。"[1]于是孟知祥亲督诸将，以赵廷隐为行营马步军都部署，带领三万人前往抵御。

五月初一，董璋的兴兵文书送到成都，另外还有给赵季良、赵廷隐及李肇等人的书信，信中造谣说赵季良与他为同谋。孟知祥不仅并未中计，还把董璋派来的使者囚禁起来，同时调集兵马进行自我防备。

东川部队行至汉州时，西川将领潘仁嗣率三千侦察部队抵抗，但不得前进，只好在赤水（汉州东）迎战董军。董璋以全军二万人来攻，因兵力相差悬殊，西川大败，董璋占领了汉州，潘仁嗣亦被擒。孟知祥又命赵廷隐带领三万人军队前往抵御。在成都防务部署妥当后，孟知祥又亲自率领八千军队前往汉州增援。此时，东川军已经占据汉州，西川军就在新都弥牟镇下营，两军在弥牟镇继续展开对峙。

五月初三，赵廷隐在镇北布兵，在鸡踪桥摆开阵势，义胜、定远都知兵马使张公铎在他的后方布兵。此时董璋望见西川兵势盛大，便不敢出战，把战线退到武侯庙下。而暴晒在烈日下的东川士兵对董璋越来越不满，帐下的兵卒大事鼓噪，董璋这才上马向前进军。但是前锋刚刚交战，东川右厢马步都指挥使张守进便向孟知祥投降了，并说："璋兵尽此，无复后继，当急击之。"[2]孟知祥登上高处督战，不过整体战局并不乐观。左明义指挥使毛重威、左冲山指挥使李瑭把守鸡踪桥，但都被东川兵所杀，赵廷隐三次交战也都接连失利，牙内都指挥副使侯弘实的军队也被打得节节败退。这时，赵廷隐趁东川得胜之时，率兵伪遁，董璋带兵追赶，张公铎领兵而进，东川军队大败，死亡数千人，擒获东川中都指挥使元瑰、牙内副指挥使董光演等八十余人。董璋见大势已去，只得同几个骑兵一起遁逃而去。其余七千多东川士兵皆投降，此战把潘仁嗣也拯救了回来。孟知祥领兵追赶董璋到五侯津，东川马步都指挥使元瑰投降。西川兵攻入汉州府，寻找董璋，而不得。而赵廷隐在赤水又迫降东川士卒三千人。这一晚，孟知祥命李昊草拟文榜告谕东川吏民，又起草书信质问董璋，"且言将如梓州，询负约之由，请见伐之罪。"[3]

① ［宋］司马光编著，［元］胡三省音注，石淑仪等点校：《资治通鉴》卷二百七十七《后唐纪六》，中华书局，1976年，第9068页。

② ［宋］司马光编著，［元］胡三省音注，石淑仪等点校：《资治通鉴》卷二百七十七《后唐纪六》，中华书局，1976年，第9069页。

③ ［宋］司马光编著，［元］胡三省音注，石淑仪等点校：《资治通鉴》卷二百七十七《后唐纪六》，中华书局，1976年，第9070页。

五月初四，孟知祥与赵廷隐在赤水会师，命令赵廷隐统兵进攻梓州，而自己先行返回成都。董璋带着几名亲兵逃回梓州后，便失声痛哭，不能言语。董璋回家不久，亲信王晖和侄子董延浩便领着三百兵丁冲入府内，要取其首级。董璋拉着妻子登上城垣，其子自杀。指挥使潘稠带着十个兵丁登上城，取了董璋和其子首级，一起交给王晖。王晖投降，开城门迎西川军队入城。赵廷隐进入梓州后，便封闭了府库财物以等待孟知祥到来。孟知祥就这样占据了东川，用时仅四天，西川便打败了东川，结束了两川长久以来的争斗。

孟知祥消灭董璋后，分别以赵季良为武泰军（治黔州）留后；李仁罕为武信军（治遂州）留后；赵廷隐为保宁军（治阆州）留后；张业为宁江军（治夔州）留后；李肇为昭武军（治利州）留后。孟知祥占有两川之地，以西川节帅兼镇东川，蜀地已牢牢掌握在孟知祥的手里。

（三）问鼎蜀地

在孟知祥与董璋开战之际，明宗听取了范延光的意见，"宜及其交争，早图之"①，想要趁着两军对垒之时坐收渔翁之利。然而，出人意料的是东、西川之战结束得太快，还未等王思同山南西道节度使做出反应，董璋已死，东川势力尽归孟知祥所用。木已成舟，范延光又出一计："知祥虽据全蜀，然士卒皆东方人，知祥恐其思归为变，亦欲倚朝廷之重以威其众，陛下不屈意抚之，彼则无从自新。"②让明宗招抚孟知祥，明宗从之。长兴三年（932年）六月，下诏书给孟知祥：

"朕猥以眇躬，缵承丕构，赖忠良之共理，冀寰宇之永康。翔念元勋，早联懿戚，永保君臣之分，足论终始之心。卿出应贞期，生符闲气，沿晓圮桥之兵略，元通渭水之戎韬。重整汉仪，首参大计，再隆周道，迥立殊功，实有令名，载于良史。是膺朝奖，继领藩宣，外则覃声教于百蛮，内则效忠勤于双阙。交修职贡，备竭臣诚，方表率于诸侯，永维持于景运。不谓董璋，凤怀蛮毒，潜贮狼贪，拟吞并于仁封，诈倾输于直节。密飞章奏，累述事机，或叙卿之短长，或报卿之动静，无非斗激，每欲攻侵。朝廷贵要协和，久从隐忍，表文具在，事状甚明，又知

① ［宋］司马光编著，［元］胡三省音注，石淑仪等点校：《资治通鉴》卷二百七十七《后唐纪六》，中华书局，1976年，第9072页。

② ［宋］司马光编著，［元］胡三省音注，石淑仪等点校：《资治通鉴》卷二百七十七《后唐纪六》，中华书局，1976年，第9073页。

不纳其谗邪，乃去反陈于离间。仍于邻道，顿起衅端，只凭诳惑之词，便纵窥觇之暴，既干纪律，须举宪章，爰命帅臣，共平寇孽。此际遂委卿兼东川行营供馈应接使，如斯倚注，岂有猜嫌？渥泽方行，使车将发，旋属道涂之阻塞，复当边境之沸腾，繇是去意莫通，来音亦绝。偶致斗防之多事，久闻分野之延灾。盖以朕至德未孚，纯风未洽，每自责躬罪已，敢忘旰食宵衣？况卿动禀箴规，深怀鉴识，从初料其操守，岂敢徇彼狂迷？只应屡中巧言，偶生疑谳，遂且徐观其向背，终图自别于妍媸，其间但务训兵，止期应敌，遐想勤王之力，讵移许国之心？所以中闲先令进奏官苏愿及进奉军将杜绍本等相次归还，式明安慰。朕又知董璋果谋鼠窃，转恣鸱张，辄侵岷益之崇封，俄越梓潼之末界。兹察诡计，究彼初心，附皮毛唇齿之欢，足明矫妄；窃郡邑金汤之利，可验包藏。朕乃寻遣近臣，径赍明诏，示其犄角，表此招怀，仍许优恩，别传密旨，果闻卿意，备体予怀。即决远图，亟回英断，驱锐旅而既歼奸党，取危城而方剿渠魁。爰效至忠，克全大节，尽倾衷素，叠贡封章，并袪往日之疑襟，细述此时之戎事。大朝正朔奉之不渝，列镇规程守之无易。仍厚支其馆谷，济（阙）过之王人载认恭勤，益明尊奖，尚未舛误，得以平持。今后协和，自然悠久，鱼水之情宛在，山河之任永居。足保勋荣，转期富贵，至于封赏，固不食言。凡在繁文，更宜宣力，嘉叹之外，注瞩斯深。"①

孟知祥虽不满意，但还是接受了诏书，并上表谢罪，表示"自是复称藩"②，同时他也向朝廷提出要求。他命李昊为自己起草表章请求施行墨书制命，可以补授缺额的两川刺史以下的官职；又上表请求朝廷正式任命赵季良等五个留后为节度使……得东兵无虑三万人，恐朝廷征还，表请其妻子，这些要求虽然让后唐政府很为难，但明宗还是予以同意，并于十月派李存环赴成都告知孟知祥"凡剑南自节度使、刺史以下官，听知祥差署讫奏闻，朝廷更不除人；唯不遣戍兵妻子，然其兵亦不复征也"③。

孟知祥在蜀地的权力日益增大。长兴四年（933年）二月，他便墨制署授赵季良等人为五镇节度使，同月朝廷又任命孟知祥为东西川节度使，赐封"蜀王"。七

① ［清］董浩等编：《全唐文》卷一百七，中华书局，1983年，第1101页。
② ［宋］司马光编著，［元］胡三省音注，石淑仪等点校：《资治通鉴》卷二百七十八《后唐纪七》，中华书局，1976年，第9075页。
③ ［宋］司马光编著，［元］胡三省音注，石淑仪等点校：《资治通鉴》卷二百七十八《后唐纪七》，中华书局，1976年，第9077页。

月，后唐以工部尚书卢文纪、礼部郎中吕琦为蜀王册礼使，并赐蜀王一品朝服，然而孟知祥自行制作九旒冠冕、九章衣。八月初一，卢文纪等人到达成都。册礼使在成都驿舍如期举行；八月初四，孟知祥穿上衮服、冠冕，准备好仪仗军卫来到驿舍，降阶行礼，面向北方接受册封。册文是由明宗亲自撰写的，文中对孟知祥大加赞赏：

　　"朕祇膺天眷，虔荷帝图，敷大信而仰法昊穹，秉至公而俯临亿兆。彰善瘅恶，必分泾渭之流；崇德报功，敢忘山河之誓？其有荣联戚里，任重侯藩，佐白水而中兴，为皇家而尽节，虽旁缘诖误，而竟保忠贞。疏凿未通，朝海之波澜暂阻；氛霾既定，拱辰之光耀如初。表章皆验于推诚，琛赆远修于述职，得不显其丹赤，懋以旌酬，益敦鱼水之欢，永契君臣之道。爰求吉日，乃降徽章。具官孟某，五纬佐天，三山镇地，七年乃辩，真为梁栋之材；十德俱全，信是琮璜之器。先皇帝经纶八极，济活兆人，李通首述其纬书，邓禹常参于霸业。同心同德，竟扶归马之朝；不伐不矜，冈恃渥龙之宠。洎朕纂承风纪，繄尔镇守龟城，铁石弥坚，菁茅不匮。山川险绝，每虔向日之心；玉帛骏奔，能助郊天之礼。有臣若此，当代何加？董璋久作厉阶，终萌逆节，既辜恩于覆载，欲嫁祸于勋贤，叠以封章，疏其邻道，虔刘我生聚，离间我忠良。尔外示叶同，潜怀愤激，繄衷言而诱谕，彼既不回，伺良便以诛锄，乃期自雪。以至敢驱叛党，径逼仁封，吹咇毒以伤人，奋豺牙而暴物。尔则妙施成算，径出全师，鼙鼓才鸣，旋闻落爪。窠巢自溃，已致噬脐，梓川之祅雾风驱，涪水之狂波镜净。解吾宵旰，赖尔韬钤，固当铭在景钟，岂止光于信史？况复备输悃款，益验倾虔，叙鲁馆之寅缘，述沛中之旧事，深心可见，亮节斯彰。不有疾风，焉知劲草？倘无异数，曷报崇庸？由是并筑将坛，显升王爵，兼两藩之奥壤，启一宇之真封，仍循益地之通规，别改旌功之懿号，赐之旌钺，册以辂车。虽加等之宠光，尔皆不忝；在睦亲之义分，予亦无亏。

　　于戏，天鉴甚明，为善者降之福祉；君恩不党，立勋者厚以奖酬。惟敬慎以始终，可延长于富贵，勉承兑泽，永镇坤维。可授依前检校太尉兼中书令行成都尹剑南东西两川节度使管内营田观察处置统押近界诸蛮兼西山八国南安抚制置等使，仍封蜀王，加食邑一千五百户实封二百户，改赐忠贞匡国保大功臣，散官勋如故。仍令所司择日，备礼册命，主者施行。"①

① [清]董浩等编：《全唐文》卷一百十二，中华书局，1983年，第1142-1143页。

册封结束回府，孟知祥乘玉辂而归，玉辂乃是皇帝车驾。无论从穿着还是车驾，此时的孟知祥俨然是割据两川的皇帝。

长兴四年（933年）十一月，明宗去世，宋王李从厚即位。孟知祥欲脱离后唐管控，独自建立政权的野心越来越明显。他曾在幕僚面前当众贬低皇帝，"宋王幼弱，为政者皆胥吏小人，其乱可坐俟也"[①]。终于在清泰元年（934年）正月，赵季良上表陈符瑞，率领百官劝进。孟知祥假意推让几次后，于闰正月二十八日正式称帝，定都成都，国号蜀，史称"后蜀"。

后蜀的疆域大致与前蜀相同，占有三川之地，大部分时间后蜀管有46州（图2-1）[②]，具体包括益（成都府）、汉、彭、蜀、绵、眉、嘉、剑、梓、遂、果、阆、普、陵、资、荣、简、邓、黎、雅、维、茂、文、龙、黔、施、夔、忠、万、兴、利、开、通、涪、渝、泸、合、昌、巴、蓬、集、壁、渠、戎、梁（兴元府）、洋。[③]其中，41州位于如今的川、渝地区，3州在陕西境内，另外，湖北和甘肃境内各有1州（图2-2）[④]。

---

① ［宋］司马光编著，［元］胡三省音注，石淑仪等点校：《资治通鉴》卷二百七十八《后唐纪七》，中华书局，1976年，第9097页。

② 谭其骧：《中国历史地图集（第五册）：隋唐五代十国》，中国地图出版社，1996年，第91页。

③ 参见蒙文通《前后蜀州县及十节度考》，《蒙文通文集》第四卷《古地甄微》，巴蜀书社，1998年，第206-209页；贾大泉主编《四川通史》卷4《五代两宋》，四川人民出版社，2010年，第23-25页。

④ 谭其骧：《中国历史地图集（第五册）：隋唐五代十国》，中国地图出版社，1996年，第82-83页。

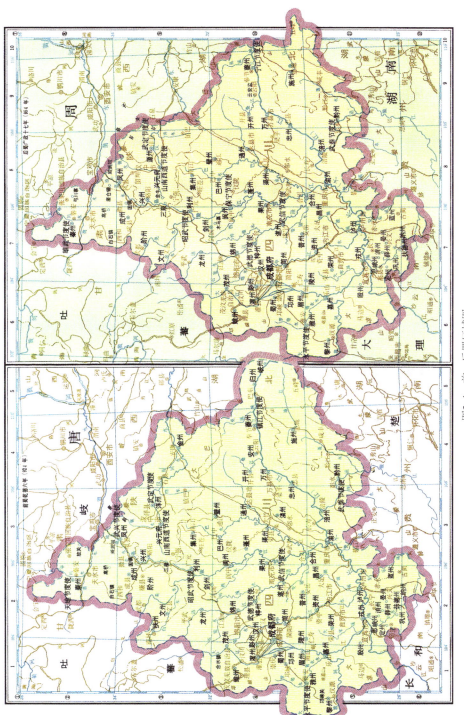

图2-1　前、后蜀区域图

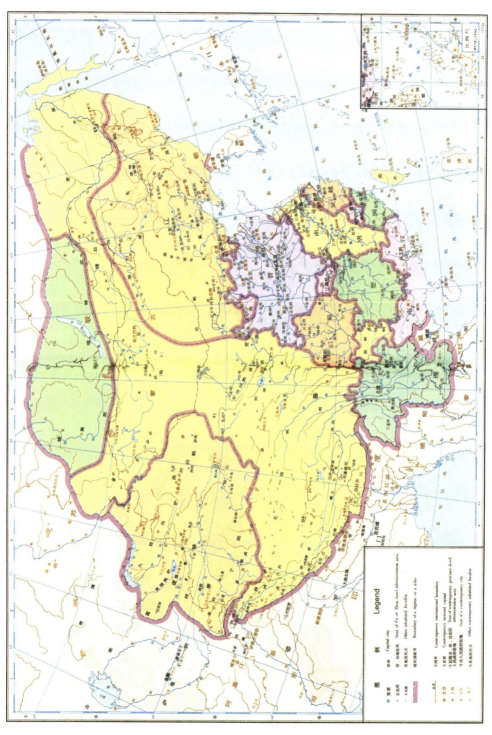

图2-2 五代十国全图

第三章

孟氏治蜀社会发展

————————

五代十国时期是中国历史上最典型的乱世期之一。但放眼中原及地方所有政权，江南与巴蜀之地虽也有战事摩擦，但社会面貌完全不同。特别是后蜀政权，孟知祥精心治蜀多年，孟昶承父遗志，更是当时在位时间最长的帝王。在他们的长期统治下，以成都为中心的四川地区社会政治、经济、文化等各方面发展良好。

一、控制财赋，发展经济

后蜀政权所统辖的三川地区，除了少数高寒、高海拔的州县以外，其他绝大多数渔区均宜农耕，尤以富庶的成都平原最为典型。成都平原地处龙泉山、龙门山与邛崃山之间，面积达八千平方公里，是我国西南地区最大的平原。从战国末年起，便已是有名的粮食产区，天府之国具有发展农业的自然优势，在后蜀时期也不例外。

（一）农税政策

1. 发展农业

农业作为古代封建社会的主要生产部门，是人们物质生活资料的主要来源。唐末、五代时期，藩镇四起，大小军阀参与兼并战争，其最终目的则是要占据一块地盘，建立自己的统治，并以占有土地的方式来控制农业生产，以达到维护统治的目的。

孟昶即位之初，后蜀明德元年（934年）十二月，就颁布《劝农桑诏书》，称"刺守县令，其务出入阡陌，劳来三农，望杏敦耕，瞻蒲劝穑。春鹛始啭，便具笼筐；蟋蟀载吟，即鸣机杼"①，旨在组织百姓发展农桑纺织事业。这不是例行公事，而是从战争时期转向和平时期必不可少的措施。后在广政十五年（952年）正月，仍见孟昶"下诏劝农"②的记载。地方上，官员们也不遗余力地发展农业生产，如后蜀云南节度使武漳在褒中，以"营田为急务，乃凿大洫以导泉源，溉田数千顷，人受其利"③；奖州（属黔中道，在今湖南新晃侗族自治县）刺史石处温初据石市时，"招纳亡命，远近多归之。由是广事耕垦，常积谷数万千石，前后累献军粮二十余万石。"④

相对和平的稳定环境下，统治者又采取发展生产的正确政策，广大农民不断辛勤劳动，促进了农业的进一步发展，积存大量粮食，各地"仓廪充溢"。而到了后蜀时，更是连年丰收，广政十三年（950年），"是时，蜀中久安，赋役俱省，斗米三钱。城中之人，子弟不识稻麦之苗，以笋芋俱生于林木之上，盖未尝出至郊外也。村落闾巷之间，弦管歌诵，合筵社会，昼夜相接。府库之积，无一丝一粒入于中原，所以财币充实。"⑤仓库充溢，米价极贱，乃是农业发展、粮食大量积存的集中表现。后蜀斗米三钱，比起唐代贞观盛世的"斗米不过三四钱"还低一点。后蜀经济繁荣，城乡上下呈现一片富裕、祥和的景象。

2. 财税政策

前蜀财政呈现显著的横征暴敛倾向，王建始入蜀，即"创征杂税，绫一匹一百文，绢一匹七十文，布一匹四十文，猪每头一百文"⑥。建国后，赋税依然沉重，众不敢言。到了后蜀时期，在孟氏的治理下，后蜀经济持续繁荣，总体财政状况良好。

后蜀的税收政策沿袭唐末两税法。广政十九年（956年）三月，"免今年夏租，

---

① ［宋］袁说友编纂，赵晓兰整理：《成都文类》卷十六，中华书局，2011年，第195页。
② ［宋］张唐英撰，王文才、王炎校笺：《蜀梼杌校笺》卷四《后蜀后主》，巴蜀书社，1999年，第387页。
③ ［宋］路振撰，吴在庆、吴嘉骐校点：《九国志》卷七，《五代史书汇编》六，杭州出版社，2004年，第3305页。
④ ［宋］路振撰，吴在庆、吴嘉骐校点：《九国志》卷七，《五代史书汇编》六，杭州出版社，2004年，第3319页。
⑤ ［宋］张唐英撰，王文才、王炎校笺：《蜀梼杌校笺》卷四《后蜀后主》，巴蜀书社，1999年，第381页。
⑥ ［宋］句延庆：《锦里耆旧传》，影印文渊阁《四库全书》本，第0464册，台湾商务印书馆，178c页、178d页。

以周师出境也"①。可证实后蜀地租分夏秋两次征收。不过，后蜀的各类杂税征科繁杂。孟知祥入蜀后，开征盐税。同光三年（925年）三月，因与东川节度使董璋争夺盐税利益，"璋诱商旅贩东川盐入西川，知祥患之，乃于汉州置三场重征之，岁得钱七万缗，商旅自是不复之东川"②。广政十一年（948年）十二月，"命民间纳麹钱"。

后蜀的货币秩序较前蜀稳定。建国之初，为整顿国家市场秩序，孟昶于明德三年（936年）十二月，宣布"申严钱禁"。而广政元年（938年），《十国春秋》中载"铸广政通宝"钱。直到广政二十五年（962年），"行用铁钱"。铁钱较铜钱成色显然不足。成色不足的铁钱的大量使用，证明后蜀后期财政危机的深重。

后蜀的财政机构也沿袭唐制，以判三司使管理财政。广政三年（940年）四月，"蜀太保兼门下侍郎同平章事赵季良请与门下侍郎同平章事毋昭裔、中书侍郎同平章事张业分判三司"，后主孟昶于是"命季良判户部，昭裔判盐铁，业判度支"③。

（二）社会经济

1. 农业

1）大土地所有制发展

唐代实行均田制并颁布两税法，推行全国，剑南、山南也不例外。均田制促进了小农经济的发展，但自唐中期均田制被破坏后，部分贵族官僚逐步控制土地、庄园，使得大土地所有制得以发展。然而好景不长，唐末农民起义爆发，藩镇并战频繁，贵族官僚、地方豪强、中小地主在这样的大环境下遭到惨痛打击。

封建大土地所有制的衰落仅是暂时之态，土地私有化、大土地所有制处于土地支配结构中的主导地位，唐末后已形成不可逆转的历史潮流。当五代十国各割据政权相继建立，社会政局渐趋稳定后，封建大土地所有制便随之由萧条迅速走向复苏。前、后蜀立国后土地扩张、兼并也非常炽热，各种土地兼并的例子比比皆是：

---

① ［清］吴任臣撰，徐敏霞、周莹点校：《十国春秋》卷四九《后蜀二后祖本纪》，中华书局，1983年，第726页。

② ［宋］司马光编著，［元］胡三省音注，石淑仪等点校：《资治通鉴》卷二百七十六《后唐纪五》，中华书局，1976年，第9015页。

③ ［宋］司马光编著，［元］胡三省音注，石淑仪等点校：《资治通鉴》卷二百八十二《后晋纪三》，中华书局，1976年，第9212-9213页。

《北梦锁言》卷五载："唐光启中，成都人侯翮……以拔萃出身，为邠宁从事，僖宗播迁，擢拜中书舍人、翰林学士……僖宗归阙，除郡不赴，归隐导江别墅，号卧龙馆。"[1]

《九国志》卷六载："刺彭州日，部民史氏，有胡让庄，号为沃饶，宗翰杀史氏而取之。"[2]

《九国志》卷七载：焦彦宾"乃营别墅，凿池沼，植蒲荗，养鱼以自给。"[3]

《太平广记》卷三一四载："蜀大理少卿李泳，尝归郫城别墅。"[4]

《全唐文》卷九三〇载："伏蒙圣慈宣赐汉州通记县天锡观唐友则庄一所，永充常住者……今则特颁睿泽，广锡庄田，辍彼膏腴，永为常住。"[5]

前蜀时期的达官显贵大量搜刮金银钱财，在成都修建华丽宅第的现象相当普遍。以此推之，他们占据的土地数量也颇具规模。后蜀官僚和前蜀官僚一样，大肆扩占土地几无节制。历任保宁节度使、六军副使、太师、中书令的赵廷隐于成都有别墅一所，"幅员十余里，台榭亭沼，穷极奢侈"[6]。后蜀灭亡后，毋守素任北宋工部侍郎，"籍其蜀中庄产、茶园以献，诏赐三百万以充其值……（李）廷珪及王昭远、韩保正（即韩保贞，宋人避讳改）川中皆有宅，昶降后，奉表上献，诏各赐钱三百万以偿其直"[7]。按照土地占地面积计算，毋守素、李廷珪占有土地都在五千亩[8]以上，与赵廷隐所据也不相上下。

从上述列举可知，两蜀时期三川地区土豪势力恶性膨胀，从上至下各级官吏占土地之风盛行。总的来说，他们取得土地主要有三种途径：①正常购买土地。按照

---

[1] ［五代］孙光宪撰，贾二强点校：《唐宋史料笔记丛刊：北梦琐言》卷五，中华书局，2002年，第118页-119页。

[2] ［宋］路振撰，吴在庆、吴嘉骐校点：《九国志》卷六，《五代史书汇编》六，杭州出版社，2004年，第3285页。

[3] ［宋］路振撰，吴在庆、吴嘉骐校点：《九国志》卷七，《五代史书汇编》六，杭州出版社，2004年，第3318页。

[4] ［宋］李昉等编：《太平广记》卷三十七，中华书局，1961年，第2482页。

[5] ［清］董浩等编：《全唐文》卷九三〇，中华书局，1983年，第9688页。

[6] ［宋］张唐英撰，王文才、王炎校笺：《蜀梼杌校笺》卷四《后蜀后主》，巴蜀书社，1999年，第387页-388页。

[7] ［元］脱脱等撰，程应镠等点校：《宋史》卷四百七十九《世家二》，中华书局，1985年，第13874页。

[8] 1亩≈667平方米。

正规程序购买土地的情况在五代十国时期始终存在。前蜀王建武成元年（908年）时，政府曾出卖籍没土地，"应在府及州县镇军人百姓，先因侵欠官中钱物，或保累填赔官中收没屋舍庄田，除已有指挥及有人经营收买外，余无人射买者……"①这也说明前蜀立国之初，土地官方买卖的普遍，封建国家对土地私有权给予了充分肯定和重视。②恃势强夺土地。官吏倚仗军事、政治权力，强夺土地的现象在后蜀时期相当普遍。孟知祥的诸将中强夺土地者甚多，《十国春秋》中记载有李仁罕"事后主（孟昶）益骄蹇不法，务广第宅，夺人良田，发其坟墓"②。随着前蜀、后蜀政权的建立，一批新贵将帅势力日渐崛起，待政局相对稳定后，这些将帅军校或凭借军功、或倚仗权势，纷纷染指土地，通过各种渠道广屯田产，扩展自己的经济势力，从而成为大土地所有者。这也是前、后蜀时期获取土地的最主要渠道。③低价强买。强买土地的情况十国地域皆时有发生。后唐庄宗时，就曾下令禁止强买"条制"，限制权贵豪强强买土地。后蜀检校太尉张业"强市人田宅，藏匿亡命，又于私第置狱系负责者，或历年至于瘐死，蜀人大怨之"③。逼迫民户卖田，从中以低价收买上等田地，实质乃是一种强买行为。

在后蜀统治时期，土地高度集中在官僚手中，王建、孟知祥在三川建立政权，比起唐代的三个节度使衙门，大大地增加了官员，乃是两蜀时期土地突然高度集中的根本原因。当前、后蜀灭亡，官僚地主的土地旋即易主，或籍没、或捐献、或交卖，昔日的大片土地有一部分又化整为零，土地的聚散周期相对比较短促。

2）大量栽培经济作物

前、后蜀经济的发展，还表现在经济作物的大量栽培上，尤其是桑、麻、茶叶等生产规模的扩大。

①桑。五代的主要农业区，几乎都是蚕桑之地，论蜀桑之盛，堪称第一。晚唐诗人罗隐就有"蜀桑万亩"的说法，前蜀诗人贯休也称蜀地的农村是"前村后垄桑柘深"。闻名全蜀的蚕市就是在蚕桑贸易发展的情形下兴起的，桑叶、桑苗是市场交易的大宗产品。连前蜀皇帝王建也为这种大规模的货桑交易所触动，以至萌发

---

① ［清］吴任臣撰，徐敏霞、周莹点校：《十国春秋》卷三十六《前蜀二高祖本纪下》，中华书局，1983年，第506页。

② ［清］吴任臣撰，徐敏霞、周莹点校：《十国春秋》卷五十一《后蜀四列传》，中华书局，1983年，第759页。

③ ［清］吴任臣撰，徐敏霞、周莹点校：《十国春秋》卷五十一《后蜀四列传》，中华书局，1983年，第760页。

"倘税之，必获厚利"的征税念头，足见成都平原种桑之普遍。另外，蜀州、彭州是蜀中的主要产麻区，而桑麻的种植也绝不限于成都附近州县，从两蜀统辖的数十州的大多数土贡物品来看，都有丝麻织物，可以推知两蜀时期的桑麻种植相当广泛。

②茶。唐代四川地区的茶叶生产已有相当的规模，如《太平广记》卷三十八就载有九陇人张守珪常雇工百余人采茶[1]。到了前、后蜀时，茶园经营的规模更大。后蜀毋守素被宋廷籍得的蜀中庄产茶园"诏赐钱三百万以充其值"，价值三百万的庄产茶园，规模之大可以想象。

前、后蜀都作中枢大员的毛文锡著有专门记述茶叶种类与品种等内容的专书《茶谱》一卷。茶叶在当时已成为蜀国与其他地区交易的主要商品之一。前蜀王建时，秦王李茂贞派专人前来蜀国货易，文献中类似"其去也，载白布、黄茶"[2]，又有"岐王屡求货于蜀……乃复以丝、茶、布帛七万遣之"[3]的记载尚有，不一一罗列。

前、后蜀统治时期，蜀地茶叶产区不断扩大，名茶品种增多，茶的商品交换规模变大也是理所当然。但是，茶叶能成为对外区贸易的主要商品，却需要有雄厚的生产基础作为前提条件。茶叶的生产与销售利润很高，能刺激并促使茶叶种植的规模持续扩大，一些地区出现单纯以营茶为生的农民。

另外，榷茶开始于唐文宗皇帝时。[4]两蜀茶叶的畅销程度不输唐朝，从前蜀王建至后蜀孟知祥、孟昶时期仍然沿袭旧制，把茶税视为一项重要的收入来源。苏辙在《论蜀茶五害状》曰："臣闻五代之际，孟氏窃据蜀土，国用褊狭，始有榷茶之法。及艺祖平蜀之后，放罢一切横敛，茶遂无禁，民间便之。"[5]榷茶之法，直到北宋灭后蜀统治蜀中之后才予以废除。

2. 手工业

1）纺织业

整理《新唐书·地理志》及《大平寰宇记》所录两蜀各州的土贡，在所有进贡的五十一个州中，共有成都府、彭州等三十三个州进贡各类布匹等，从中不难看出

---

① [宋]李昉等编：《太平广记》卷三十七，中华书局，1961年，第235页。

② [宋]何光远撰，邓星亮等校注：《鉴诫录校注》卷四，巴蜀书社，2011年，第102页。

③ [宋]司马光编著，[元]胡三省音注，石淑仪等点校：《资治通鉴》卷二百六十七《后梁纪二》，中华书局，第8723页。

④ 钱时霖：《我国古代的茶税、榷茶和茶法》，《中国茶叶加工》1994年第4期。

⑤ [宋]苏辙著：《栾城集（中）》卷三十六，上海古籍出版社，2009年，第785页。

两蜀的布帛等织物生产的大概情况。

蜀地的织物品不仅产量相当巨大，而且种类繁多，布、锦、綵、段、绫、绡、绌、纨等均有制造。蜀地最为著名的织物品非锦莫属。

"蜀锦"，早在秦汉时起就驰名遐迩。前、后蜀时期，蚕桑业的扩大，为织锦业的跨越式发展提供了原料基础，其时蜀锦的产量和销量都达到了空前的规模。

《蜀梼杌》中就曾记载，前蜀后主王衍"又好击鞠，常引二锦障以翼之，往往至于街市。"[1]蜀锦之珍美受到社会上层的追捧。后唐灭蜀之前，庄宗希望用马与前蜀市易锦绮珍玩，遭到王衍的拒绝。其后前蜀为后唐所灭，还缴获蜀府库存积压的"纹锦绫罗五十万匹"。其后，庄宗还命令蜀匠织十幅无缝锦，用来作被料，称为"六合被"[2]。这就是嘉庆时《四川通志》卷一九七中所载的"孟昶一锦被甚阔，犹今（清代）之三幅帛，而一梭织成。"能织成十幅无缝锦，仅以一梭织成犹清代三幅宽的帛，其织造技术在当时全国各地区中当是首屈一指的。很显然，两蜀时期的织造工具的进一步改进和应用，促进了织锦宽幅制造的工艺突破。

到了后蜀时期，织造和使用丝织物的数量仍然很大，如仕前后蜀的大官僚李昊的"后堂伎妾曳罗绮数百人"。宋灭后蜀，府库存货全部被调运京师，其中有"重货铜布，载自三峡，轻货绞谷，即设传置，发卒负担，每四十卒为一纲，号为'日进'"[3]。经过几年时间，才把孟氏储存的各种东西运归内府。其库存之大，远远超过前蜀，其中，很大一部分就是精美的丝织物。

两蜀蜀锦的花式也不断创新，著名的有长安竹、天下乐、雕团、宜男、宝界地、方胜、狮团、象眼、八搭韵、铁梗襄荷，被合称为"十样锦"。前、后蜀时期织锦业的发展，为北宋四川织锦业的发展打下了基础。

2）制盐冶铸

①制盐。蜀中的井盐开发很早，远自秦汉，历代不绝。直至唐代，三川的盐井"黔州有井四十一，成州、巂州井各一，果、阆、开、通井百二十三，山南西院领之。邛、眉、嘉有井十三，剑南西川院领之。梓、遂、绵、合、昌、渝、泸、资、

---

① ［宋］张唐英撰，王文才、王炎校笺：《蜀梼杌校笺》卷二《前蜀后主》，巴蜀书社，1999年，第169页。

② ［宋］陶谷：《清异录》，影印文渊阁《四库全书》本，第1047册，台湾商务印书馆，897c页。

③ ［宋］彭百川：《太平治迹统类》，影印文渊阁《四库全书》本，第0408册，台湾商务印书馆，104b页。

荣、陵、简有井四百六十，剑南东川院领之。"①再通过比对《宋史》中的《食货志》部分，推算出前、后蜀的盐井数量与唐时大致相同，但产量有所增加。

三川之地主要产盐区在东川，前、后蜀时期在此区设置了四个管理井盐生产和税收的机构，即夔州的云安监、泸州的富顺监、梓州的富国监和拔州的陵井监。②盐业税虽为重征，但仅在一州三场征盐商税，就岁获钱七万缗，足见贩盐量之大。北宋末灭蜀时，全蜀普遍削减盐价，"成都民食盐斤为钱百六十，减六十，诸州盐减三之一"③。盐价削减比例如此之大，必须以盐产量的增加作为基础，否则是难以为继的。

②冶炼铸造。首先，蜀地矿产丰富，这是两蜀冶炼铸造行业发展的先决条件。据《新唐书·地理志》等文献记载，唐末三川之地，山南西道、剑南西道计金矿三处，沙金二处，银矿五处，铜矿七处，铁二十七处，锡矿一处。《太平寰宇记》中也有记载嘉州的峨眉县产金的情况。兴元府置有冶务负责冶银。产铁的有资州和泸州，资、泸二地也置有冶铁务。

金、银属于贵金属，不仅是华美装饰品的原材料，而且更重要的是具有货币储藏、流通的功能。前、后蜀冶炼业也集中反映在铸造钱币上。据《十国春秋》记载，前蜀六次铸钱，有永平元宝、通正元宝、天汉元宝、光天元宝、乾德元宝、咸康元宝六种。王建开国除建元、武成未铸钱外，以后每次改元都铸造一次新币。后蜀后主广政元年（938年）铸广政通宝，《泉志》记其钱铸径九分，重三铢，铜质深厚，字八分书。广政十八年（955年），孟昶为了抵御后周，增加募兵，导致用度不足，于是开始铸造铁钱，在外郡边地流通。广政末年，铁钱流入成都，"大盈库钱往往有铁钱，相混莫辨，盖铸之精工光明与铜钱相类也。"④

另外，蜀地制造兵器的历史由来已久。不过唐时李德裕出任西川节度使期间，认为蜀人制造兵器尚不够精锐，杀伤力不足，于是"请甲人于安定，弓人河中，弩人浙西，由是蜀之器械皆犀锐"⑤。自李德裕的改革后，蜀地所制造的兵器异常精

---

① ［宋］欧阳修等撰，石淑仪等点校：《新唐书》卷五十四《食货四》，中华书局，1975年，第1377页。

② 张学君：《宋代四川盐业中的所有制转化》，《中国社会经济史研究》1984年第4期。

③ ［宋］李焘：《续资治通鉴长编》，影印文渊阁《四库全书》本，第0314册，台湾商务印书馆，122c页。

④ ［明］杨慎编，刘琳、王晓波点校：《全蜀艺文志 下》卷五十七《钱币谱》，线装书局，2003年，第1698页。

⑤ ［宋］欧阳修等撰，石淑仪等点校：《新唐书》卷一百八十《列传一百五》，中华书局，1975年，第5327页。

良。后唐破前蜀时，缴获了蜀营兵卒三十万人，马九千五百匹，兵器的数量更是达到了七百件。后唐之所以能虏获如此多的兵器，可以看出前蜀统治时期，冶炼铸造实力雄厚、兵器产量惊人。后蜀时，则专门设有军器库使负责铸造并管理兵器。

3）造纸制墨

五代十国时期，可生产好纸的地区一如唐时，仍以南方诸地为主。川蜀本来就是著名的造纸基地，所产的麻纸在唐代之初就备受文人墨客的喜爱。

唐末五代，蜀中纸业推陈出新，霞光笺、百韵笺得以问世。前蜀后主王衍造霞光笺，其以"五百幅赐金堂令张蠙。霞光，即深红笺也"。又有百韵笺，"以其幅长可写百韵诗，其次学士笺，比百韵较短"[1]。贵族与文士所用之纸往往要经过再加工，本不足为奇，无非再染上色彩与印上图案而已，但是这条史料所反映的并不在此，而在其所用的纸本身。元人费着曾撰《笺纸谱》回顾蜀纸发展历史及工艺，其中有百韵笺的记录，"合以两色材为之，其横视常纸长三之二，可以写诗百韵，故云。人便其纵阔，可以放笔快书。凡纸皆有连二、连三、连四"[2]。可见百韵笺不同于一般窄幅笺纸，需要粘合数张以满足长篇诗文撰写。这种宽长幅纸的生产，技术难度倍增，以致明人都曾感慨再也不见此纸。

不仅如此，蜀地还是五代时期南唐以外唯一能制造好墨之地。宋人苏易简撰《文房四谱》，其中一卷为《墨谱》，记有蜀墨质量上乘故事一则，"伪蜀有童子某者，能诵书，孟氏召入，甚嘉其颖悟，遂锡之衣服及墨一丸。后家僮误坠于庭下盆池中，后数年重植盆中荷芰，复获之，坚硬光腻仍旧"[3]。又如《清异录》中记有一蜀人景焕，是位博雅之士，志尚静隐，"尝得墨材甚精，止造五十团，曰：'以此终身。'墨印文曰：'香璧'，阴篆曰：'副墨子'。"[4]以上皆可反映出川蜀是当时可以生产较好墨锭的地域之一。

3. 商业

前、后蜀时期的农业和手工业得到了充分发展，在此基础上又必然会带动商业的繁荣。蜀地商品经济发展到五代，出现了很多新气象，人们对各类市场的依赖度

---

① ［明］何宇度：《益部谈资》，影印文渊阁《四库全书》本，第0592册，台湾商务印书馆，746d页。

② ［明］杨慎编，刘琳、王晓波点校：《全蜀艺文志　下》卷五十六《笺纸谱》，线装书局，2003年，第1678页。

③ ［宋］苏易简：《文房四谱》，影印文渊阁《四库全书》本，第0843册，台湾商务印书馆，54c页。

④ ［宋］陶谷：《清异录》，影印文渊阁《四库全书》本，第1047册，台湾商务印书馆，908d页。

变高，商品交易繁荣，商业影响着社会生活的方方面面。

区域"市场"经营拓宽，交易活跃。前、后蜀时期，统治者皆以成都为都城，坐享了其得天独厚的自然条件，以及秦汉以来积累的大量社会财富，特别是繁华的商业基础令其他十国甚至中原都无法企及。

（1）专市从综合性市场中分离出来。成都作为繁华大城市，市场规模和销售量庞大，能够对周边地区带来较大的辐射作用。如此一来，某些特色商品会源源不断地集中到某个市场进行集中销售，主要销售某种商品的市场由此形成。前、后蜀时期，成都地区有炭、米等很多市。如米市一般设置在河道和桥梁旁，方便大米集散。新兴的专卖或主要出售一种商品的专一性市场，是前、后蜀时期一个重要的商业现象。在分化的过程中，旧有的综合性市依然存在，如保留了旧名的"大东市"仍作为综合性市场使用。

（2）季节性的特殊市场。当时的成都还有一些季节性的市场，如卖花果、蚕的蚕市，卖香、药的药市，卖器物的七宝市。这些季节性的特殊"市"，一般位于传统的市区以外。它们的功能既有商品交换的性质，也有游玩观赏的功用。成都的蚕市规模很大，与生产、生活关系尤为密切。《茅亭客话》中有对蜀中蚕市的描述："蜀有蚕市，每年正月至三月，州城及属县循环一十五处。耆旧相传，古蚕丛氏为蜀主，民无定居，随蚕丛所在致市居，此之遗风也。又蚕将兴以为名也。因是货蚕农之具及花木果草药什物"[1]。

（3）市场中存在多样的服务型行业。成都的市中除了传统的生活起居、衣食住行类服务行业外，还有一些特色服务业。如成都的酒楼、酒肆经营灵活，允许客人贳酒，即先喝后付钱。在成都南米市桥旁有柳条家酒肆，"其时皆以当垆者名其酒肆"，有一道士"常来贳酒，柳条每加勤奉，因愍其恭恪，乃留丹数粒，且云：'以酬酒债。'令三日但水吞一粒，服尽此丹，患当痊矣"[2]。成都东市的市南有勾氏家酒肆，可能亦是一个比较著名的酒楼。至于市外，不但是商品销售的场所，也有酒楼等饮食商业服务店铺，零售业和服务业发展相得益彰。另外，"伪蜀大东市有养病院，凡乞丐贫病者，皆得居之……"[3]东市内设有这种养病院，专门收留乞

---

① ［宋］黄休复：《茅亭客话》，影印文渊阁《四库全书》本，第1042册，台湾商务印书馆，956b页。

② ［宋］黄休复：《茅亭客话》，影印文渊阁《四库全书》本，第1042册，台湾商务印书馆，932d-933a页。

③ ［宋］黄休复：《茅亭客话》，影印文渊阁《四库全书》本，第1042册，台湾商务印书馆，926c页。

丐、贫穷和生病之人。市内其他区域有圣兴寺、国清寺等，街坊间有排水沟渠，安排有专职人员负责清洁打扫和疏通。从这些描述来看，成都的东市不仅有一些新兴的服务行业，而且还是一个区别于唐时的开放式市场，店铺沿街设立，商业摊肆和居民住宅混杂，整体生活气息浓厚。

（4）草市规模逐渐扩大。草即"草率、不正规"的意思，按照唐时的规定，非州县治所不得设置市。但实际情况是，经济水平不断发展，州县治所以外的地方仍有设市的需求，就这样草市这种非正规市场就在一些位置重要而又偏僻的地方兴起了。两蜀时期，非正规市场规模大为拓展，不仅出现如成都东门外的草市，蜀地还有盐亭雍江草市、阆州茂贤草市等。

从商人员来源多样、人数激增。随着两蜀社会经济发生的一些新变化，人们对商业和商人的看法变得包容，对商业的认同感日益加深。社会上不同阶层的人群源源不断地加入到商人群体中，其中也包括很多政治人物，如五代后蜀时的蜀州，"郡有卢敬芝司马者，以殖货为业"[1]，说明卢敬芝此人为司马，为官之余操持商业活动作为副业。在商品交换中，从事中间人角色的牙侩人员变多，他们在交易中的作用也比较突出。如成都的鬻豚之肆，有"侩豕者"对屠主谈论着当天要宰杀的那头猪的长相，说"此豚端正"，货源应是屠主通过牙侩才寻找到的。在海外贸易中牙侩所起的作用更大，精通语言的牙人会在港口等待商人，帮助他们联系商品交易，并从中赚取费用。《北梦琐言》中还记载柳仲郢家对自家一奴婢不满意，"将婢于成都鬻之"，一个"女侩具以柳婢言导"，为其找到了下家西川大贾盖巨源，后来女婢生病，"似中风恚，命扶之而去，一无言语，但令舆还女侩家"[2]。由此可见，做中间人的女侩实际上承担的是担保人的角色，女婢如果不符合买家要求，牙人要对买卖负责，重新更换婢女。

二、扩充军队，加强防御

后蜀于乱世而立国，因此非常重视军队的建设。与其他朝邦一样，孟知祥父子需要一定规模的军队和相应的军事制度来达到称霸蜀地和维护统治的目的。

[1]［五代］孙光宪撰，贾二强点校：《唐宋史料笔记丛刊：北梦琐言》卷十九，中华书局，2002年，第147页。
[2]［五代］孙光宪撰，贾二强点校：《唐宋史料笔记丛刊：北梦琐言》卷四，中华书局，2002年，第86页。

后蜀军队的建设始于孟知祥时期。由于正处乱世，后蜀军队都直属皇帝管辖，以步军和马军为主。初时，孟知祥以后唐西川节度使的身份统领西川，接管西川各项事务，因此前蜀的部分军队随之归属孟知祥麾下。后唐灭前蜀，郭崇韬将蜀军整编划分：骑兵分为左、右晓卫等六营，约三千人；步兵分为左右宁远等二十营，约两万四千人。西川地区两万七千余人的军队大部分归属于孟知祥管辖。其后，孟知祥不断扩充军队，增加兵力。天成元年（926年）七月，首先建立了一支亲兵部队，设左、右牙兵十六营，约一万六千人，驻扎于牙城内外，保卫自己的安全。其后，又增设左、右冲山等六营，约六千人，驻扎于罗城内外；增设义宁等二十营，约一万六千人，分戍内州县；增置左、右牢城四营，约四千人，分戍成都境内。[1]除这些步兵和骑兵外，孟知祥还建立一支水军队伍，九月壬戌，"又置左、右飞棹兵六营，凡六千人，分戍滨江诸州，习水战以备夔、峡。"[2]这支水军以夔、峡地区戍防为首要任务，若遇到战争，这支队伍还需配合马军、步军执行某一战役攻守任务。[3]水军的设置非常必要，如同光三年（925年）十月，后唐高季兴便用水军从上峡取蜀地的施州，蜀峡路招讨使张武"以铁锁断江路……季兴遣勇士乘舟砍之，会风大起，舟缀于锁，不能进退，矢石交下，坏其战舰，季兴轻舟遁去。"[4]短短几年，孟知祥拥有了近十万人的军队，兵力得到极大提升，为其后称霸蜀地奠定了基础。

明德元年（934年），孟知祥在蜀地称帝后，便整编军队，组建中央禁军和地方戍防部队。

中央禁军主要负责卫戍京城、首府、重镇、要害边区和肩负战时的重要攻守任务。后蜀的中央禁军大致承袭唐代，仿效中原，但又根据自身情况有所变化。后蜀禁卫军初设六军：卫圣军、匡圣军、捧圣控鹤军、奉銮肃卫军、骁锐军和亲卫军，后又增设殿直军、宣威军、崇武军。禁军的最高统帅为判六军事，副将为六军副使。各支禁军设都指挥使一名，统领该部。若该军分左、右两军，则左、右再各设都指挥使一名。[5]其他还设有副都指挥使、都虞候、指挥使、都部署、行营都统、

①曾国富：《后唐对蜀战争浅析》，《湛江师范学院学报（哲学社会科学版）》，1999年第1期。

②［宋］郭允蹈：《蜀鉴》，影印文渊阁《四库全书》本，第0352册，台湾商务印书馆，563c页。

③林荣贵：《五代十国的辖区设治与军事戍防》，《中国边疆史地研究》，1999年第4期。

④［宋］司马光编著，［元］胡三省音注，石淑仪等点校：《资治通鉴》卷二百七十三《后唐记二》，中华书局，1976年，第8942页。

⑤杜文玉：《前后蜀兵制初探》，《江汉论坛》，2004年第11期。

总管、制置使、都招讨使、招讨使等。

卫圣军创设于孟知祥即位之时，以李仁罕为卫圣诸军马步指挥使。卫圣军分左右两军，有马军，有步军，是后蜀禁军中实力较雄厚、作战能力较强的军队之一，曾连续三次参加对后周作战。第一次是后周世宗显德二年（955年）五月，"蜀主以捧圣控鹤都指挥使、保宁节度使李廷珪为北路行营都统，左卫圣步军都指挥使高彦俦为诏讨使……"[1]统军抵御后周军队。第二次是显德三年（956年）三月，孟昶再以"捧圣控鹤都指挥使李廷珪为左右卫圣诸君马步都指挥使"[2]，抵御周军。第三次是显德五年（958年）十一月，后周军队再次侵扰属地，"乙西，蜀主以右卫圣步军都指挥使赵崇韬为北面诏讨使。丙戌……左卫圣马军都指挥使赵思进为东面诏讨使……分屯要害以备周。"[3]

匡圣军的军号是沿用后唐的军号，它与卫圣军一样设置于后蜀建国之时，初以赵廷隐为左匡圣步军都指挥使，张业为右匡圣步军都指挥使，亦分左右两军，有马军，有步军。匡圣军经常承担作战任务。如后唐清泰元年（934年）四月，后唐山南西道节度使张虔钊与武定节度使孙汉韶归降后蜀，后蜀帝孟昶派"右匡圣马步都指挥使、宁江节度使张业将兵一万屯大漫天以迎之"[4]。匡圣军也属禁军中兵力较雄厚的军队。

捧圣控鹤军是京城守军，承担着宿卫京师的重任。它创设于孟知祥时期，"捧圣控鹤"是孟知祥将后唐的两个军号合二为一而成的，最初以张公铎为都指挥使。捧圣控鹤军不分左右，但仍有步兵和骑兵，兵力不如前两军，一般执行守备任务。

奉銮肃卫军创设于后蜀建国时，初任命侯洪实为奉銮肃卫指挥副使。这支禁军兵力较少，不分左右军，但也承担野外作战的任务。如广政十五年（952年）九月，"山南西道节度使李廷珪奏周人聚兵关中，请益兵为备。帝遣奉銮肃卫都虞候赵进

---

① ［宋］司马光编著，［元］胡三省音注，石淑仪等点校：《资治通鉴》卷二百九十二《后周纪三》，中华书局，1976年，第9528页。

② ［宋］司马光编著，［元］胡三省音注，石淑仪等点校：《资治通鉴》卷二百九十三《后周纪四》，中华书局，1976年，第9550页。

③ ［宋］司马光编著，［元］胡三省音注，石淑仪等点校：《资治通鉴》卷二百九十四《后周纪五》，中华书局，1976年，第9588页。

④ ［宋］司马光编著，［元］胡三省音注，石淑仪等点校：《资治通鉴》卷二百七十九《后唐纪八》，中华书局，1976年，第9115页。

将兵趋利州。"①

骁锐军创设于孟知祥建国前，后唐明宗天成元年（926年）组建编制为六营，三千人，为马军部队。后蜀建国后，该军保留，并分为左右军，驻防各地。

亲卫军，由孟知祥组建的亲兵牙军转化而成，是皇帝最亲近的部队，承担拱卫宫廷、保护皇帝之责。后蜀未建国时，孟昶为西川衙内马步军都指挥使。后蜀建国后，孟昶仍未亲自统领，直到"蜀主得风疾逾年，至是增剧。甲子，立子东川节度使、同平章事、亲卫马步都指挥使仁赞为太子，仍监国。"②仁赞即为孟昶。

孟昶即位后，又成立一支新的禁军部队——殿直军。明德元年（934年）九月，后主孟昶"自置殿直四番，取将家及四事孤子为之，乃命李仁罕子继宏、赵季良子元振、张业子继昭、侯洪实子令钦、赵廷隐子崇韬，分为都知领焉"③。这支军队人数并不多，孟昶组建殿直军主要是为了与权臣抗争。

地方军队主要负责戍防所在州府，战时奉调执行攻守任务。后蜀在各辖区都设有军队，他们对内可镇压民众的叛乱，对外可防御邻邦的侵略。孟知祥平定三川地区后，辖区与前蜀大体相同，他建国时统领成都、兴元二府与汉、彭、蜀等四十七州，并领羁縻纳、萨、晏、巩、浙、思峨、清、高、长宁、定十州。其后虽战争不断，但区域基本保持，北宋灭后蜀时，后蜀仍统领二府四十四州。孟氏父子执政蜀地时，分区设置了武德军节度使、武信军节度使、保宁节度使、永平节度使、武泰节度使、宁江节度使、山南西道节度使、昭武军节度使、雄武节度使等职位统领辖区，包括各地军队。但是据现有史料所看，关于后蜀地方部队出征的记载较少，多是由禁军驻防各地，并参与战事，如"彦俦领赵州刺史，俄为奉銮肃卫都指挥使，改右骁锐马军都指挥使，加匡圣马军都指挥使，真拜武定军都指挥使"④。且后蜀多以禁军将领充当节度使，"蜀自建国以来，节度使多领禁兵"，据此推测后蜀地方军队的兵力应比较薄弱。

---

① ［宋］司马光编著，［元］胡三省音注，石淑仪等点校：《资治通鉴》卷二百九十一《后周纪二》，中华书局，1976年，第9482页。

② ［宋］司马光编著，［元］胡三省音注，石淑仪等点校：《资治通鉴》卷二百七十九《后唐纪八》，中华书局，1976年，第9123页。

③ ［清］吴任臣撰，徐敏霞、周莹点校：《十国春秋》卷四九《后蜀二后祖本纪》，中华书局，1983年，第706页。

④ ［清］吴任臣撰，徐敏霞、周莹点校：《十国春秋》卷五十四《后蜀七列传》，中华书局，1983年，第800页。

正因如此，后蜀边境戍防不力，孟昶执政的中后期，军力更弱，这直接导致后蜀的灭亡。首先是后周势盛，多次侵扰属地，此时后蜀将与后周西境毗邻的北部诸州作为重点戍防区。显德二年（955年），后蜀置威武军节度于凤州，命赵季良为雄武监军使，以加强秦、凤等州的守防。又派知枢密院事王昭远"按行北边城寨及甲兵"，以为"备周"之计。但是，后周军队势如破竹，越过散关攻入秦州，赵季良惧战，后蜀守军接连败北。接着，后蜀北上增援的北路行营都统李廷珪、招讨使高彦俦等军也被后周击溃，后蜀丢失秦、成等四州。至北宋攻打后蜀时，后蜀的边区戍防力量更加薄弱。乾德二年（964年），北宋军队兵分两路分别从北部凤州和东部峡江进攻，后蜀灭亡。

三、打击旧臣，整饬专横

孟知祥称帝后仅半年就去世了，孟昶继位，但其身边都是一些功高盖主的开国功臣，他们还占据着战略要津，如：赵季良，司空兼门下侍郎、同平章事领武泰节度使；王处回，枢密使；李仁罕，卫圣诸军马步军指挥使，领武信节度使；张业，右匡圣步军都指挥使，领宁江节度使；赵廷隐，左匡圣步军都指挥使，领保宁节度使；张公铎，奉圣控鹤都指挥使，毋昭裔，御史中丞；李昊，礼部侍郎、翰林学士；徐光浦，翰林学士。这些旧臣都是孟知祥的"故人"，或为"红莲上客，参帷幄之谋"，或为"细柳将军，专斧钺之任"。

将相兼领的节度使制，虽不始于后蜀，但到了后蜀时期已积弊严重。史称"蜀自建国以来，节度使多领禁兵，或以他职留成都，委僚佐知留务，专务聚敛，政事不治，民无所诉"[①]。如何与这帮旧臣相处，是摆在新君孟昶面前不可回避的重大问题。在处理旧臣的这方面，孟昶显得比较果断老练。

李仁罕自恃宿卫有功，又受遗诏辅政，以老臣自居，完全不把孟昶放在眼里。孟昶继位才两个月，他就要求"判六军"，掌握军权，态度非常蛮横。于是孟昶趁其入朝，命武士杀之，族灭全家，暴其罪恶。此时，昭武军（治今广元）节度使李肇入朝，他最初托言脚疾，扶杖不拜，显得桀骜不逊，但一听说李仁罕被诛，当天就释杖跪拜幼主，突然变得恭顺了。但孟昶不依不饶，勒令其致仕，徙邛州安置，

---

① ［宋］司马光编著，［元］胡三省音注，石淑仪等点校：《资治通鉴》卷二百八十二《后晋纪三》，中华书局，1976年，第9220页。

不再起用。

另外，保宁军下属州县赋税不均的现象早已相当突出。据《宋史·陈恕传》记载："孟氏旧政，赋税轻重不均，阆州税钱千八百为一绢，果州六百为一绢"①。在同一节镇内不同州郡之间折价差额竟如此之大，可见当时地方吏治已腐败透顶。

针对这些弊病，孟昶于广政四年（941年）三月先罢免了穷极奢侈的卫圣马步都指挥使、武德节度使兼中书令赵廷隐。孟知祥在位时，赵廷隐为保宁节度使。孟昶继位后，李仁罕总领六军，并以赵为六军副使，形成牵制。不久以后，后主诛灭李仁罕，改赵廷隐为卫圣诸军指挥使。后来，赵廷隐又被移镇东川，广政初，加中书令。

继赵廷隐被罢免不久后，孟昶又处置了专权贪纵、多为不法的枢密使、保宁节度使兼侍中王处回。②同期，另一位旧臣张业也日渐专断起来。张业是李仁罕的外甥，李仁罕被杀时，其方典禁军。孟昶惧其反，改任他为同平章事，一方面暂事羁縻，另一方面剥夺其兵权，使他不能发动兵变。广政元年（938年），进张业为左仆射兼中书侍郎、同平章事，不久又加司空兼判度支。当张业位高权重后，其行为多越法度。张业素来严酷，而检举者控告他的罪名是谋反："其子检校左仆射继昭，好击剑，尝与僧归信访善剑者，右匡圣都指挥使孙汉韶与业有隙，密告业、继昭谋反；翰林承旨李昊、奉圣控鹤马步都指挥使安思谦复从而谮之。"③广政十一年（948年）七月，孟昶待张业入朝，命壮士执而杀之，然后下诏暴其罪过，没收了他的家产。

除了前朝佞臣外，对于贪官污吏的惩办，孟昶也绝不手软。当时潞州人申贵，是孟知祥的旧将，后主时官右卫圣都指挥使，历任昌、渝、文、眉四州刺史。他贪鄙残虐，所到之处横征暴敛，毫无法度，使百姓不堪其苦。其出任眉州刺史期间，竟然公然指着监狱门对左右下吏说："此我家钱炉。"④对此恶贯满盈之徒，孟昶进行了坚决的处置，先是贬其为维州司户参军，在行至犀浦时又赐其自尽，"死之

---

① [元] 脱脱等撰：《宋史》卷二百六十七《列传第二十六》，中华书局，1977年，第9202页。

② 武建国：《略论孟昶》，《历史教学》1986年第6期。

③ [宋] 司马光编著，[元] 胡三省音注，石淑仪等点校：《资治通鉴》卷二百八十八《后唐纪三》，中华书局，1976年，第9394页。

④ [宋] 路振撰，吴在庆、吴嘉骐校点：《九国志》卷七，《五代史书汇编》六，杭州出版社，2004年，第3320-3321页。

日，民皆相贺"①。

至张业被罢免后，"故将大臣殆尽"。孟昶与旧臣长达十五年的斗争，终以胜利告终。为了巩固胜利果实，孟昶随即任命翰林学士承旨李昊知武德军，散骑常侍刘英图知保宁军，谏议大夫崔銮知武信军，给事中谢从志知武泰军，将作监张赞知宁江军。这一系列部署实际上是剥夺了一些武将遥领节度使的职务，任命亲信大臣知节度使事，使其亲自到任视事，试图改善地方吏治，同时也进一步削减了旧臣的权力。

孟昶打击专横旧臣、震慑类似者的力度十分巨大，但对于那些忠实于孟氏的旧臣，仍然予以重用，最为典型的就是旧臣赵季良。作为辅相，赵季良幼涉书史，长于吏治，尤善骑射，能文能武，多谋善断，事孟知祥忠诚。后蜀建立，赵季良守司空、平章事。孟昶即位，再加司徒。他辅佐幼主，尽忠职守，使后蜀向着稳定、繁荣的方向发展。宋初勾延庆《锦里耆旧传》说："（广政）二年、三年（939年、940年），边陲无忧，百姓丰肥，以辅相得人也。"②

接着，孟昶又着手制定《官箴》，颁布郡县："朕念赤子，旰食宵衣。托之令长，抚养安绥。政在三异，道在七丝。驱鸡为理，留犊为规。宽猛得所，风俗可移。无令侵削，毋使疮痍。下民易虐，上天难欺。赋舆是切，军国是资。朕之爵赏，固不逾时。尔俸尔禄，民膏民脂。为人父母，罔不仁慈。特为尔戒，体朕深思。"③

孟昶的《官箴》是一个创举。至宋代，太宗摘录其中四句为《戒石铭》，令郡县刻石置于公堂座前。自此以后直到清朝，《官箴》一直受到统治者的高度重视，州县衙门多刻"尔俸尔禄，民膏民脂，下民易虐，上天难欺"四句，以作警诫官员主政之用。

孟昶还吸取了张业、王处回执政时事多壅蔽的教训，在广政十一年（948年）设置"匦函"，通达下情；后改为"献纳函"，允许百官或百姓献替可否，直言极

---

① ［清］吴任臣撰，徐敏霞、周莹点校：《十国春秋》卷四十九《后蜀二》，中华书局，1983年，第719页。

② ［宋］张唐英撰，王文才、王炎校笺：《蜀梼杌校笺》附录四《锦里耆旧传》，巴蜀书社，1999年，第523页。

③ ［宋］张唐英撰，王文才、王炎校笺：《蜀梼杌校笺》卷四《后蜀后主》，巴蜀书社，1999年，第345页。

谏。次年，又置"吏部三铨、礼部贡举"①选拔官员，改善吏治。

孟昶在整顿吏治方面的成绩是比较突出的，所以一般认为后蜀吏治比前蜀清明得多。但孟昶与旧臣的斗争除了产生积极的作用外，同时也产生了消极作用，即大大削弱了后蜀的政治和军事领导力量。

四、肇兴文教，黼国黻家

孟昶对文化教育的发展特别重视，主要有以下一些举措：敕史馆集《古今韵会》五百卷；下诏"勒诸经于石"，促成后世著名的"蜀石经"；从宰相毋昭裔之请，镂版印《九经》，以颁郡县。另外，他在设立了史馆后，建立了比较完善的修史制度；重视绘画，宫廷中集中了一批诸如黄荃那样的优秀画家。这些都大大促进了后蜀时期文化教育的发展。总的来说，在孟昶"孜孜求治"之下，蜀中的经济文化都得到很大发展。

（一）文学与史学

前蜀、后蜀时期，在诗、词、文创作方面，取得了丰硕的成果。各体之中，以词的创作最为繁富，成就最高。

（1）词，早在民间流行，是唐代兴起的一种新文体，作为诗的新发展形式，故又可称之为"诗余"。词与乐曲配合，作者"倚声填词"，作为歌唱的词章。随着词的流行，文人也加入到词的创作行列。唐五代时，词已经成为格律文体，达到成熟的阶段。

词的发展过程中，晚唐词人温庭筠起到了重要作用，在他词风的影响下"花间派"诞生了，也形成了花间词的著名词集《花间集》。该书结集于后蜀广政三年（940年），是我国第一部词作总集。它为后蜀赵崇祚集，收录唐末至五代十八家五百首词，分为十卷。

其摘录的十八位花间派词人，除了温庭筠、皇甫松、和凝与蜀地无关外，其他人或是蜀中人士，或是流寓蜀中，或出仕两蜀。这些词人既有达官显宦、文学侍从，也有普通平民。他们的作品多写儿女艳情，风格香软秾丽。其序的作者欧阳炯为益州人，前蜀时任为中书舍人，后蜀时累官翰林学士，善于写小词。他作的《花

---

① ［宋］欧阳修撰，［宋］徐无党注，石淑仪等点校：《新五代史》卷六十四《后蜀世家》，中华书局，1974年，第805页。

间集序》阐述了他及同时代人对词体特性的共同认识，鲜明地确认了词与诗相别的特征，是词学史上对词为艳科进行总结的第一篇文献。

两蜀词人的作品，就其内容说，多为描绘倡楼北里的生活、青年男女的追逐、离别后的相思，以至幽会调情、床笫声态，这些反映了花间词内容表浅、艳俗的特点；但从词曲的整个发展历程来看，花间词派的艺术造诣颇高，除了部分寻花问柳的糟粕篇章之外，也还有一些反映蜀中自然风光、本地城市社会生活、城乡民俗风情的内容，不乏清新可读、朗朗上口广为流传的名篇佳作。

两蜀词人中成就不凡者，首推韦庄。他是晚唐五代词四大名家之一。他的词艺术特色与审美风格十分鲜明，呈现出清疏秀逸的韵致美与沉郁苍凉的悲剧美。清疏秀逸的美学风格集中体现为清新自然、平淡隽永的语言艺术，优美疏朗、色泽鲜明的意象世界，以及布局独特、空灵跌宕的结构特色①，而沉郁苍凉的审美蕴涵则集中体现为韦庄在词中抒发了自我。

韦庄"以才名寓蜀，蜀主王建羁留之"，但他大半生羁旅漂泊，饱尝颠沛流离之苦，加之寓居蜀地并非其本意，他的词作中描述蜀中的词作并不多，其中，《河传》（春晚）（锦浦）二阕，无疑是描写蜀中作品的代表："春晚，风暖，锦城花满、狂杀游人。玉鞭金勒，寻胜驰骤轻尘，惜良晨。"（《河传·春晚》）"锦浦、春女，绣衣金缕，雾薄云轻。花深柳暗，时节正是清明，雨初晴。"②（《河传·锦浦》）

词中写到了成都的晚春天气、清明风暖、满城鲜花，空气里散发出浓郁的芬芳，城中人纷纷走出家门、跨上骏马、寻胜探景，在名胜区里，尽情游玩、欣喜若狂。在那纷扰的年代，三川地区的战争结束了。与中原不一样，这里是一片和平欢乐的景象。《河传》二阕，除了文学价值之外，还具有文献价值，是研究民俗的重要资料。

由于写作背景特殊，韦词还打上了特定的情感色彩烙印。他的词大多作于晚年。在他生命的最后几年，美满的家庭生活突遭变故，受到重大打击的他，又将个人感情抒发于词作中，如所写的"十年身事各如萍，白首相逢泪满缨"。[《与东吴生相遇（及第后出关作）》]晚年时的韦庄身世之感极为深重，词中的口吻和审

① 曾渔渔：《论"清丽""沉郁"对韦庄词的美学建构》，《重庆师范大学学报（哲学社会科学版）》2014年第5期。
② ［后蜀］赵崇祚集，［明］汤显祖评：《花间集》，上海古籍出版社，2018年，第30-31页。

视的姿态，无不带有一种往事如烟的感叹。青春风华不再，故乡烟埃难返，老人垂暮之孤伤与抑郁，在词中一一铺陈展开。即便如此，韦庄作词将个人思想感情与国家命运相结合，已经跳脱了纯粹艳词的创作模式，对五代词的发展是一个推动。

欧阳炯，成都人，他个人的创作时间非常长，贯穿前、后蜀时期，甚至到后蜀灭亡后仍有作品问世。西蜀词的地域特色在他的创作中表现得淋漓尽致。欧词中有很多富有浓郁本地色彩的作品，以《春光好》八首最具典型性，收录于宋初人所编的《尊前集》中。如其中一首"天初暖，日初长。好春光。万汇此时皆得意，竞芬芳。笋进苔钱嫩绿，花偎雪坞浓香。谁把金丝裁剪却，挂斜阳？"欧阳炯作为一个生于斯、长于斯且大半生仕宦于蜀的本土词人，对于成都风物感受深切而细腻，用挚爱乡土的满腔热情来歌咏锦江之春。写作手法上运用多角度的方式全面展示成都锦江春日的美妙风光和赏心乐事。

毛文锡之词，被郑振铎先生称之为"别调"。毛文锡，字平珪，河北高阳（一说南阳）人。他自幼聪慧过人，十四岁时参加进士考试一举登第，事蜀主王建，先后任官翰林学士、判枢密院事、文思殿大学士，后又拜为司徒，故世称"毛司徒"[1]。唐末五代，天下大乱，军阀割据，战祸频仍。他生逢乱世，才华横溢，得意于君主，渴望在政治上有所作为，且比较关心民生疾苦。

毛文锡的词作多为供奉内廷之作，内容也多局限于歌舞冶游，历代多数词评人都认为他的词作庸俗陋鄙。但从他的三十二首传世词作来看，也不乏绝唱佳作。如《甘州遍》反映出毛文锡生平个别阶段的壮志酬国的心境，这首词是《花间集》中唯一描写边塞战争、抒发报国雄心的词作，称得上《花间集》中的洪钟巨响。全词爱国热情的流露，与词人前期激荡的报国雄心，欲在战争中建立功勋的迫切愿望是分不开的。

鹿虔扆，花间十八家中比较有特色的一位词人，他的词作共有六首入选《花间集》。他的词作代表是《临江仙》，在该词中，采用温柔绮靡的风格，抒发了故国亡国的哀思。

《花间集》所载的最后一名词人是李珣，著有《琼瑶集》，现已亡佚。他的词风异于花间词人。他的代表作《渔歌子》三阙，专写山水田园之佳趣，名利尘埃，高节可风矣；《南乡子》十七首（《花间集》录十首，《尊前集》载十七首）写岭南风土。李珣的这类词，没有一点浓艳香软的味道。清人况周颐评"李秀才词清疏

---

①诸葛忆兵：《"花间词"中的别调——毛文锡词作初探》，《求是学刊》1986年第3期。

之笔，下开北宋人体格。"①

前蜀后主王衍，自童年即能属文，甚有才思，尤能为艳歌，或有所著，蜀人皆传诵焉。如："画罗裙，能解束，称腰身。柳眉桃脸不胜春。薄媚足精神，可惜许，沦落在风尘。"

后蜀主孟昶也能填词。他与花蕊夫人夜起避暑摩诃池上，填了一首词，首两句云："冰肌玉骨，自清凉无汗。"也属于艳词一类。

（2）诗。单就诗歌这一文学体裁分析，西蜀诗虽远不及西蜀词的成就，但与当时全国相比仍具有很大优势。同西蜀词人一样，诗人群体也比较庞大，文人之间唱和盛行，诗作更多。

仅从《全五代诗》的统计看，前、后蜀共有诗人九十一人。这主要得益于唐僖宗避黄巢之难入蜀，一同而至的不少文人并没有随驾返京，而是选择留居蜀中。据不完全统计，这些唐末入蜀且具有文学才能的士人，包括周庠、牛峤、牛希济、卢延让、韦庄、毛文锡、冯涓、张道古、张格、王锴、贯休等。其中，诗歌造诣最高者为贯休。贯休入蜀后，对蜀中诗歌创作起到了积极的推动作用，建立了大型的唱和中心。

贯休，俗姓姜，字德隐，金华兰溪人。七岁出家，精研释典，是一位著名的学问僧。他多才多艺，长于诗歌，"诗名耸动于时"，尝游荆南，与节度使成汭不和。弟子劝他入蜀，当时王建"将图僭伪，邀四方贤士"。天复中贯休入蜀，献诗："一瓶一钵垂垂老，万水千山得得来"。王建非常高兴，留往东禅院，赐赉隆洽。王建称帝后，为贯休赐号禅月大师。他的弟子昙域为他编辑了诗集《禅月集》，至今尚存，但非原本。

入蜀诗人中，张道古也是值得称道之人。他在景福时期考中进士，初任著作郎，迁右拾遗。乾宁四年（897年），张道古上书唐昭宗言国家有五危、二乱，被贬为施州司户，后入蜀。王建立国后，召为武部郎中，可他始终不忘自己是唐室谏臣，入蜀以后仍旧保留着唐室忠臣的气节，并坚持以忠直敢谏而立于五代浑浊之世。在乱世之中，许多人都因受禄新朝而感恩戴德，而张道古悼念故国，终因忠直敢谏而罹祸。

张道古的诗歌始终低吟他心中沉郁的故恋旧土之情，成为五代入蜀诗歌中的别调。《全五代诗》中仅存张诗《上蜀王》一首："封章才达冕旒前，黜诏俄离玉座端。二乱岂由明主用，五危终被佞臣弹。西巡凤府非固，东播銮舆卒未安。谏疏至

---

① 孙克强：《唐宋人词话》，《历代词人考略》，河南文艺出版社，1999年，第82页。

今如可在，谁能更与读来看？"①此诗虽是张道古献给前蜀王建的，其间也没有直接写自己对故唐的执着眷念之情，但诗人始终不忘五危、二乱之事，至死不忘自己唐室谏臣的身份，即便是在蜀主面前也是直言不讳，毫不遮掩，每字每句都是对他人格和气节最好的诠释。

唐末以来，由于政治腐败，社会动乱，赋役繁重，诗人们在现实生活中看见了世上痛疽，并摄取入诗。到了后蜀时期，诗歌所表达的时代精神已经扬弃了晚唐的柔弱风格。如江淮入蜀人士蒋贻恭，"无媚世之谄，有咏人之才，全蜀士流莫不畏惮"②。他的诗作风格突出，讽刺性强，代表作有《咏金刚》《咏安仁宰捣蒜》等。

两蜀时期，佛教、道教并重，很多诗人的创作题材就与之相关。如行军司马向瓒能作诗，曾专门作有《咏乘烟观蒋炼师》一诗，嘲笑一位个子高大的女道士，用语幽默，讥讽她体态不如一般妇女纤细，同时暗含了对道教所宣扬的白日飞升观念的否定。此外，如卢延让的与僧人赠答二诗《赠僧》《松寺》、牛峤的《评僧道二门论难》、秘书监令狐峤的《明庆节散后赠左右两街命服僧玄》、彭晓《参同契明镜图诀诗二首》、张蠙的《逢道者》《遇道者》等诗，这些诗的主要内容为书写佛教禅师的仙风鹤骨，探讨儒、佛、道三教鼎立和同源的问题，皆为抒发诗人于乱世沉浮的苦恼，表达了他们想要静心悟道、抛却世俗烦恼的想法，却又不能摆脱现实束缚的痛苦。这实际上也是五代十国纷乱之中士人们的普遍心声。

（3）宫词。对诗歌而言，宫廷是一个敏感、特殊的题材。以宫廷为题材的诗歌，自《诗经》起，历代皆有咏，汉代有宫怨诗，齐梁有宫体诗，至唐代宫词始兴。《全唐诗》中最早以《宫词》为名的诗歌是崔国辅的《魏宫词》，其次有薛奇童的《楚宫词二首》，顾况的《宫词五首》，接下来便是王建的《宫词一百首》异军突起，开创了宫词的组诗形式。其后，宋、明、清的宫词创作更加繁盛，蔚为大观。

从宫词的作者、辑者到诗评家，对宫词的起源看法不一，但对五代十国时期蜀地宫词创作者在宫词发展史上举足轻重的作用均莫衷一是。

其一是王建。王建的宫词创作在整个诗歌发展史上具有独特的地位和价值，百首绝句联章的创作形式为后人在宫词的创作中争相效仿，他被尊为"宫词之祖"。

---

① [五代] 何光远撰，邓星亮等校注：《鉴诫录校注》卷一《走车马》，巴蜀书社，2011年，第28页。

② [五代] 何光远撰，邓星亮等校注：《鉴诫录校注》卷四《蜀门之风》，巴蜀书社，2011年，第88页。

王建首创用百首七绝联章的方式创作宫词，扩大了诗歌容量，以诗纪事，这不仅是组诗在个体诗上的一大发展，也是绝句发展史的一大创新。联章体宫词虽是顾况首创，但直到王建才形成了以七绝为主的形式，百首为基本规模，风格平正质朴，以描写宫廷琐事为主要内容。及至五代、两宋，宫词的作者人数不断增多，皇后、皇帝也争相效仿。

王建《宫词一百首》创作题材影响深广，后代争相效仿，且以百首居多，造就了宫词创作数量的大规模增长。后代宫词多是抄录文献，编组为诗，不似王建百首宫词的材料直接来源于宫廷之中，真实性很强，有着一定的史料价值。

另外，王建的百首宫词内容庞大。其宫词向读者全方位地展现了唐代宫廷生活，大至皇帝上朝觐见，小至宫女掷卢簸钱，妃子诞儿，皆可入诗。譬如宫阙楼阁，禁苑风光，朝会之礼仪，仪仗之威严，百官入阁赐对，选美人入宫，出宫人入道，后妃的盼幸邀宠，宫女们巧妆争妍，君王行乐游猎，歌伎乐工歌舞弹唱，宫廷各色游戏，节日种种习俗，一诗一事，一诗一景，百首相连，像一部唐代宫廷的小百科，让读者亲身漫步在唐代的宫廷之中，这是宫词发展史乃至中国诗歌史上的一大创举。

其二则是花蕊夫人。五代十国，干戈不断，史书记载多异，历史上的花蕊夫人和她的《宫词》也是其一。

五代之时，被称为花蕊夫人者共有三人：一是前蜀王建次妃，徐耕女。宋人蔡绦《铁围山丛谈》卷六云："花蕊夫人，蜀王建妾也，后号'小徐妃者'。大徐妃生王衍，而小徐妃其女弟。在王衍时，二徐坐游燕淫，乱亡其国。庄宗平蜀后，二徐随王衍归中国，半途遭害焉。"[1]二是后蜀孟昶妃，称费氏或徐氏，四川青城人，后蜀被宋所灭后即入宋，后亡。《十国春秋》卷五十载："慧妃徐氏，青城人。幼有才色。父国璋纳于后主，后主嬖之，拜贵妃，别号花蕊夫人，又升号慧妃。"[2]三是南唐宫人，或称李煜妃，雅能诗，归宋后，称为小花蕊。《十国春秋》又云："又有南唐宫人雅能诗，归宋后目为小花蕊，其称皆从同云。"[3]

因三人所处时代相同，又都被称为花蕊夫人，故史料中有关她们的记载时有

---

[1]［宋］蔡绦撰，冯惠民、沈锡麟点校：《铁围山丛谈》，中华书局，1983年，第108-109页。

[2]［清］吴任臣撰，徐敏霞、周莹点校：《十国春秋》卷五十《后蜀三列传》，中华书局，1983年，第748页。

[3]［清］吴任臣撰，徐敏霞、周莹点校：《十国春秋》卷五十《后蜀三列传》，中华书局，1983年，第748页。

混淆，颇有张冠李戴之嫌。近人对其讹误也多有考辨，对于花蕊夫人的真实身份及《宫词》的创作者的讨论，多排除了南唐小花蕊的可能性，另外两种观点至今仍争执不下，一为传统观点，认为《宫词》是后蜀孟昶妃所作，其主要依据为历代文史典籍；二为另一种观点，认为《宫词》作者为前蜀王建妃。其依据是《宫词》中的一首诗，诗云："法云寺里中元节，又是官家降诞辰。满殿香花争供养，内园先占得铺陈。"浦江清先生根据相关资料，考证出"中元节"是前蜀主王衍的生日，并考证《宫词》中言及的宫殿、楼台等建筑物，多与前蜀历史相合，并由此推断《宫词》的作者为前蜀花蕊夫人，诗中所咏皆为前蜀主王衍之宣华苑事，且其中或杂有前蜀后主、昭仪、宫人等辈的词章。①

此外，花蕊名称的由来、后蜀花蕊夫人的姓氏、花蕊夫人的各种轶事、花蕊夫人的死因、遗迹等均未有统一的结论，但这并不影响我们对花蕊夫人及其《宫词》的鉴赏和评价。

现存花蕊夫人《宫词》最早的版本，是宋熙宁五年（1072年）王安国奉诏在崇文院校订蜀、楚、秦三地所献民间藏书时发现的。北宋文莹和尚在《续湘山野录》中记了此事，且文莹从王平甫那里得到的宫词副本收词共三十二首，他把它们一一抄录在自己的笔记中。此外，《苕溪渔隐丛话》中记："花蕊又别有逸诗六十六首"②。刘攽《中山诗话》称"王平父因治馆中废书，得一轴八九十首，而存者才三十余篇，大约似王建句。"③可知，宋人看到的花蕊宫词，最多当为九十八首。而清代编撰《全唐诗》时，其数量已猛增到一百五十七首。

以明代毛晋的《三家宫词》所收的百首宫词为基础，参看明代钟惺《名媛诗归》辑录的一百首宫词，及清代李调元《全五代诗》所载，我们得以管窥五代蜀地宫廷建筑华丽，四季行乐不断的奢靡生活。花蕊夫人以其敏锐的观察力和细腻的文风将这一切收之眼底，写入词中。

花蕊夫人的宫词内容丰富，既有描绘宫中亭台楼阁、池水画廊的诗歌，也有记述宫人游乐、玩赏、闲逸等宫中日常生活的诗歌。从内容上，花蕊夫人的宫词可分为三大类④：

①罗璇：《花蕊夫人研究综述》，《名作欣赏》2013年第4期。
②［宋］胡仔纂集，廖德明校点：《苕溪渔隐丛话（后集）》卷四十《丽人杂记》，人民文学出版社，1962年，第334页。
③［宋］刘攽：《中山诗话》，影印文渊阁《四库全书》本，第1478册，台湾商务印书馆，271a页。
④苏雷：《花蕊夫人宫词研究》，广州大学2007年硕士学位论文。

①咏赞皇宫景致。如其宫词的第一首，即总写蜀皇宫城概貌。"五云楼阁凤城间，花木长新日月闲。三十六宫连内苑，太平天子住昆山。"诗中对楼阁、花木等逐一作了叙述，其中"五云""凤城""昆山"等语，已透露出对皇家宫苑环境的极力赞叹；而"日月闲""太平"等语，又显露了当时蜀国统治的相对稳定。这些都为以下宫词的分别描写铺设了一个大背景。

②宫中节庆和宴乐歌舞。如宫词第六十九首描述了中秋节宫中欢庆的情况："苑中排比宴秋宵，弦管挣拟各自调。日晚阁门传圣旨，明朝尽放紫宸朝。""秋宵"，即中秋节。五代时期，蜀国沿袭了唐代中秋赏月的习俗。这首宫词描写了中秋之夜，皇宫结彩于台榭之上，君臣登楼赏月、欢畅宴乐的场景。

③宫廷里的日常生活。其宫词中涉及内宫日常生活的内容最多，包括宫女的日常司职、闲情逸趣，宫中嫔妃的日常生活，君王行幸、春日游玩、夏日消暑等。如宫词第九十六首描述了君王和大臣一起游春赏花的悠闲："翡翠帘前日影斜，御沟春水浸成霞。侍臣向晚随天步，共看池头满树花。"

花蕊夫人的《宫词》，从情感表达上看别具一格，在宫词史上占有重要的地位，有极大的史料价值。宫词初创期，主要用来表达宫怨，而从花蕊夫人开始，宫词的发展更多地倾向于描写宫廷行乐、宫人的日常生活等，在一定程度上歌颂了封建帝王的富贵尊荣和世态升平之景，因此，它受到历代统治阶级的欣赏和竞相模仿，如后晋和凝、宋徽宗、杨皇后等的宫词都深受花蕊夫人的影响，皆夸耀皇室、歌颂升平。

从文化内涵上来说，花蕊夫人的《宫词》涉及宫廷建筑、宫廷游戏、宫廷宴乐、宫中制度、宫女的日常生活等，取材多样、内容丰富。[①]又由于花蕊夫人本身就处于宫廷中，对宫中生活非常熟悉，因此诗歌内容非常自然真实，尤其是其《宫词》中透露出的蜀地特有的宫廷文化和蜀地风俗特色是其他宫词作家无法企及的，甚至可与历史史料相互佐证，堪补史料之缺。

从艺术特色上来说，花蕊夫人的《宫词》也是独树一帜的。古人对其艺术上的成就评价颇高，如《宋诗钞》赞花蕊夫人《宫词》："清新艳丽，足夺王建、张籍之席。盖外间摹写，自多泛设，终是看人富贵语，固不若内家本色，天然流丽

---

①喻方、蔡里蒙：《古代巴蜀才女的独特风采及其文化意义》，《志苑集林（3）》，四川人民出版社，2020年，第156页。

也。"①称赞花蕊夫人《宫词》写作真实、详尽又自然、细腻，语言清新，格调既哀怨又欢快。

（4）文。在军阀割据的战争年代里，章奏书檄便是最重要的时文。后蜀章奏檄书整体上比前蜀诸人大为逊色。李昊号称能文，陈述击灭董璋本末一疏十分难读；两写降表，曲尽其义，所以蜀人在他的府第门上写"世修降表李家"。据《宋史》卷二〇八《艺文志》载，韦庄有《谏草》一卷，《谏疏笺表》四卷；李昊有《蜀祖经纬略》一百卷，可惜今皆不传。

（5）史。前、后蜀时期的文化与当时十国相比是比较发达的。前蜀统治刚建立不久，虽然国家的各项制度尚处于并不完善的阶段，但高祖王建十分重视史籍编撰，建国次年即永平二年（912年）三月便下诏令，按《蜀梼杌》中所述为"平章事张格，专编纂开国以来《实录》。"不过真正意义上的开始设立史官和实行史馆制度进行修史，当是从后蜀时期开始的。

后蜀史官设置比较正规，曾以历仕前、后蜀的宰相李昊监修国史，因请置史官，乃以给事中郭廷钧、职方员外郎赵元拱为修撰，双流令崔崇构、成都主簿王中孚为直馆。修《前蜀书》四千卷，参加者除李昊外，还有赵元拱、王中孚，以及谏议大夫乔讽，左给事中冯侃，知制诰贾元珪、幸寅逊，少府卿郭微，右司郎中黄彬。他们主要承担了撰修前朝史与本朝实录的任务。李昊前后仕蜀五十年，"自是高祖在蜀，凡表奏书檄，皆出昊手……所代高祖书奏为百卷，号曰《经纬略》，以献后主，赏珍器锦彩甚厚。"②广政十四年（951年），在李昊等人主持之下，修成《后主实录》。孟昶想要阅览《后主实录》，李昊称帝王不可阅史，拒绝接受诏命。李昊还著有文集卷，名为《枢机应用集》，又与众人修撰了《高祖实录》等，多散佚不全。

前蜀张彭著《耆旧传》，记前蜀大事。它是一部前蜀的编年史。北宋初年，经勾延庆修订，又将天成以后事件别加编次，起咸通九年（868年），迄乾德四年（966年），百余年蜀事，大略备矣。

此外，幸寅逊著《王氏开国记》卷；毛文锡著有《前蜀王氏纪事》二卷，以及《前蜀纪事》二卷（已佚）；何光远的《广政杂录》（散佚）《鉴诫录》和浦仁裕

---

① ［清］吴之振等选：《宋诗钞》，中华书局，1986年，第3057页。

② ［清］吴任臣撰，徐敏霞、周莹点校：《十国春秋》卷五十二《后蜀王列传》，中华书局，1983年，第773-774页。

的《蜀广政杂记》，皆为记录后蜀孟昶时事的史书。

另值得一提的史学家为杨九龄。他是蜀人，才学出众，著述诸多，见于《宋史·艺文志》的有：《河洛春秋》二卷，《历代善恶春秋》二十卷，《正史杂论》十卷（别史类），《正史杂编》（文史类），《蜀桂堂编事》二十卷，《经史书目》七卷，但上述书目均已不传。

（二）文教与宗教

1）科举与教育

前、后蜀时期，蜀中文化教育有序发展，这与前、后蜀统治者极为支持和重视是分不开的。前蜀王建虽然目不识书，但武成元年（908年）即位之初，其大赦文《郊天改元赦文》云："国之教化，庠序为先；民之威仪，礼乐为本。废之则道替，崇之则化行。其国子监正，令有司约故事速具修之。兼诸州应有旧文宣王庙，各仰崇饰，以时释奠，应是前朝旧制。"①

据此可以看出前蜀政权对教育的重视程度。且根据赦文，设立国子监，并依照唐朝旧制将都城和各州的学校与孔庙迅速加以恢复。对于一些具有教化才能的人才，则大力叙用，所谓"诸州府或有贤良方正，能直言极谏、达于教化、明于吏材、政术精详、军谋宏远、韬光待用、藏器俟时，或智辨过人，或词华出格……当与量材叙用"。②

前蜀的官员们对教育也很重视。永平元年（911年），前蜀高祖修建新宫，集部书于其中，中书侍郎、同平章事王锴劝高祖兴盛文教、选用名儒专门掌管图书等。他在呈王建的奏章中，记述了历代文教之废置沿革，强调了文治教化的重要性。永平四年（914年），前蜀政权又设立了崇贤府，以太子衍判内外六军事，"其以东宫为崇贤府，凡文学道德之士，得以延纳访问。"③通正元年（916年）八月，又起文思殿，购置群书存放在里面，用清资五品正员官管理，内枢密使毛文锡为文思殿大学士。从前蜀恢复庠序、崇饰孔庙以及两次集中图书来看，前蜀在兴复文教方面做了大量工作，为蜀国文教事业的发展做出了一定贡献。

后蜀兴学，亦不减于前蜀。有一些有识之士乐于出资修建学校，如毋昭裔"蜀

---

① ［清］董诰等编：《全唐文》卷一百二十九，中华书局，1983年，第1291页。
② ［清］董诰等编：《全唐文》卷一百二十九，中华书局，1983年，第1289页。
③ ［清］董诰等编：《全唐文》卷一百二十九，中华书局，1983年，第1288页。

土自唐末以来，学校废绝，昭裔出私财营学宫，立簧舍"①。他除了奏请后蜀后主孟昶镂版刻印九经外，还出私财令门人句中正、孙逢吉书《文选》《初学记》《白氏六帖》，刻版行之。这些措施对文化的传播与发展都起到了非常重要的作用。

另外，西蜀地区自唐末以来，还出现了一些传授儒经的博学之人，如刘孟温等。刘孟温的父亲刘再思在唐朝作御史，从僖宗入蜀。僖宗回长安，孟温留在成都，传授儒学。刘孟温的长子刘玙在广政十年（947年）补石室教授。刘氏自唐末历两蜀以传授儒学为业。刘僖、王昭图，人称宿儒。刘保乂治《尚书》《左氏》，为后蜀诸王侍读。处士李谌，学识渊博，设馆聚徒，教授四十余年，靠束脩维持生活。李谌讲授《诗》《书》《易》《礼》《春秋》，对于学生，有问必答，善于诱导教诲，为一时名儒。自唐末以来，儒学在官学、私学中不断传授。

西蜀地区关于科举制度的史料相对较少。普遍认为前蜀王建建立前蜀未开科举。乾德五年（923年）九月，王衍下诏"置贤良方正、博通经史、明达吏理、识洞兵机、沉滞丘园五科，令黄衣选人、白衣举人、投策就试，吏部考较"②。当然，这实际也只是制举而已，并非常举。

后蜀孟知祥立国后，同王建一样，并未置贡举。到了其子孟昶时，广政十二年（949年），"置吏部三铨、礼部贡举"③。还有蜀人杨九龄曾撰有《蜀桂堂编事》，记"广政举试事"，载"诗、赋、策题及知贡举、登科人姓氏"。此后，贡举年年开科，直至广政二十八年（965年）亡国，取试一直兴盛，但其中是否有停举的年份，已无从考证。目前已知的后蜀所置科目有进士、明经。明确后蜀及第的人则有王归、句中正、王著等，其中王归为状元及第。

2）孟蜀石经

石经，顾名思义，即石刻的经书，主要指刻于石碑、摩崖壁面上的儒家经典或佛道经文等。自汉武帝"罢黜百家，独尊儒术"后，儒家经典著作就被颁行为京师太学和郡县官学的统一教本。古代的经书刊行，或用简牍，或用缣帛，辗转传抄，难免讹错，以致影响内容。汉灵帝有鉴于此，便于熹平四年（175年）下令将经过校正的经文刻在石片上，陈列于太学，作为标准本，以供校对传抄，勘定文字正误。

① ［清］吴任臣撰，徐敏霞、周莹点校：《十国春秋》卷五十二《后蜀五列传》，中华书局，1983年，第769页。

② ［清］陈鳣：《续唐书》，《二十五别史12》，齐鲁书社，2000年，第224页。

③ ［宋］欧阳修撰，［宋］徐无党注，欧石淑仪等点校：《新五代史》卷六十四《后蜀世家第四》，中华书局，1974年，第805页。

这便是我国有文字记载的最早的石经——熹平石经。①

自此以后，中国历史上还有六次大规模的刊刻儒家石经活动，产生于巴蜀地区的"蜀石经"也是其中之一。"蜀石经"，或称"孟蜀石经"，又称"石壁九经""石本九经""蜀刻十经""蜀刻十一经""蜀刻十二经"和"石室十三经"等②，刊刻肇始于后蜀广政元年（938年），其后一直续刻，直至宋孝宗赵昚乾道六年（1170年），"凡二十一碑，具在石经堂中"③。

"蜀石经"之所以在蜀地出现，与当时的历史发展大潮流是分不开的。五代时期，离乱之际，君臣失礼，弑君之风大行，北方政权统治者在这时便格外看重儒家学说中的"君臣教化"功能。伪蜀统治阶层在模仿北方正统各项管控措施的背景下，为了进一步利用文化建设安抚民心、稳固统治根基，对于儒学的青睐与重视丝毫不输于后唐、后周等北方集团。

蜀地政局相对稳定后，北方贤良不断涌入，这些人中包含一些能征善战的武人，而其中的文人群体实则更为庞大，如重返归蜀的李昊、欧阳彬、欧阳炯等，以及于"蜀石经"刊刻完成有首倡之功的毋昭裔。他本为河中龙门（今山西境内）人士，自幼好学，知识渊博，经学造诣极高。孟知祥镇西川时，他被辟为掌书记，知祥登极后又擢其为御史中丞。后蜀后主明德二年（935年），拜为中书侍郎、同平章事，不久又改任门下侍郎。广政三年（940年）四月，分判盐铁④，后为左仆射，最后"以太子太师致仕"⑤。

又据奚椿年《中国书源流》所说，后蜀孟昶广政元年（938年），毋昭裔正式主持刊刻"孟蜀石经"的活动，并打破了前代石经刊刻皆由官方出资的传统，"捐俸金"承担刻经费用。史载其"常按雍都旧本《九经》，命张德钊书之，刻石于成都

---

①李均惠：《孟蜀石经与蜀文化》，《文史杂志》1998年第6期。

②舒大刚：《"蜀学"三事：成都文翁石室丛考》，《孔学堂》2015年第3期。

③［宋］范成大撰，［明］杨慎编，刘琳、王晓波点校：《全蜀艺文志　中》卷三十六《石经始末记》，线装书局，2003年，第1001页。

④［清］吴任臣撰，徐敏霞、周莹点校：《十国春秋》卷四九《后蜀二本纪》，中华书局，1983年，第710页。

⑤［清］吴任臣撰，徐敏霞、周莹点校：《十国春秋》卷五十二《后蜀五列传》，中华书局，1983年，第768页。

学宫"①。也就是说，"孟蜀石经"刊刻的内容，毋昭裔先以文字相对准确的"开成石经"为蓝本，比照"熹平石经"和"正始石经"，并对经文加以精心订正后进行刻制。

不仅如此，"孟蜀石经"所用青石料皆为成都附近有名的灌县所出，经过反复琢磨后双面刊刻。经石呈长方形，其厚度约3厘米。每块经石都在其侧面刻有序列编号，各个经文篇目、章次一目了然。与之前的三种石经比较，它的最大优点就是加刻了经文的注文，并且都是用正楷书写，非常便于人们据此校对民间传抄本，勘定文字正误，利于经文的理解和传授。②其与"开成石经"相同，为分排书刻，正经大字径六七分，注解用小字双行刊刻，每三字占大字两格，分别注于篇章句中，清晰又醒目，为读者参看阅读和正确理解提供了很大的便捷性。"孟蜀石经"镌刻精美也为世人所称道。石经的书写人都是当时著名的书法家，镌工也是行家名手，强强联合，使"字体与开成石经颇相近，亦类欧、虞，然书法秀整腴劲，确有贞观遗风，较之开成石经尤为优美"③。因此，历代史书中都不乏对"孟蜀石经"刊刻过程的记载和肯定其价值之语，明代杨慎《丹铅录》中载"孟刻九经，最为精确。"

儒学经典属于统治我国两千年的封建传统文化，共十三经。但是根据史料记载，后蜀广政年间刊刻的"孟蜀石经"，实际上既不是"十三经"，也不是"九经"，而是十种儒经，"分别为《孝经》《论语》《尔雅》《周易》《毛诗》《尚书》《仪礼》《周礼》《礼记》《左传》（前十七卷）"④。

受到后蜀政权迅速覆灭的历史变故影响，《左传》未能在后蜀时期完成，《公羊传》《谷梁传》没有书刻之因已不得而知。到了北宋中期，知成都府田况于北宋仁宗皇祐元年（1049年）将此三部经典刊刻完成。"蜀石经"以"开成石经"为蓝本的十二部经典于成都府学全部集成。⑤宋徽宗宣和五年（1123年），蜀守席贡以"伪蜀时刻'六经'于石，而独无《孟子》经，为未备"⑥为由补刻《孟子》，后由转运使彭恺接替席贡，次年十四卷刊毕。至此，儒学十三经方才齐刻于四川成都

① ［清］吴任臣撰，徐敏霞、周莹点校：《十国春秋》卷五十二《后蜀五列传》，中华书局，1983年，第768-769页。

② 李均惠：《孟蜀石经与蜀文化》，《文史杂志》1998年第6期。

③ 周荨生：《近代出土的蜀石经残石》，《文物》1963年第7期。

④ 姚文昌：《蜀石经〈毛诗〉底本辨证》，《文史》2019年第1期。

⑤ 栗品孝：《蜀石经的形成、特色及地位》，《地方文化研究辑刊》（第四辑）2011年，第32页。

⑥ ［宋］晁公武编，孙猛校：《郡斋读书志校证　上》卷十，上海古籍出版社，1990年，第417页。

府学（即汉文翁石室），共一千余块，字数在133万字以上。及至南宋孝宗乾道四年至六年（1168—1170年），晁公武任四川安抚制置使兼知成都府期间，"取北宋元丰本《古文尚书》以入石，附于《孟子》之后。并校诸经（正文）异同，著《石经考异》并《序》，镌成二十一碑。"①

"孟蜀石经"及其后补刻之"蜀石经"，前后历时230余年，终成我国历代石经中刊刻时间最长、体例最完备、总字数最多的一种。这一项浩大石经刊刻工程，却在宋元战火纷飞的重创洗礼下，原石经基本毁坏殆尽，迄今为止可见的存世"蜀石经"残石不足十块。②但直到清代"蜀石经"的拓片仍存在，被视作珍贵的文化艺术作品。"孟蜀石经"的流传之广、影响之大，可见一斑。其篆刻工艺精湛，科学艺术价值极高，是研究后蜀时期文化教育历史的重要物质载体。

3）雕板印刷

雕版印刷术起始于何时，学界尚无统一定论，但毫无疑问的是，唐代雕版印刷业已经存在。③至宋代，京师开封、浙江杭州、福建建阳、四川成都四大雕版印刷重镇基本成型。

从涉及早期雕版印刷的多条史料记载来看，至迟在唐中期时四川地区已是当时印刷业起源地之一。唐文宗大和九年（835年），剑南东川节度使冯宿上《禁版印时宪书奏》指出"剑南两川及淮南道，皆以版印历日鬻于市。每岁司天台未奏颁下新历，其印历已满天下，有乖敬授之道"④，故请求禁止印板日历。据此表明，大和九年（835年）时剑南两川之地雕版业的规模和影响力已波及全国。另有唐懿宗咸通九年（868年），日本僧人宗睿自中国留学返归故土时，曾携带大批中国书籍归国，其中就有西川印子的《唐韵》一部五卷和《玉篇》一部三十卷。⑤所谓"西川印子"，就是四川印本的古称。

唐末五代，雕版印刷业几乎遍及当时较为安定的大部分地域，蜀地亦是其一。同时因蜀地"杞梓如林，桑麻如织"，为雕版印刷提供了丰富的雕版用材资源和质地优良的印刷纸张原料。此地自古以来便有"人多工巧"的优势。⑥此时四川地区

---

①李志嘉、樊一：《蜀石经述略》，《文献》1989年第2期。

②雷玲：《四川博物院藏"蜀石经"残石碑文考》，《博物院》2017年第4期。

③宿白：《唐五代时期雕版印刷手工业的发展》，《文物》1981年第5期

④［清］董浩等编：《全唐文》卷六百二十四，中华书局，1983年，第6300-6301页。

⑤张秀民：《中国印刷术的发明及其影响》，世纪出版集团、上海人民出版社，2009年，第43页注1。

⑥刘少泉：《唐宋蜀刻版本述略》，《四川大学学报（哲学社会科学版）》1989年第4期。

雕版印业进入急速发展阶段，印刷品类进一步扩大，不止历书一种，还有大量的佛教经图、诗赋文集、一般书籍等。1944年，成都东门外望江楼附近发掘的一座晚唐墓葬中出土刻印梵文《陀罗尼经咒》印本。[①]从前蜀到后蜀时期，刻印书籍繁多，如前蜀武成二年（909年）任知玄刻印杜光庭《道德经广圣义》三十卷；前蜀乾德五年（923年），昙域和尚刻印其师贯休之《禅月集》；后蜀宰相毋昭裔贫时曾经向他人借阅《文选》，其人有难色，他遂"发愤异日若贵，当板以镂之遗学者。后仕王蜀为宰，遂践其言刊之"[②]，还令门人书写《文选》《初学记》等书，并对其进行刻板印刷。

另外，儒家典籍开始印刷是该历史时期雕版业扩大范围的表现。晚唐以来雕印手工业虽然发展很快，但直到十世纪初，经书还是以传统的手抄本为主。[③]儒家经典正式雕版印刷始于北方政权，后唐长兴三年（932年），宰相冯道见流行市间的板刻图书缺少士大夫们所需要的儒家经籍，便与李愚奏请："令国子监集博士儒徒，将西京石经本，各以所业本经句度抄写注出，子细看读，然后雇召能雕字匠人，各部随帙刻印板，广颁天下。如诸色人要写经书，并须依所印敕本，不得更使杂本交错。"[④]以冯道、李愚、田敏三人为主导的"开成石经"雕版刻印，历经二十一年，至后周广顺三年（953年）六月得以全部完成。由于儒家经典雕版刻印本子校勘、写刻、印刷要求都很高，所以此事需经由国子监主持，且书板也要存于国子监，世称五代刻印《九经》为《五代监本九经》。[⑤]就这样在后唐的直接影响下，"孟蜀石经"刊刻后不久，后蜀孟昶也"恐石经本传流不广，乃易为木板"，下令雕版刻印《九经》。从此，五代十国的南北方政权都进行了官方刻印经籍，打破了过往文人追求手抄本的传统。文字内容准确划一，不仅利于儒生学习，也有效地促进了雕版印刷业的发展。

相比官方雕版印刷，四川地区的民间私营印刷业起步并不晚。晚唐时期，私营雕版印刷业遍地开花。清光绪三十三年（1907年），英国人斯坦因从我国敦煌千佛洞盗走大批古代珍贵文物典籍，其中有一张浅黄色雕版印刷历书残页，长26厘米、

①冯汉骥：《记唐印本陀罗尼经咒的发现》，《文物参考资料》1957年第5期。
②［宋］王明清：《挥麈后录》，《宋元笔记小说大观 4》，上海古籍出版社，2001年，第3833页。
③宿白：《唐五代时期雕版印刷手工业的发展》，《文物》1981年第5期。
④［宋］王溥撰：《五代会要》，上海古籍出版社，2006年，第128页。
⑤杜文玉：《从文化产业的发展看五代十国文明的演进与变化——以相关手工业的发展为中心》，《河北学刊》2010年第4期。

宽8厘米，印有"剑南西川成都府樊赏家历""中和二年"。即此历书为唐僖宗中和二年（882年）在成都由樊赏私家刻印发售的。[1]樊赏家历书残页的发现，是四川唐代民间雕版印刷的物证。除樊家外，成都过家、卞家也开设有私营印书铺子。樊、过两家的印书铺子居于成都何处已不得而知，卞家的印书铺子同其他私营手工业店铺一样位于坊间而非市内，这与晚唐时期取消坊市制度关系密切，城市手工业、商业的经营空间进一步扩大。同僖宗避乱入蜀时，中书舍人柳玭在《柳氏家训》中记录了自己在成都城访书的经历："阅书于重城之东南，其书多阴阳杂记、占梦相宅、九宫五纬之流，又有字书、小学，率雕版，印纸浸染，不可尽晓。"[2]私营雕版印刷流行，带动雕版印刷业发展，坊间书籍印务需求量大增，从事相关行业人员变多。实际上，五代时各地官府和官员私人雕印书籍主要都是依靠招募工匠。蜀地雕版印刷业基础相对雄厚，大规模印刷本身又培养了不少个人手工业者。较多个体雕印工匠的出现，无疑有利于传播雕版印刷的技艺，这也反映出雕版印刷业发展到五代十国时期不可忽视的新情况。

五代前、后蜀时期蜀地经济优渥，人文环境良好，社会上层士大夫阶层热衷文化艺术，不但乐于建言献策，还积极出资组织刻书活动。如前所提及的昙域和尚、任玄、毋昭裔等人都属于私人出资刻书的典型。[3]私人出资刻书之风兴盛，解决了耗资问题，使私营印刷市场资金流通性增强，雕版印刷手工业谋生者工作的积极性和创造性被很好地调动起来。后唐宰相冯道、李愚曾上疏："常见吴蜀之人鬻印板文字，色类绝多"[4]，从中可推知吴、蜀两地的民间雕版印刷业异常发达，从事人员众多。

此后，在全国印刷业中四川一直处于重要位置。两蜀时期雕版印刷业的发展，是四川乃至中国历史上的大事，对于保存古籍和文化传播交流均产生着不可估量的作用。

4）宗教

①佛教。每逢战乱之世，宗教必然大行。五代与南北朝相似，佛教大为昌盛，

---

①杨荣新：《唐宋时期四川雕版印刷考述》，《文博》2003年第2期。

②［宋］薛居正等撰，朱东润等点校：《旧五代史》卷四十三《明宗本纪》注引柳玭《柳氏家训》序，中华书局，1976年，第589页。

③杜文玉：《从文化产业的发展看五代十国文明的演进与变化——以相关手工业的发展为中心》，《河北学刊》2010年第4期。

④［宋］王钦若等纂，周勋初等校订：《册府元龟》（校订本）第七册，卷六〇八，凤凰出版社，2006年，第7018页。

四方僧众皆来蜀中，其影响也不断扩大。

唐武宗时灭佛，废除寺院、勒令僧尼还俗、籍没寺产，以致寺院经济遭到重创，加上唐末五代的战乱，佛法典籍散佚殆尽，诸宗派因而败落。禅宗散居山林，不尚研求经义，讲究"明心见性"，以己意解释佛法，在晚唐五代南地禅宗盛极一时。巴蜀的佛教深受这一风潮的影响，以德纯寺、净众寺、保唐寺为传教中心，在蜀地汇聚了诸多名动一时的大德高僧，从而揭开了南宗禅系在西蜀丛林弘法传教的历史序幕。

生活在这一时期的高僧大德多不胜数。如前蜀时的著名僧人有海印、尔岛、昙域、远公、智广、子朗、扫地和尚等，居士有张峤和勾令玄。后蜀时的名僧有慈觉、行勤、可朋、晓峦、仁显、行勤等。在唐末五代的巴蜀大地上，不仅中土僧人频繁活动于此，而且还能经常见到异域僧人活动的身影，如天竺僧人三满多入蜀朝觐并进献诗歌。[①]

在这些僧侣中，最具才气和名气的非贯休莫属。贯休，七岁出家，投金华县和安寺圆贞禅师为童侍，学问高深，日诵《法华经》一千字，耳所暂闻，不忘于心。以后，其往豫章传《法华经》《大乘起信论》，皆精奥义。他的弟子昙域亦"戒学精微"。

蜀地禅宗在佛禅义理的主张和见解上，主要接受了六祖慧能所阐扬的明心见性的顿悟禅法，并将其作为自身修习和行为实践上的不二法门。蜀地禅宗一如中土禅系衣钵相传、师徒授受，自有其一贯的传统渊源和谱系所在。一般禅僧都会选择清苦生活、简易修行。又如妙圆塔院的南地禅宗行勤，蜀中丛林都有他的足迹。其早年游学，中岁驻锡成都。他住的草屋只有绳床一张、木棺一所，其从不参加斋会，"昼则升床而坐，夜则入棺而卧，衣服未尝更换""不说禅，不答话，盖为人心难诱化"[②]，所以他也不聚徒结社，放心物外。

前、后蜀时期西蜀的禅僧和居士们的著作也很丰富，如大觉禅师著有《禅客须知集》《禅宗祖裔图》；居士张峤著有《参玄录》《玄珠集》；居士勾令玄著有《火莲集》《无相宝山论》《法印传》等。

唐开元四年（716年），天竺僧善无畏来长安之时，便把密宗传入中国。密宗，

---

① 孙振涛：《论唐末五代时期西蜀社会的崇佛思潮》，《绥化学院学报》2014年第9期。

② ［宋］黄休复：《茅亭客话》，影印文渊阁《四库全书》本，第1042册，台湾商务印书馆，927d页、928b页。

作为中国佛教的一个重要宗派分支，和禅宗以外的其他佛教宗派一样，经历"安史之乱"后，世道混乱、佛寺毁弃，密宗也很快一蹶不振，会昌法难后密宗更是几乎在中土濒临绝迹。但在唐末五代的西蜀地区，密宗却如火如荼、生机益然。

考据前、后蜀时期的佛寺石刻遗迹，存有大量的五如来、如意轮转菩萨、千手观音等密宗神像。今大足宝顶石刻群中尚有柳本尊、赵智凤传教事迹等题材内容，是唐末五代密宗在西蜀传播的有力证据。

②道教。道教是中国土生土长的宗教，而蜀中的鹄鸣山（今四川大邑县境）是天师道创始人张陵修道的地方。秦汉以来，天师道广为流传，拥有大量的信徒。道教尊崇老子，又因老子本姓李，李又为唐之帝王姓氏，唐太宗甚至宣布"老子乃朕始祖"。至此，道教便与唐廷宗裔有了千丝万缕的关系，并被尊为国教。五代十国延续了唐尊崇道教的传统，特别是四川地区道教信众基数本来就很大，民众普遍热衷慕道求仙。加之前、后蜀的统治者不遗余力地提倡道教，蜀地的道观规模、道士数量不断壮大，整个蜀地道教文化色彩浓厚。

五代十国时期，许多著名的道士多云集蜀地，与朝廷皇族、大臣联系密切。如前蜀时期的杜光庭、黄万祐、范德昭等人，后蜀时期的彭晓、宋自然、杜人杰、李浩、杨德辉、申天师等人。前、后蜀统治者崇奉道教，优遇道士过甚。前蜀时期，高祖王建经常将道士请入宫中，问道称旨，以师事之，并频繁给道士赐法号、赐紫衣、赐官爵、赐殊荣、赐财物。王建对杜光庭更是优遇非常，"每有起居称贺……不随众列者。礼加异等，事越常伦"①。王建还赐杜光庭为金紫光禄大夫，进号"广成先生"，封蔡国公。

前蜀后主王衍本人尊崇道教的程度绝不亚于王建。乾德三年（921年）八月，王衍受道箓于宣华苑中，赐杜光庭为传真天师、崇真馆大学士。他还大兴土木，新修道观，又把唐道袭宅改建为上清宫，塑王子晋象，尊其为圣祖至道玉宸皇帝，又塑王建及王衍侍立左右，正殿塑玄元皇帝（老子）及唐朝诸帝象，王衍备法驾朝拜。每逢三元节，王衍都要去宣华苑中焚香修敬。更有甚者，他命令宫女皆穿道服，簪莲花冠。

孟知祥入主西川后，道士杜人杰来朝"留诗至真观壁间"。孟昶喜爱奇花异卉，道士申天师"进花两粒……则栀子花矣……蜀主甚爱重之"。孟昶也颇为重用道士，授予他们官职，使其直接参与政权统治，广政初年授道士彭晓为朝散郎、守

<hr>

① ［清］董浩等编：《全唐文》卷九百二十九，中华书局，1983年，第9681页。

尚书祠部员外郎，赐金鱼袋。孟昶崇道之情亦深，他也曾亲受道箓，法号为"玉宵子"。为追求长生不老，他还多次召见道士问以长生之术，以求熟悉掌握金丹口诀。他甚至相信道法无上的神力，早年迷恋宠妃张太华，与其同辇游青城山，住在九天丈人观，数月不还，"又数日，雷雨大作，若失白昼，主大骇怖，急呼道士诵经祷祈，而太华已被震殒矣。"①

在道教如此受重视的环境下，两蜀时期道观林立。成都为前、后蜀的政治中心，道教道场尤多，著名的道观有青羊宫、仙居观、都庆观、鸿都观、福唐观等。仅青城山就有八大洞天及七十二小洞口。此外，西蜀其他地区如绵州有清虚观，涪州有兰真人、尔朱先生、王帽仙等仙迹可考，资州有李阿、傅仙宗、侯真人、陈审言四仙的道教遗迹，梓州有集虚观，夔州有崇真观，蓬州有紫极观等。②

（三）绘画与书法

1.绘画

自汉以来，蜀地在文学、经学、史学等各个领域先后产生过不少的名家学者。唐末五代，虽兵戈叠起，但绘画仍有发展，既有唐代深厚底蕴遗存之因，又有前、后蜀君主多好文艺，素来礼遇画士之由，各地名家竞相来归，云集于成都。

当时蜀中的绘画取得很大成就，在全国画坛上占有重要的地位。如《彭州张氏画记》中所言："……虽天下能号为古迹多者，画无如此地所有矣。后历二伪，至国初，其渊源未甚远，故称绘事之精者犹班班可见。"③

其时，两蜀画坛群星灿烂，从事绘画的专门人才非常多。根据《图画见闻志》《益州名画录》《五代名画补遗》《图绘宝鉴》等书中所载，对该时期的绘画作者进行不完全统计，五代时期画师共有91人，而西蜀画师多达39人。如此众多的画师从地域上来看，绝大部分为入蜀画家，另一部分则是在本土培养出来的画家。这个创作群体之中高手如云，他们在安定富庶的西蜀地区潜心创作，共同推动了蜀中的绘画事业创造辉煌，后人称之为"西蜀画派"。

---

① ［宋］张唐英撰，王文才、王炎校笺：《蜀梼杌校笺》卷三《后蜀后主》注引《效颦集》，巴蜀书社，1999年，第340页。

②闫佳楠：《后蜀赵廷隐墓出土戴冠女伎乐俑与道教女冠文化》，《文物鉴定与鉴赏》2019年第5期。

③［明］杨慎编，刘琳、王晓波点校：《全蜀艺文志 中》卷四十一《彭州张氏画记》，线装书局，2003年，第1250页。

西蜀画家们的绘画内容非常广泛，在佛道、人物、山水、花鸟等方面都有很多杰出代表人物及作品。

人物画是自魏晋以来中国画的主流。西蜀画家之中，以常重胤和张玫的人物画最为有名。史载唐僖宗从成都返回长安时，蜀民欲留僖宗"御容"于大慈寺壁，随驾画师所绘均不能如意，于是遂由唐懿宗时随父入蜀的常粲之子常重胤主笔写真，"御容一写而成，内外官属，无不叹骇，谓为僧繇之后身矣"①。另有前蜀皇族王宗裕想为他的爱妾写真，又不愿让人久视，只让常重胤看一眼凭记忆描绘，竟然能"姿容短长，无遗毫发，其敏妙皆此类也"之轶事。成都人张玫，《益州名画录》中载他"尤精写貌及画妇人，铅华姿态，绰有余妍，议者比之张萱之俦也"②，传世作品有《长门醉客》《按乐》《捣衣》等图及汉唐名臣像等。

山水画则是在唐代才开始繁荣起来的，在中国绘画史上占有相当重要的地位。两蜀的山水画家首推李升。李升，成都人，弱冠之年便立志攻山水画。他"工画人物，善写真，罕及"，被蜀中人呼为"小李将军"，与唐玄宗时的金碧山水画家李思训相匹。他的传世作品有《桃源洞图》《武陵溪图》《青城山图》等。

西蜀画中成就最大的门类是花鸟画。花鸟画作为一个单独的绘画门类，在唐代才从工艺美术中独立出来。五代时期，花鸟画才真正走向正轨、形成气候。两蜀时花鸟画家有滕昌祐、刁光胤、黄筌、黄居寀、刘赞等人。

晚唐画家滕昌祐为吴人，随唐僖宗入蜀，擅"工画花鸟蝉蝶，折枝生菜，笔迹轻利，傅彩鲜泽，尤于画鹅得名"③。其传世作品有《虫鱼图》《蝉蝶图》《生菜图》《折枝花图》《折枝果子图》等。

唐天复年间，花鸟画家刁光胤入蜀。他擅长描绘湖石、花竹、猫兔、鸟雀。《益州名画录》载他入蜀之后，前辈有工花鸟者，顿减价矣。收藏他作品的人都把他的画作"将为家宝，传视子孙"。于蜀中居住三十多年，刁光胤勤勉创作，"非病不休，非老不息"，曾在大慈寺承天院内窗边小壁四堵上画四时花鸟，体制精绝，也有图轴传世。另外，他的两位学生黄筌和孔嵩得到其"亲授其诀"，作画水平登堂入室，将花鸟画的艺术推至一个新的阶段。

---

① [宋] 黄休复撰，何韫若、林孔翼注：《益州名画录》卷上《常重胤传》，四川人民出版社，1982年，第42页。

② [宋] 黄休复撰，何韫若、林孔翼注：《益州名画录》卷上《张玫传》，四川人民出版社，1982年，第82页。

③ [宋] 郭若虚著，俞剑华注释：《图画见闻志》，上海人民美术出版社，1964年，第62页。

　　黄筌，成都人，幼年时期就表现出很高的绘画才能。13岁时拜得刁光胤为师，成为其入室弟子，17岁时随刁光胤进入宫廷，开启了宫廷画家之路，并得到了孟知祥、孟昶的赏识与重用。《十国春秋》中称其"以善画，早得名，年十七事前蜀后主为待诏。"[①]

　　孟知祥建立后蜀，授黄筌为翰林待诏、权院事，赐紫金鱼袋。欧阳炯的《蜀八卦殿壁画奇异记》中载，广政七年（944年），南唐与蜀通好，送来的礼物中有六只生鹤，孟昶命黄筌画鹤在偏殿的墙壁上：一曰唳天、二曰警露、三曰啄苔、四曰理毛、五曰整羽、六曰翘足，"精彩体态，更愈于生，往往生鹤立于画侧"[②]。孟昶叹赏，因改此殿为六鹤殿。于是贵戚豪家延请黄筌画鹤的接踵而来。广政十六年（953年），新建八卦殿，孟昶又命黄筌在殿的四壁画四时花、竹、兔、雉、鸟雀。画成，地方上贡白鹰，白鹰误认画雉为生雉，多次举爪扑击，孟昶为之嗟叹。

　　黄筌的绘画造诣登峰造极远不止如此，他还是个绘画多面手。他分别向刁光胤学竹石花鸟，向孙位学松石墨竹，向李升学山水竹树，"兼宗孙、李，学力因是博赡，损益刁格，遂超师之艺"。其山水、花卉、杂禽、鸷鸟、狐兔、人物、佛道等各科都精，郭若虚称道他"全该六法，远过三师"。他的作品有《春山图》《秋山图》《山家晚景图》等，可惜存世作品仅《珍禽图》一幅。

　　可以说，黄筌创造的先用淡墨勾画轮廓，再加色彩，形似与气韵皆而有之的花鸟画法，对后世影响极大。黄筌之子黄居寀继其父业，"工画花竹翎毛，默契天真，冥周物理，始事孟蜀为翰林待诏，与父筌俱蒙恩遇，图画殿庭墙壁，宫闱屏障，不可胜纪"[③]。当时南唐画家徐熙的水墨淡彩，"落墨为格，杂彩副之，迹与色不相隐映"，与黄筌一道被称为"徐、黄异体"，所形成的花鸟画两大流派，对后世的花鸟画创作产生了深远影响。

　　在人物画作品方面，蜀地从事佛道鬼神画的人数是最多的，如前蜀时期的赵德齐、高道兴、张素卿、房从真、贯休等；后蜀时期的李文才、阮知海、张玫、蒲师训、高从遇、石恪、黄筌等。其中，后蜀本土画家李文才和阮知海都技高一筹。李文才专攻画人物，又善写貌，仅次于唐代著名仕女画家周昉。阮知海，则攻画仕女及善

① ［清］吴任臣撰，徐敏霞、周莹点校：《十国春秋》卷五十六《后蜀九列传》，中华书局，1983年，第818页。

② ［宋］黄休复撰，何韫若、林孔翼注：《益州名画录》卷上《黄筌》，四川人民出版社，1982年，第49-50页。

③ ［宋］郭若虚撰，邓白注：《图画见闻志》第四卷，四川美术出版社，1986年，第234页。

写貌，曾画王衍、孟知祥肖像在大圣慈寺，并画知祥妻福庆长公主、玉清公主肖像于内庭。两蜀时期的很多皇亲国戚画像，多出自知海手笔。

除了在绢、纸上作画外，当时画家还常在寺观墙壁上创作，所以蜀地各寺观留有众多名家的大量墨宝。这些宗教题材作品在前后蜀时期始终是巴蜀地区绘画的一个重要组成部分。两蜀宗教丹青之盛，由大慈寺可见一斑。据北京李之纯会同当时僧司的统计，大慈寺廊间，"共画有诸佛、菩萨、帝释、梵注、罗汉、祖僧、天王、明王、大神将以及帝王将相等。"[1]这一万五千五百余壁绘画中，神佛画像及经变画在一万四千壁以上，基本上出自唐、两蜀画家之手，虽无法准确推算前、后蜀时期的作品数量，但考虑到两蜀专攻人物、道释画家之多，大慈寺两蜀宗教画应与唐时不分伯仲。

2. 书法

宋人景焕所著《野人闲话》中记："自蜀主好事，故艺能之士精于书画者众矣"。但是必须指出的是，西蜀的书法成就与绘画相比还是逊色得多，也远不及南唐书法成就之辉煌。

总的来说，前、后蜀时期，擅长书法者有王锴、贯休、杜光庭、昙域等。王锴喜藏书，也好抄书，连他上朝都坐在白藤担子里不停地抄写；杜光庭喜楷书，因手抄诗文而传其书法。另外，还有昙域，主小篆，学李阳冰；释晓峦工草书，学张芝；道士张昭胤，学柳公权书等。

这些人中书法最出色的要数贯休了。僧贯休，不仅诗画皆精，尤好书法，篆、隶、草、行各体俱妙。他工篆、隶、草书，好事者多号曰"姜体诗"。与僧齐己并名。其"作字尤奇崛，至草书益胜，崭峻之状，可以想见其人。喜书《千文》，世多传其本，虽不可以比迹智永，要自不凡"[2]。他的草书尤为出色，可以和怀素的书法相比美。

韦庄书法也有一定的成就，"当时以作字名于世"。不过在北宋末，他的存世墨迹已经很少了。北宋御府所藏仅《借书帖》《借乐章帖》《米团帖》三帖。

此外，后主之子元喆"幼聪悟，善隶书……常自书姚崇《口箴》刻诸石，后主

---

①谢祥荣：《唐宋时期成都的大圣慈寺壁画》，《成都大学学报》2003年第1期。

②［宋］轶名著，顾逸点校：《宣和书谱》，上海书画出版社，1984年，第150页。

赐以银器，锦彩"①。

后蜀时期，值得称道的书法名家比比皆是。"孟蜀石经"的书丹人，张德钊、杨钧、孙逢吉、周德正、张绍文等都是当时著名的书法家。

句中正，成都华阳人，在书法上也有很深的造诣。他精于字学，凡古文、篆、隶、行、草诸书，无所不工，为宰相毋昭裔书《文选》等模印于世。

释梦归，工草书。曾与处士、画家景焕和后蜀的翰林学士欧阳炯骑行同游成都应天寺。该寺东壁有孙位画《东方天王及部从》两堵，景焕遂在寺西壁绘画《西部天王及部从》两部，与之对称。欧阳炯极为称美，作长歌一首。释梦归后至，将欧之长歌书写于其壁。至此，西壁画、诗、书一日而就，成都人号为"应天三绝"。

（四）音乐与戏剧

前、后蜀时期文化艺术的繁荣和昌盛，在南方政权中具有一定的代表性。这一时期音乐、戏剧发展突出，引人注目。西蜀在唐代就有"锦城丝管日纷纷，半入江风半入云"的基础；两蜀之时，宫廷乐舞与市井管弦不断、相映成趣，在中原的乱世之外呈现出一片歌舞升平的景象。

1. 音乐

今人所说音乐、舞蹈，古人析为乐（乐曲）、歌（歌词）、舞（舞蹈）。它们虽然可以单独表演，但实际上往往是乐、歌、舞三者配合，组成一种综合艺术，所以，古人又把乐、歌、舞总称为乐或音乐。

隋文帝时期，乐分为雅乐和俗乐。唐代更定，至唐末安史之乱后，社会制度受到重创，雅乐自然也受到波及。五代各地藩镇并起，建立地方统治，礼乐制度加速瓦解。王建在取得西川后也按旧唐之制建立了雅乐，后蜀初灭，赵匡胤派遣拾遗孙吉到成都取"孟昶伪宫县（悬）至京师，太常宫属阅视，考其乐器，不协音律，命毁弃之。"②宫悬是皇帝祭祀、朝会设乐时宫廷悬挂钟磬的数量与方法，是标准的皇帝用乐规格的体现。也就是说，后蜀的雅乐制度也已建立。

俗乐和雅乐很不一样，历经数代不断充实，有了很大发展。唐代俗乐，太宗平高昌以后定为十部：《燕乐》《清商》《西凉》《天竺》《高丽》《龟兹》《安

---

① ［清］吴任臣撰，徐敏霞、周莹点校：《十国春秋》卷五十《后蜀三列传》，中华书局，1983年，第750页。

② ［元］脱脱等撰，程应镠等点校：《宋史》卷一百二十六《乐一》，中华书局，1985年，第2940页。

国》《疏勒》《康国》《高昌》。[1]十部又分为坐、立二部。堂下立奏，叫立部伎；堂上坐奏，叫坐部伎。唐玄宗认为太常不应当管理倡优杂技，它们不可与雅乐混淆，于是置左右教坊教俗乐，并把原来隶属太常的燕乐、散乐归于教坊。教坊所管的俗乐，供岁时宴享使用。

前蜀按照唐制设置了教坊使，它所隶属的俗乐的具体情况，王建墓棺座上所雕的二十四幅浮雕女乐伎像为我们提供了实物证据。

乐曲和歌词常常配合使用。唐代中期兴起的词便是倚声填词，温婉靡靡的词曲在筵席上起伏吟唱，用来侑酒助兴。史书中记载了不少前、后蜀时期君王与皇妃们填词唱和的情景。

前蜀后主王衍有相当高的文艺修养，极喜好宫词，也通度曲，经常与太后、太妃、百僚、狎客在宣华苑长夜之饮，通宵达旦，笙歌不断。乾德二年（964年）八月，王衍北巡，旌旗戈甲，百里不绝，"衍戎装披金甲，珠帽锦袖，执弓挟矢，百姓望之，谓如灌口神。后妃饯于升仙桥，以宫人二十人从。至汉州，驻西湖，与宫人泛舟奏乐，饮宴弥日。九月，驻军西县。自西县还，至益州，泛舟巡阆中，舟子皆衣锦绣，衍自制《水调·银汉曲》，命乐工歌之。"[2]除此以外，王衍经常在宣华苑宴请近臣，命宫人李玉箫歌唱自己所撰的宫词，"声音委婉，抑扬合度，一座无不倾倒"，其词曰"辉辉赫赫浮五云，宣华池上月华新。月华如水浸宫殿，有酒不醉真痴人"[3]，后来这首词也被广为传唱。

王衍除了精通作词外，还经常亲自演唱，如在重阳宴群臣时"自唱韩琮《柳枝词》"；又如"（乾德）五年三月上巳，宴怡神亭，妇女杂坐，夜分而罢，衍自执板，唱《霓裳羽衣》及《后庭花》《思越人》曲。"[4]

后蜀时期，按照蜀地旧有的俗乐传统设置教坊，使得好乐喜舞的传统得以延续。广政十四年（951年）三月，孟昶在后庭开宴举乐，并允许士庶参观。

上有所好，下必效之。两蜀的俗乐不仅在宫廷受到欢迎，也在豪贵阶层甚至

---

[1] 韩德信：《隋唐五代乐舞艺术风格浅探》，《东方丛刊》1998年第2辑。

[2] ［宋］张唐英撰，王文才、王炎校笺：《蜀梼杌校笺》卷二《前蜀后主》，巴蜀书社，1999年，第164—165页。

[3] ［宋］张唐英撰，王文才、王炎校笺：《蜀梼杌校笺》卷二《前蜀后主》，巴蜀书社，1999年，第170页。

[4] ［宋］张唐英撰，王文才、王炎校笺：《蜀梼杌校笺》卷二《前蜀后主》，巴蜀书社，1999年，第178页。

市井坊间广为流传与使用。西蜀群臣不乏喜好音乐者，欧阳迥"雅善长笛，宋太祖常召于偏殿，令奏数曲"[①]。广政十三年（950年），"村落闾巷之间，弦管歌诵，合筵社会，昼夜相接"[②]。非常直观地展现出后蜀时举国上下都沉浸在乐声萦绕中的景象。

2. 戏剧

唐五代的戏剧形式大致可分为三类，即百戏、歌舞戏、调弄戏，其中歌舞戏包括杂剧、讽刺剧、武打戏，调弄戏包括猴戏和傀儡戏。

蜀中戏剧活动的广泛流行，亦早于前、后蜀。《李文饶文集》中记载，唐太和三年（829年）南诏攻略成都之时，就有"杂剧丈夫"之说。到了晚唐，乾符中期，"绵竹王徘优者，有巨力。每遇府中犒军宴客，先呈百戏，王生腰背一船，船中载十二人，舞《河传》一曲，略无困乏。"[③]

光启三年（887年），王建进入西川，前蜀词人使用《河传》曲子填词，《河传》杂技式歌舞在蜀地继续流行。前蜀后主王衍特别钟爱在宫中举行大型歌舞戏表演。北宋田况评说王衍"嗣于蜀，侈荡无节。庭为山楼，以彩为之……"[④]。但不能否认的是，王衍个人的爱好推动了前蜀戏剧形式和内容的新变化，大型机关布景戏由此诞生。王衍创作的《采红莲队》作为当时大型布景戏的代表，很有自身特色，将自然景物搬上了"舞台"，营造了身临其境的"舞台"效果，同时引入了生动多样的表现形式，把说白、长歌和表演共同融入戏剧表达中，这是一大进步和突破。

后蜀时期，戏剧演出之盛不减，散见于著述中记录很多。如《太平广记》中的后蜀伶人杨于度，以猴戏演"侯侍中来"；《蜀梼杌》中，广政九年（946年），俳优以王衍为戏；广政三年（940年），教坊部头孙延应等欲持杖为俳优，尽杀诸将，而夺其兵；广政十五年（952年），蜀主孟昶宫中演"灌口神队"等。以"灌口神队"为例来说，它是后蜀时期新发展出的布景戏剧目，及至近代，川剧中尚存《拿孽龙》

---

① ［清］吴任臣撰，徐敏霞、周莹点校：《十国春秋》卷五十二《后蜀五》，中华书局，1983年，第777页。

② ［宋］张唐英撰，王文才、王炎校笺：《蜀梼杌校笺》卷四《后蜀后主》，巴蜀书社，1999年，第381页。

③ ［五代］孙光宪撰，贾二强点校：《唐宋史料笔记丛刊：北梦琐言》逸文卷二，中华书局，2002年，第396页。

④ ［宋］田况撰：《儒林公议》，影印文渊阁《四库全书》本，第1036册，台湾商务印书馆，311a页。

一戏，就源自"灌口神队"中的部分戏剧情节，可见"灌口神队"对中国戏剧影响之深远。

（五）科技著作

1.医药学

前、后蜀时期，在药物学方面，拥有卓越成就的人物有李珣和韩保升。

史书中有关李珣的生平事迹记录较少。《茅亭客话》中载："李四郎名玹，字廷仪，其先波斯国人，随僖宗入蜀，授率府率。兄珣，有诗名，预宾贡焉。玹举止温雅，颇有节行，以鬻香药为业。善弈棋，好摄养……"[①]；《鉴诫录》中记载："李珣，字德润，本蜀中土生波斯也。少小苦心，屡称宾贡，所吟诗句，往往动人……"[②]等。综上史料，李珣为五代前蜀人，长于梓州，是定居蜀地的波斯后裔。其祖上以贩卖香药为生，兄妹共五人，妹舜弦是前蜀后主王衍的昭仪。受到家庭氛围的熏陶，李珣不仅有大量接触海外的机会，而且他能诗会吟、强学文章，具备良好的文化素养，这都为他撰写《海药本草》打下了基础。

据《通志》记载："《海药本草》六卷"。其问世以来，一直得到后世医药学家的重视和肯定，所以其内容部分在傅肱《蟹谱》、唐慎微《证类本草》等后代医学著作中有所征引，故得以有所保存。宋代唐慎微《证类本草》和明代李时珍《本草纲目》中对《海药本草》的引用多达百余处，直接采用其所载药名分别为16种、14种。《海药本草》收载的一些海外药物，直到现在仍为中医治疗中的常用药，如延胡索（玄胡）、荜澄茄、莳萝（小茴香）、仙茅、降真香、海桐皮、没药、珍珠、奴会子（芦荟）。

此外，《海药本草》书写具有明显特色，言语使用上存在"四川"视角。使用"今"或"近日"作为提示时间的词语，表示药物出产于四川。《广州记》有关"皋芦叶"所云"出新平县，状若茶树，阔大，无毒"。有评论说："彼人用代茶，故人重之，如蜀地茶也。"[③]这一处记录直接表明作者曾到岭南，见识过皋芦茶，语气中所透露出很明显的"四川本位"思维。

《海药本草》是中国第一部，也是中国古代唯一一部专门介绍海外药物的专属本草著作。它在中国古代医药学史上具有十分重要的意义，新增了海外药物的某些

---

① [宋] 黄休复：《茅亭客话》，影印文渊阁《四库全书》本，第1042册，台湾商务印书馆，926a页。
② [五代] 何光远撰、邓星亮等校注：《鉴诫录校注》卷四《诉乱常》，巴蜀书社，2011年，第93页。
③ [唐] 李珣著：《海药本草》卷第三，皖南医学院科研科印，1983年，第29-30页。

科类，重视海外药物的产地来源，深化和总结了对海外药物的认识，纠正过去本草著作对海外药物的错误记载。

韩保升，后蜀时期人士，广政年间，官至翰林学士。他"博洽无所不窥，尤详于名物之学"①。《唐本草》原是唐初时编修的药典，到了后蜀时已逾二百年，无法适应医药学应用的现实情况，后蜀统治者认为有重修本草的必要。于是，后蜀孟昶授命韩保升带领一批医士完成这项有意义的工作。

《蜀本草》，原名为《重广英公本草》，全书共20卷，原书已佚。其名"蜀本草"最早出现在北宋时期的掌禹锡等人的《嘉祐补注本草》中，掌禹锡在书中介绍了《重广英公本草》的成书年代、所载内容，并首次将其命名为《蜀本草》。

《蜀本草》在编写过程中，韩保升等人主要对别名、采收、产地、替代品、毒性、功效主治、鉴别、来源、炮制、品质优劣、品种、性味、性状、药用部位、用药禁忌等十几个方面进行了考证及补录，增加文字注释和药物形状图画。

据不完全统计，《蜀本草》共新增688种新药的内容信息。对药物性状描述的补充及药物品种的变更信息也很多，如对栗的性状描述中新增了"树高二三丈，叶似栎，花青黄色，似胡桃花"②的详细描述。《蜀本草》继承了前代本草文献的精华，也修改了前人的某些错误记载。在药物功效方面，如木香条《蜀本草》中有"功效极多，为药之要用。陶云不入药用，非也。"非常明确地否定了陶弘景在《本草经集注》中木香不为药用的说法，并认为木香功效极多，亦是用药的关键。另外，《蜀本草》还新增了20味药的炮制及使用方法，其中有的方法至今仍在沿用。如"酸浆"一条中，《神农本草经》中有"产难，吞其实立产"，在《蜀本草》中记载为"掏其汁治黄病多效"③，指明用捣汁服用的途径。

《蜀本草》是四川第一部官修本草，按李时珍所说为"颇详于陶、苏也"。仅从对前代本草文献的错误内容修订一方面来看，足见当时巴蜀的医药水平已较为发达，对药物的各个方面都进行了全面的研究与总结，并不是一味地照搬前人的理论，而加入了很多当时人们对医药的全新认识和理解。《蜀本草》对于研究后蜀医

---

① ［清］吴任臣撰，徐敏霞、周莹点校：《十国春秋》卷五十六《后蜀九列传》，中华书局，1983年，第817页。

② ［五代］韩保升撰，尚志钧辑复：《蜀本草　辑复本》果部卷第十七，安徽科学技术出版社，2005年，第477页。

③ ［五代］韩保升撰，尚志钧辑复：《蜀本草　辑复本》草部中品之上卷第八，安徽科学技术出版社，2005年，第388页。

药发展情况有很大的价值。

2. 化学

炼丹术在我国有着悠久的历史，属于古老的原始化学。而关于炼丹的方法和原理，术士们总是秘而不宣。自晋代的葛洪把炼金的配方与方法公布于众，炼丹术才开始流传。

蜀中崇道之风汉已有之，直到前、后蜀时期亦然。当时蜀地不仅道观林立、信徒庞大，甚至方家术士遍布，懂得炼丹的术士也在不少。如《北梦琐言》所载："韦承皋者，伪蜀时将校也。有待诏僧名行真……人谓其有黄白之术也。及承皋典眉州，召行真至郡……药垂成"①。

神仙术士炼丹术缘起之初看似荒谬，而丹砂、水银在一定的条件下发生化学变化，转化成金、银的过程本身又是科学的。在炼丹的实践过程中，方家术士通过观察物质变化积累经验，揭示出化学物质变化的规律，进而形成了朴素的辩证唯物主义思想。如葛洪所说"变化者，乃天地之自然"②。

后蜀时，有一位著名道士彭晓，永康（治所在今崇州境）人。他本姓程，字秀川，号真一子。在其少年时代便喜好道术，后来遇到神异之人向他传授丹诀，并于飞鹤山修炼，自称"昌利化"。广政初年，后蜀主孟昶曾屡次向他问以长生久视之道，晓曰："以仁义治国，名如尧舜，万古不死，长生之道也。"③借此，彭晓被授予朝散郎、守尚书祠部员外郎职，赐紫金鱼袋。

彭晓精通烧丹炼采，经过长期实践，对炼丹中所涉及的化学变化有了系统认识。他以东汉魏伯阳所著《周易参同契》为底本，将其分为上、中、下三卷九十章并加以注释，并在《后序》中提出其重要观点，"参同契者，参，杂也；同，通也；契，合也。谓与诸丹经理通而契合也"④，即《周易参同契》为丹经。另外，此书加上《鼎器歌》一篇、《明镜图诀》一篇，共同组成了《周易参同契分章通真义》。他还撰有《还丹内象金钥匙火龙水虎论》，以及《云笈七签》卷七十中的《黑铅水虎论》《红

---

① [东晋]葛洪：《抱朴子内篇》，《道藏》（第28册），文物出版社、上海书店、天津古籍出版社，1988年，231b页。

② [东晋]葛洪：《抱朴子·内篇》第十六卷《黄白》，上海古籍出版社，1990年，第120页。

③ [元]赵道一撰：《历世真仙体道通鉴》，《道藏》（第5册），文物出版社、上海书店、天津古籍出版社，1988年，348a页。

④ [东汉]魏伯阳著，[宋]朱熹等注：《周易参同契集释》，中央编译出版社，2015年，第203页。

铅火龙论》，这些皆为彭晓内丹修炼思想的重要著述资料。

诚如彭晓在《周易参同契》第三十三章中注，他已经弄清了铅与胡粉、金砂与水银之间的氧化还原反应关系，乃是"自然之道"。彭晓在注解中注重运用通俗易懂的语言，提出了很多正确的观点，脱去充满阴阳五行卦爻术语的《周易参同契》，还原了丹经的本来面目。

3.科技

后蜀时期技术发明创造总量并不多，但在科技史辑录编撰方面却留下了一些作品。

冯鉴，后蜀人，官梓州射洪县令。隋代刘存，曾作"推原事物之始"之书《事始》。冯鉴依《事始》的体例，加以扩大、订正、补充，编撰出《续事始》。《续事始》一书，部分章节内容与专项科技史相关，主要对古代的一些发明创造及其发明者、发明时间、科学结构、使用方法等方面进行了介绍和研究，是后蜀时期一部重要的科技史著作。

《续事始》的内容广泛，皇王名号、官称创始、周之封国、狱牢刑名、文章体裁、斋戒祭祀、科举、书法、卜筮、医药、生活、生产、武器无所不包。科技部分关于军工武器、攻守机械的初创与使用的记载比较详细，也很具有代表性。如陆战用的枪、戟、刀、箭、傍排，水战用的船、楼船，设防用的铁蒺藜（即铁菱角），攻守城池用的云梯、飞梯、冲车、霹雳车、火箭、飞楼、悬梯、板屋等，都有所涉及。可以看出当时的军事攻防能力之强，军事工程中力学应用水平之高。

第四章

后蜀政权走向覆灭

一、后汉风云与后周崛起

（一）后汉建立

石敬瑭在契丹的鼎力支持下，创立了中原地区继后唐之后的一个全新政权——后晋。后晋因契丹而立，所以石敬瑭在位期间，侍奉契丹恭谨非常，可谓卑躬屈膝。直到后晋开运元年（944年）正月，石敬瑭的继任者石重贵，在大臣景延广之流反契丹思想的推波助澜下，终与契丹交恶。加上当时一些奸佞之人的引诱，契丹主耶律德光大怒，决定率兵南下中原攻打想要独立的后晋。至此，后晋进入了与契丹抗衡对战的漫长时期。

历经整整三年的艰苦对峙，后晋依然没有扭转颓势。晋之重臣杜重威、张彦泽手握重兵，竟妄图借助契丹的势力做中原新帝，遂叛晋向契丹投诚。开运四年（947年）正月，耶律德光进入开封，灭了后晋。

契丹顺利灭掉后晋，耶律德光选择直接进入中原称王称帝。二月朔，耶律德光在后晋官员的前呼后拥下，登正殿受百官朝贺，并大赦天下，改开运四年为会同十年。中原地区正式划入大辽国的版图，置于耶律德光的统治之下。

征服中原后的耶律德光变得越来越骄傲自负，声称"自今不修甲兵，不市战马，轻赋省役，天下太平矣"[1]。而事实上，耶律德光入主中原后，广受四方贡献，大肆纵酒作乐，显现出各种骄奢淫逸之态。更不合理的是他竟然沿用契丹落后

---

[1]［宋］司马光编著，［元］胡三省音注，石淑仪等点校：《资治通鉴》卷二百八十六《后汉纪一》，中华书局，1976年，第9330页。

的旧制度管理中原地区，集中表现为：国家不再为契丹军队提供粮草，任由胡骑在中原四出，以牧马为由肆意劫掠刍粟，世称"打草谷"；耶律德光下令犒赏战胜后晋的三十万契丹士兵，但当时府库空虚，为了能筹集赏赐将士的费用，判三司刘昫只得括民私财，甚至分遣几十人到各州括借，并以诛杀其性命相威胁，致使怨声载道、民不聊生；"不遽遣诸节度还镇"[1]，在取得中原政权后，耶律德光仍重用后晋旧臣，并从中任命了一批节度使，而契丹将领多不通州、镇政事，个性暴虐者甚多，更是无法管理好中原事务，遭到管辖地区人们的强烈反抗。

耶律德光倒行逆施的种种行径，使得百姓皆苦于契丹，人人都想将契丹统治者驱逐出中原大地，反契丹情绪十分高涨。其中，富冠诸镇的河东随之成为反抗契丹的中心。

时任河东节度使兼北面行营都统，受封北平王的刘知远，原本是石敬瑭的积极拥护者。晋出帝即位后，刘知远却受到了猜疑。于是他一心积蓄力量，完全不参与辽晋之争，耐心观望时变。待耶律德光灭后晋后，刘知远一度向契丹称臣以图自保。

耶律德光统治中原不久便仓皇撤军北归。刘知远见契丹北撤，中原无主，自己多年苦心孤诣保存实力，终于到了千载难逢的建国称帝之机。在他身边的一些文武将史也有成为新朝显贵的想法，他们以"中原无主，帝威望日隆，群情所属"[2]之由上笺劝谏。在群官三上其笺，老臣相次迫请下，刘知远于太原即皇帝位，改后晋开运四年为天福十二年，以后晋石敬瑭后继者自居。为争取契丹和各路军阀的支持，派遣使者四出告谕登极，并用征讨与招抚之策，以扩大统治版图。五月，刘知远进军东京（洛阳），以东京为首都（后移都开封），定国号为"汉"，史称后汉。

（二）蜀援三叛

后汉刚建立，刘知远急于巩固已经取得的天下，既要扫清契丹的残余力量，还需稳定晋国诸将，使他们早日归附。为了争取赵匡赞能早日与契丹断绝交往，天福十二年（947年）五月，后汉高祖刘知远从太原南下途经霍邑时，专门派使者告知赵匡赞他的父亲赵延寿已被契丹囚禁的情况。知悉此事后，赵匡赞便上表拥戴刘知远，待刘入汴州后宣布赵匡赞为后汉的河中节度使。六七月间，传闻赵延寿去世，后汉朝廷借此机会遣使吊祭。恰好契丹任命的邺都留守、天雄节度使兼中书令杜重

---

[1] ［元］脱脱等撰，程应镠等点校：《辽史》卷四《太宗下》，中华书局，1974年，第60页。

[2] ［宋］薛居正等撰，朱东润等点校：《旧五代史》卷九十九《汉书一·高祖纪上》，中华书局，1976年，第1324页。

威和天平节度（驻郓州）兼侍中李守贞都奉表归汉。这三人都与契丹有着相当密切的关系，后汉自是不放心，一并将三人移镇：杜重威调归德（驻宋州），李守贞调护国（即河中），赵匡赞调晋昌（驻京兆府）。但杜重威疑惧拒不受命，同年十月，刘知远亲征杜重威。赵匡赞担心杜重威的遭遇也会发生在自己身上，便与凤翔节度使侯益一起密谋投蜀叛汉。

尽管当时的中原形势对后蜀十分有利，但孟昶仍处在与旧臣斗争的内部漩涡之中，既无进图关中的部署，更没有扩张的思想准备。晋昌节度使赵匡赞的突然请降，后蜀完全没有预料到，一时之间未能做出正确判断和有效反应。

杜重威的反抗以投降告终，东面形势也有所缓和。直到当年十月，后蜀才真正开始行动。首先，派遣绵州刺史吴崇恽带上枢密使王处回的信件招引凤翔节度使侯益。实际上，五月时，侯益因得知刘知远入洛让他倍感担忧，乃"浚城隍为备"，所以，收到蜀方招益就"与其子请降"①了。后蜀一边招引侯益，一边以山南西道节度使张虔钊为北面行营招讨安抚使、雄武节度使何重建为副使，将兵共五万，假意向散关、陇州出发，实际攻击目标为凤翔；奉銮肃卫都虞侯李廷珪将兵二万出子午谷，以接应声援赵匡赞。后蜀方面既已出兵，侯益便使吴崇恽持兵籍、粮账回蜀，表示请降归附。是时，赵与侯共同请求后蜀出兵平定关中。但是孟昶根本没有立下夺取关中的决心。

后蜀态度暧昧、行动迟疑，给了后汉足够的时间备战。广政十一年（948年）初，赵匡赞突然变卦放弃降蜀，向刘知远请求入朝并得到应允。刘知远断然不愿失去关中，当机立断派左卫大将军王景崇、将军齐藏珍率禁兵数千经略关中。临行前授意王景崇，若赵、侯二人入朝则罢，若有其他情况让他便宜行事。然而后蜀李廷珪即将要行至长安之时，获知赵匡赞已去往汴梁。李廷珪欲退兵又碰到西来的王景崇，在子午谷被王景崇击败；另一路张虔钊诸将计议按兵不动，驻扎宝鸡观望。李廷珪退兵后，侯益也改变主意，请求后汉赴圣寿节，路途中因闭壁拒蜀军。至此，张虔钊见自己势单力孤，决定引兵夜遁。王景崇到达长安后，立即征调长安军校赵思绾与关中诸藩镇兵一起追击张虔钊军于大散关，俘虏后蜀将卒四百余人。

晋昌、凤翔突生变化，导致后蜀张、李军事失利，本就无心图关中的后蜀便选择暂不过问中原之事。乾祐元年（948年）正月，刘知远因长子去世而病情加重，临

---

① ［清］吴任臣撰，徐敏霞、周莹点校：《十国春秋》卷五十三《后蜀六列传》，中华书局，1983年，第788页。

终前密诏杀死杜重威父子并传位给刘承祐。河中节度使李守贞也因此心生恐惧，准备自立。侯益在王景崇兵至凤翔前早已动身返朝。在侯益入朝以后，贿赂杨邠、史弘肇等后汉重臣，不仅得到朝廷的原谅和重用，还趁机构陷王景崇专横。王景崇见朝廷以怨报德，局势对己不利，不得不据凤翔叛变。此时，赵匡赞也已入汴，后汉政权担心匡赞牙将赵思绾骄暴难制征其返京。赵思绾在返京途中疑虑重重，王景崇也不断顺势派人怂恿其作乱。直到行至永兴据守叛变。

就这样，乾祐元年（948年）三月，李守贞、赵思绾、王景崇分占河中、永兴、凤翔一同反叛。王、赵二人共推李守贞为秦王。河中、永兴、凤翔三镇叛后，后汉不敢掉以轻心，持续不断地派兵讨伐。七月，后汉隐帝以重臣枢密使郭威为西面军前招慰安抚使。郭威问策诸将，决定先东后西，集中围攻河中李守贞。

虽然后汉大军尚未兵至西面，但赵思绾、王景崇也不想束手就擒，都遣人联络吴、蜀、契丹以求应援。赵思绾派儿子赵思义向西蜀孟昶求助，但蜀军在前来援助的途中被后汉击退。其后，乾祐元年（948年）四月至次年六月，长安一直被围困。弹尽粮绝的赵思绾又打算奔蜀，在其判官的劝谏下，最终他选择遣使向后汉乞降。后汉朝廷授他为华州节度留后，并催促其尽快赴任华州。赵思绾始终贼心不死，敛财受贿，再次夺取长安。郭从义奏请郭威同意后，于乾祐二年（949年）七月十一日领汉军攻入城内，杀赵思绾及其同党。

王景崇方面，因所据凤翔之地与后蜀接壤，就直接写信给后蜀凤州刺史徐彦，求通互市。徐彦复书诏诱王景崇，王接受降蜀，同时也接受了李守贞的授爵。八月，后蜀改凤翔为岐阳军，以王景崇为岐阳节度使、同平章事。其后，后汉派赵晖兵分两路防御。九月，后蜀为救援王景崇出散关但被后汉击退。十月，王景崇再次派其子到成都请见孟昶。此时，"昶志欲窥关中甚锐"[1]，其不顾宰相毋昭裔上书反对，仍然派出将士应援王。同月，王景崇出岐州城西门突围受阻后闭门不出，后汉遂伪装成后蜀援军，王景崇信以为真出城迎接遭到埋伏，伤亡殆尽。

反观后蜀所派的两路援军，雄武节度使韩保贞和山南西道节度使安思谦胆怯畏慑，表现得一塌糊涂。双方先在宝鸡一带展开激战，后蜀军队一度占领宝鸡，并进屯渭水一带，即将到达凤翔与王景崇会合之时，赵晖急调军队五千人赶往收复宝鸡。安思谦借口粮少敌强不敢再战，十月二十日退屯凤州，后又撤军到兴元。王景

---

① ［宋］欧阳修撰，［宋］徐无党注，石淑仪等点校：《新五代史》卷六四《后蜀世家》，中华书局，1976年，第804页。

崇被围困再次告急奏表，朝廷再派安思谦出兵相救。八日，安思谦军队抵达凤州，请求后蜀朝廷先运粮四十万石。孟昶洞察出安思谦逗留不思进攻的意图，仅调运数万石粮食予他。其后一周，安思谦进屯散关，先后在箭筈安都寨、玉女潭取得胜利。但安思谦最终因军粮缺乏，次年正月班师回凤州，上表谢罪，韩保贞立即也退守自保。赵晖率众三次击退蜀军，迫使王景崇彻底孤立无援。最后王景崇准备放手一搏，用诈降火烧东城门未能成功而自杀。

三镇叛乱历时一年九个月，孟昶图关中也以失败告终。中原板荡，契丹北走，晋、汉递嬗之际，中原曾短暂处于政治上的真空状况。南唐疲弊，无暇北顾。后蜀，是当时最具实力的一方政权。但由于后蜀偏居一隅许久，君臣上下普遍缺乏进取之心，错失了图谋关中的大好良机。

（三）后周改革

五代后期，社会长期分裂，人们饱尝战争离乱之苦，厌战情绪普遍，结束分裂、实现统一是黎民百姓的共同心声。后汉乾祐三年（950年），后汉枢密使郭威发动兵变攻入开封建立后周。自此，五代混乱黑暗的时代开始走向终结。

郭威出身寒微，非常了解民间百姓疾苦，所以在他即位之初，便在敕书中对前朝的一些弊政进行了革除。其中，明确规定了"凡仓场、库务掌纳官吏，无得收斗余、称耗；旧所进羡余物，悉罢之。"[1] 在法度施用上，改变了初唐以来"不用律文，更定峻法"的旧制，而按照"犯窃盗及奸者，并依晋天福元年以前刑名，罪人非反逆，无得诛及亲族，籍没家赀"[2]。周太祖郭威的改革在社会乱极思治、分久求合大背景下，顺应了民心，迎合了民意，很快便取得了很好的效果。短期内就吸引了从各处归来的流民多达数十万人之多。

然而，周太祖郭威在位的时间却非常短暂，仅仅只有三年时间，其后继者为周世宗柴荣。北汉刘崇得知郭威新丧，便勾结契丹，于显德元年（954年）二月领师南下攻打后周。柴荣亲率兵士抵抗。三月，两军在高平对战，后周取得了胜利。

高平之战虽胜，但也让世宗不得不正视后周宿卫之士"羸老者居多，但骄蹇

---

[1] ［宋］司马光编著，［元］胡三省音注，石淑仪等点校：《资治通鉴》卷二百九十《后周纪一》，中华书局，1976年，第9450页。

[2] ［宋］司马光编著，［元］胡三省音注，石淑仪等点校：《资治通鉴》卷二百九十《后周纪一》，中华书局，1976年，第9451页。

不用命，实不可用，每遇大敌，不走即降"①的现状，选练强兵、增益武备势在必行。于是，周世宗下令"大简诸军，精锐者升之上军，羸者斥去之……诏募天下壮士"②。世宗招募天下豪杰"不以草泽为阻，进于阙下，躬亲试阅，进武艺超绝及有身首者，分署为殿前诸班……"③军队经过整编之后，士兵全为精强能当之辈，征伐四方所向皆捷。此外，周世宗还整顿了军队的作风纪律，处斩樊爱能、何徽及等将校七十余人。

周世宗继高平大捷后，谋划再度攻打北汉，但因准备不够充分而未能成功。显德元年（954年）六月，后周军队从太原前线班师回朝。返回开封后，周世宗依据王朴等人提出的《平边策》，进一步实行了全面的改革，实行轻徭薄赋、劝课农桑的经济改革。显德三年（956年），周世宗下诏确定每年六月、十月分别为征收夏、秋两税的上限时间，不得提前。显德五年（958年），根据唐元稹《均田表》制成均田图，将长期以来废弃的按实际亩数征收税费的办法颁行全国，并派艾颖等督各州县均定田租，整顿户籍。同年，下令把自唐初以来沿袭的为政府放债取息的课户、俸户归入一般民籍，官员用项统一由国家发给俸钱。

显德二年（955年），周世宗敕令天下寺院，未经敕令许可建立的寺院一律废止，"是岁，天下寺院存者二千六百九十四，废者三万三百三十六"④，同时取消寺院免赋税特权，禁止私度尼僧以及僧俗舍身、炼指、挂灯等行为。佛寺大量被取缔，僧尼数量骤减，减轻了社会负担。

周世宗的军政经改革使其可以直接掌控军权，消除了唐中期以来地方藩镇拥兵自重、将帅自立的根源隐患。社会经济迅速恢复，政治日趋稳定，百姓安居乐业。总之，这一切让后周成为当时最具有实力的政权，也为后来北宋消灭后蜀，逐步统一南方奠定了坚实的基础。

① [宋]司马光编著，[元]胡三省音注，石淑仪等点校：《资治通鉴》卷二百九十《后周纪三》，中华书局，1976年，第9518-9519页。
② [宋]司马光编著，[元]胡三省音注，石淑仪等点校：《资治通鉴》卷二百九十《后周纪三》，中华书局，1976年，第9519页。
③ [宋]王溥撰：《五代会要》，上海古籍出版社，2006年，第206页。
④ [宋]司马光编著，[元]胡三省音注，石淑仪等点校：《资治通鉴》卷二百九十《后周纪三》，中华书局，1976年，第9527页。

二、后蜀堕落与宋师伐蜀

（一）后蜀统治堕落

孟昶统治后蜀的前期，由于他本人的"孜孜求治"和"宰辅得人"，政治比较修明，经济发展繁荣。

在整顿吏治方面，其措施比较极端激进，在打击旧臣的斗争中，虽然有其积极的一面，但同时也产生了很大的消极作用，即大大削弱了后蜀的军事领导力，所造成的不良后果在统治后期迅速凸显。

诚如《十国春秋》中对孟昶的总结："后主初袭位，颇勤政事，寝处惟紫罗帐、碧绫帷，褥无锦绣诸饰，至于盥漱之具，但用白金，杂以黑漆木器。性复仁慈柔懦，每决死刑，多所矜减……中岁稍稍以侈靡为乐，常命一梭织成锦被，凡三幅帛，上镂二穴，名曰'鸳衾'。又以芙蓉花遍染缯为帐幔，名曰'芙蓉帐'。至溺器皆以七宝装之。每腊日，内官各献罗体圈金花树，所费不赀。"[1]考诸历史，对孟昶在统治后期较为失败的评述，大抵属实。

孟昶消极统治主要表现在两个方面：一方面，和前蜀统治者相似，追求奢靡生活。广政六年（943年），"大选良家子，以备后宫"，以至"州县骚然"，民间有惧其搜选者，都马上托求媒人，赶快嫁女，谓之"惊婚"。尽管枢密副使韩保贞等人切谏，但孟昶仍然"采择不止"，后宫甚至出现昭仪、昭容、昭华、保芳、保香、保衣、安宸、安跸、安情、修容、修媛、修娟等十四品位号，"秩比公卿、大夫、士"。另外，他热衷组织参与浣花大游江活动，甚至在成都长达四十里[2]的罗城上"尽种芙蓉"，可见在成都社会富庶安康的滋养下，统治者逐渐放松警惕、不思进取，铺张奢华之势日显。

另一方面，孟昶消极统治最根本的还是他缺乏识人之明，即《十国春秋》所言"独是用匪其人，坐致沦丧，所由与前蜀之灭亡有异矣"[3]，终致后蜀政权走向覆灭。孟昶在除掉赵廷隐等一大批有才能、有远见的宰臣和节帅后，重新启用了一些

---

[1]［清］吴任臣撰，徐敏霞、周莹点校：《十国春秋》卷四九《后蜀二后祖本纪》，中华书局，1983年，第741-742页。

[2] 1里=500米。

[3]［清］吴任臣撰，徐敏霞、周莹点校：《十国春秋》卷四九《后蜀二后祖本纪》，中华书局，1983年，第743页。

新人。尤其是对王昭远、伊审征的重用，更是几同儿戏。

王昭远，少为小沙弥，孟知祥见他比较"聪慧"，便将其留在孟昶身边给使。孟昶继任皇位后，升他为卷帘使、茶酒库使。广政十一年（948年），孟昶惩治枢密使王处回后，认为枢密使位高权重，需要任用亲信执掌，便以王昭远及普丰库使高延昭为通奏使、知枢密院事，"机务一以委之，府库金帛恣其所取"[1]，从不过问。

伊审征，孟知祥妹褒国公主的儿子。广政十四年（951年），伊审征代替了高延昭的职位，自此大小政事孟昶皆向他咨询。伊审征既庸碌无能又贪侈回邪，与王昭远暗相勾结，狼狈为奸。不仅如此，孟昶甚至启用不懂军事的韩保贞、赵崇韬总管内外兵权。

对于任命这些人分掌机要一事，就连孟昶的母亲李氏都觉得十分不妥，她曾苦口婆心地向孟昶分析说："吾尝见庄宗跨河与梁军战，又见尔父在并州捍契丹及入蜀定两川。当时主兵者非有功不授，故士卒畏服。如昭远者，出于微贱，但自尔就学之年，给事左右；又保贞等皆世禄之子，素不知兵，一旦边疆警急，此辈有何智略以御敌？"[2]

但孟昶终究没有听从李氏的正确分析，依然我行我素。后来一系列的历史事实证明了，孟昶任用这批新人是完全错误且荒谬的，不仅直接导致了后蜀在军事上的败亡，而且使后蜀走向下坡路。

（二）后周取蜀四州

随着后蜀统治集团的日益腐朽堕落，对人民的剥削也愈来愈甚，以致秦州、凤州的百姓对后蜀严苛的统治政策怨声载道，遂自发前往开封请求后周世宗出兵，收复"旧土"。广政十八年（955年），周世宗接受了秦、凤人民的请求，准备进攻秦、凤两地。

听闻此事，鉴于秦、凤地处后蜀北部边陲，蜀主孟昶即调派客省使赵季札按视边备。赵季札巡视后回成都，奏说："雄武节度使韩继勋、凤州刺史王万迪非将帅才，不足以抵御大敌。"[3]蜀主便问他何人可以前往代替，素来以文武才略自居的

---

[1] ［清］吴任臣撰，徐敏霞、周莹点校：《十国春秋》卷五十七《后蜀十列传》，中华书局，1983年，第828页。

[2] ［元］脱脱等撰，程应镠等点校：《宋史》卷四百七十九《列传第二百三十八》，中华书局，1985年，第13874页。

[3] ［宋］司马光编著，［元］胡三省音注，石淑仪等点校：《资治通鉴》卷二百九十二《后周纪三》，中华书局，1976年，第9525页。

赵季札请自行。孟昶遂任命赵季札为雄武监军使。

然而事实上，自诩甚高的赵季札不过是无能之辈，当他行军至德阳，听闻周兵入境的消息，便心生恐惧，害怕得不敢前进，并上书要求解除其雄武监军使职务。赵季札先行遣辎重、妓妾回成都，随后单骑驰回，众人以为奔败，莫不震恐。孟昶大怒，将其斩杀于崇礼门。

五月，孟昶委派捧圣控鹤指挥使、保宁节度使李廷珪作为将领抵御周兵。李廷珪一开始便犯了战略性的错误，调遣先锋都指挥使李进据守马岭寨，又遣奇兵出斜谷，屯白涧，又分兵出唐仓镇及黄花谷，断绝周兵粮道。王景便派遣裨将张建雄率领二千兵士抵达黄花，遣千人赴唐仓，扼制后蜀的归路。后蜀梁院使王峦"将兵出唐仓，与建雄战于黄花，蜀兵败，奔唐仓，遇周兵，又败，虏峦及其将士三千人"[1]，同时蜀军在马岭、白涧也遭到了溃败，李廷珪、高彦俦等退保军队至青泥岭。此前赵季札已被杀，但他所说的"韩继勋非将帅之才"所言不虚，韩继勋见蜀军颓势，不战而"弃秦州，奔还成都，观察判官赵玭举城降，斜谷援兵亦溃"[2]。至此，秦、成、阶、凤四州皆入于周。

（三）宋师两路伐蜀

赵匡胤自"陈桥兵变"代后周建立北宋后，眼见天下割据势力众多，准备按照"先南后北"的策略统一全国。北宋朝廷选取荆湖之地作为第一个袭获目标，紧接着就将战争矛头直指后蜀。后蜀的统治阶层也并不意外，有的大臣甚至公开主张归降，但也有人表示坚决反对，此人正是王昭远。

王昭远虽受孟昶宠信出任枢密使，但由于没有实实在在的功勋，自是要受到百官臣僚议论。山南节度判官张廷伟了解王昭远的处境，趁机献计："您素无勋业，一经选用就担任枢密使此等要职，需要建立大功绩以堵塞众人之口。我们可以与北汉联络，一同出兵夹击中原，使其表里受敌，这样就能尽得关右之地。"

王昭远听了张廷伟的主意后大喜，迅速向孟昶禀明此策。孟昶便派遣枢密院大程官孙遇、兴州军校赵彦韬、杨蠲带上蜡丸帛书与北汉密约。但途中赵彦韬竟然偷偷带着蜡丸帛书逃往宋廷，把秘书献给宋太祖赵匡胤。赵匡胤正愁攻讨蜀国无名，

① ［宋］司马光编著，［元］胡三省音注，石淑仪等点校：《资治通鉴》卷二百九十二《后周纪三》，中华书局，1976年，第9530页。

② ［宋］司马光编著，［元］胡三省音注，石淑仪等点校：《资治通鉴》卷二百九十二《后周纪三》，中华书局，1976年，第9530页。

得到赵彦韬献书如获至宝，以此为名开始了伐蜀大业。

广政二十七年（964年）十一月，宋太祖赵匡胤任命忠武节度使王全斌为主帅，发兵六万，分两路进攻后蜀。同时，他又提前在汴梁右掖门为蜀主孟昶修建宅邸，待其归降，显示出伐蜀必克之决心。

孟昶听闻北宋来袭，立即调兵遣将，继续重用王昭远、韩保贞等无能之辈，以王昭远为西北行营都统，赵崇韬为都监，韩保贞为招讨使，李进为副招讨使，率兵拒战。

王昭远好读兵书，大言不惭，以诸葛亮自诩。军队从成都出征时，昭远手执铁如意指挥军事。酒酣之际，他更是与李昊口出狂言道："吾之是行，何止克敌，当领此二三万雕面恶少儿，取中原如反掌耳。"[1]实际情况是，以王全斌为首的宋军节节进取，连取兴州、山南等地，并一路乘胜追击，循栈道直行，会合崔彦进部众。大漫天寨一役，尽管蜀军以精锐部队与之交锋，但终不敌宋军，王审超、赵崇渥和刘延祚被俘。都统王昭远、都监赵崇韬正面迎战，三战皆败。面对步步紧逼的宋军，王昭远等迅速逃遁至利州，后又退保剑门，依恃天险拒守。经过精密部署，王全斌、康延泽分兵走来苏小路，史延德则于江上修浮桥，形成前后夹击之势。宋军就这样轻而易举地拿下剑门关，斩杀蜀军万余人，擒了赵崇韬，后又抓获了逃到东川的王昭远。

待王昭远出发后，孟昶又命太子孟元喆为统帅，李廷珪、张惠安为副，率领所募精兵数万前往剑门支援、抵御宋师。元喆对军事一窍不通，面对十万火急的军情满不在乎，各种行径贻笑大方。在他统领的出征队伍中，有伶人有爱姬，一路游山玩水，欢歌喧闹，"蜀人见者皆窃笑"。行军至绵州时，得知剑门被破，元喆决定退兵，还保东川。次日，便又弃军奔还成都，所过之处，"尽焚其庐舍仓廪乃去"[2]，可谓抗敌无功，破坏有法。

事已至此，孟昶才如梦方醒，但早已无计可施，知道宋军已兵临城下，惶骇之间，他忙问左右退敌之策。良久，才有一老将石斌出主意："东兵（宋军）远来，势不能久，请聚兵坚守以敌之"。

---

[1] ［宋］欧阳修撰，石淑仪等点校：《新五代史》卷六十四《后蜀世家》，中华书局，1976年，第806页。

[2] ［宋］李焘：《续资治通鉴长编》，影印文渊阁《四库全书》本，台湾商务印书馆，第0314册，121b页。

　　此时的孟昶见前线将领无斗志，屡战屡败，完全丧失了信心，思忖半晌，只好哀叹地说："吾父子以丰衣美食养士四十年，一旦遇敌，不能为吾东向发一矢，现在要拒守孤城，谁能会卖命呢！"

　　"德高望重"的蜀国司空李昊劝孟昶"封府库请降"，无奈之下，孟昶只能听从，命李昊替自己起草降表：

　　"三皇御宇，万邦归有道之君；五帝垂衣，六合顺无为之化。其或未知历数，犹昧死亡。致兴貔虎之师，实惧雷霆之怒。敢祈英睿，俯听哀鸣。伏念臣生自并门，长于蜀士，幸以先臣之基业，获从幼岁以纂承，只知四序之推迁，不觉三灵之改卜。爰自大明出震，盛德居尊，声教被于遐荒，庆泽流于中夏。当凝旒正殿，亏以小事大之仪；及告类圜丘，旷执赞奉琛之义。素居退僻，久阻声明，曾无先觉之心，固有后时之责。今则皇威电赫、圣略风驰，干戈所指而无前，鼙鼓才临而自溃，山河郡县半入于提封，将卒仓储尽归于图籍。且念臣中外骨肉二百余人，高堂有亲，七十非远，弱龄侍奉，只在庭闱，日承训抚之恩，粗勤孝养之道。实愿克修甘旨，保此衰年，次望免子孙之睽离，守血食之祭祀，敢冀容之如地、盖之如天，特轸仁慈，以宽厄辱，臣辄援故事上渎严聪。窃念刘禅有安乐之封，叔宝有长城之号，皆自归款，尽获生全。愿眇眇之余魂，得保家而为幸，使先臣寝庙不为樵采之场，老母庭闱尚有问安之所。已令缄封府库，肃靖军资，用付典司，将期临照。今则车书混其文范，正朔奉以灵台，敢布腹心恭听赦宥。臣昶谨率文武见任官望阙再拜、上表归命，披沥肝胆以闻。"[1]

　　四十一年之后，李昊文思不减当年，他抖擞着精神，笔走龙蛇，依仿孟昶的语气，把孟昶的恭顺、惶恐、求生之情写得活灵活现，并以刘禅和陈叔宝自比，以求宋太祖能保全微命。

　　王全斌大军至成都升仙桥，孟昶备齐亡国之礼，跪于军门上降表。自宋军发兵汴京，到孟昶归降，总共才六十六天，宋朝共得四十六州，二百四十县，五十三万四千户，后蜀灭亡，其统治共三十一年。

---

① ［宋］李攸撰：《宋朝事实》卷十七，影印文渊阁《四库全书》本，第0608册，台湾商务印书馆，195d、196a、196b页。

下编

孟知祥墓及后蜀墓葬探究

第五章
孟知祥与福庆长公主墓

一、地理环境和发掘概况

（一）地理位置

成都市地处中国西南四川省中部、成都平原的腹心地带，位于四川盆地西部边缘的岷江中游地段，东界龙泉山脉，西靠邛崃山，是四川省省会，地理位置介于北纬30°5′～31°26′、东经102°54′～104°53′。2016年，全市土地面积14 335平方千米，其中成都市城区建成面积约913平方千米。

孟知祥墓就坐落于成都市成华区白莲池街道石岭社区境内，北郊丘陵地带磨盘山南麓。地理位置为东经103°25′，北纬30°41′，海拔594米。在北郊公墓西侧约0.5公里处，距市内约7公里。南面紧邻三环路，西南2公里处为川陕路出境口（图5-1）。

成华区于1990年成立，位于成都市中心城区东北部。因地处古成都县和华阳县之域，取两县名之首字而命名。地理位置介于东经103°53′～104°03′，北纬30°33′～30°44′。全区辖区面积110.6平方千米，是成都市主城区总面积最大的城

图5-1 孟知祥墓区位图（图片来源：高德地图）

区。成华区东与龙泉驿区交界，南与锦江区相连，西与金牛区毗邻，北与新都区接壤。

（二）自然环境

成都一带平坝、丘陵、山区地貌均有，分别占辖区面积的40.1%、27.6%和32.3%，地势呈西北高、东南低，最高海拔为5364米，最低为387米。成都属亚热带湿润季风气候区，热量丰富，雨量充沛，四季分明，年平均气温在15.2～16.6℃，全年无霜期大于300天，年降水量873～1265毫米，年日照百分率一般在23%～30%，日照时数为1017～1345小时，年太阳辐射总量为334.40～390.83千焦/平方厘米。境内河网稠密，西南部为岷江水系，东北部为沱江水系，全市有大小河流40余条，水域面积700多平方千米。

成都平原，又名川西平原，因成都市位于平原中央故称成都平原。位于四川盆地西部，东南侧为龙泉山，西侧为邛崃山、龙门山。成都平原在东北—西南走向的斜向构造基础上，由发源于川西北高原的岷江、沱江成都平原的主体部分（绵远河、石亭江、湔江）及其支流等8个冲积扇重叠连缀而成复合的冲积扇平原。成都平原地表松散，沉积物巨厚，第四纪沉积物之上覆有粉沙和黏土，结构良好，宜于耕作，为四川省境最肥沃土壤，海拔450～750米，地势平坦，由西北向东南微倾，平均坡度仅3%～10%，地表相对高差都在20米以下，有利于发展自流灌溉。

成都平原气候属亚热带湿润季风气候，年均温18℃左右，年均降水量在1000米以上，年雨天平均约300天，多雾，是中国阴雨天气最多的地区之一。但因平原邻近川西高原山地，深受山地下沉冷空气的影响，加之平原河水大多来自西部高原山地的冰雪融水，同时，平原上地势低洼的古河道地区地下水位高，土壤冷湿。故成都平原无论气温、水温和土温均较低，热量条件较之四川盆地其他地区稍为逊色。

（三）发掘概况

1. 第一阶段

清末民初编著的《成都通览》沿历代地方志之说，把后蜀皇帝孟知祥的墓列为"待考古迹"。1970年冬，位于成都城北7公里的原金牛区青龙公社（现成华区境内）石岭大队六队的农民，在该队所属的磨盘山南麓取土时，几名社员在改修一条沟渠的时候挖到了不少石条，无意间发现了大量的石料。因生产队当时缺乏修筑猪圈、架构沟桥的材料，社员们便开始取用这些长条砖石，连续取用了几个月的石材后，便把比篮球场还大的圆形石料堆全部都取光了。过了不久，一社员又在中间位置发现了石墓，并有盗洞，进到墓内见到水淹棺台，整体规模看起来不小。人们这才开始怀疑是地下"皇宫"，便直接将情况上报给了公社，公社又上报至市革委会，引起了相关部门的重视。

1971年春，由四川省博物馆会同当时的成都市文化体育局对该墓葬进行了正式的清理发掘。起初以为它是一座大型明墓，其后随着福庆长公主墓志铭及玉册残简的相继出土，始知为后蜀孟知祥夫妇合葬墓（史称"和陵"）。1973年，成都市文物管理处（现成都文物考古研究院）成立后对其进行维护管理，并派专人看管。1980年7月，孟知祥墓经四川省人民政府公布为省级文物保护单位。2006年，国务院批准孟知祥墓列入第六批全国重点文物保护单位名单。

2. 第二阶段

2013年8月15日至8月25日，成都市文物考古工作队采用了地面调查、地下钻探及开挖探沟三种方式相结合的工作方法对和陵周围区域进行了考古勘察，重点探寻其陵墙及分布范围，为完善和陵的保护规划提供基础依据。

1）地面调查

孟知祥墓葬的南、东、北三侧均为现代民居，西侧为庄稼地。墓葬地宫系坐北朝南，四周地表地势不平整，现今地势为墓葬地宫东、北两侧较高、西、南两侧较低。东侧地势高于西侧3~5米。据当地老年村民所述，除孟知祥墓西侧约60米处曾在多年前发现有"火砖"外，周围其他区域几乎很少发现"火砖"或石条等墓葬建筑构件，因此将考古工作的重点区域确定为地宫南北中轴线北侧20~80米的范围内，推定陵园的宽度为40~160米。

2）地下钻探

对墓葬的西侧区域进行了大面积钻探工作，钻孔间距按5米的密度进行钻探，局部重点区域如村民发现"火砖"处等进行间距1~2米的密钻。钻探面积约6500平方米。经钻探表明，孟知祥墓周围堆积大都为晚近地层之下的红色生土。而且钻探表明，孟知祥墓周围区域生土层表地势也大体呈现东北高、西南低，这与现今地貌特征相近，没有发现其他相关遗迹现象或文化堆积。

3）探沟试掘

因孟知祥墓三面被现代民居占据，只能选择在西侧进行探沟试掘。共布探沟3条，T1、T2位于地宫的西侧，按东西向布方，两条探沟呈直线排列，以寻找陵园的西墙位置；T3位于地宫的北侧，按南北向布方，以寻找陵园的北墙。根据地势，探沟宽2~3米不等，长度20~30米不等。其中T1生土之上为回填土，可能与20世纪70年代初农民改土或考古发掘相关，T2、T3生土之上为现代耕土，没有找寻到相关遗迹现象或文化堆积。

由于历史及人为诸多缘故，孟知祥墓周围区域环境有很多改变，这给我们对孟知祥墓及周围区域建筑设施认知造成很大困难。但是经过文献梳理、考古勘探，推断和陵存在陵墙的可能性非常小：孟知祥墓形制特殊，墓室依山为陵，圆形穹窿顶，青石所砌，颇具北方草原民族风格。另外，陵墓周围地势高低不平，地面平整，面积不大，而且目前并没有发现陵墓地上有相关建筑设施，但注重地下墓室建筑营造。目前发现的五代十国帝陵包括孟知祥墓在内的如前蜀永陵、南唐二陵、南汉二陵、吴越国王陵（钱元瓘墓）、闽国宣陵等大都没有发现陵园等迹象。可见陵园等地上建筑设施并非五代十国之定制。

3. 第三阶段

为了更好地实施孟知祥墓的修缮维护工作，2020年11月23日至12月4日，成都市成华区文化体育和旅游局组织相关人员对孟知祥墓葬文物本体周边5500平方米的区域进行了考古勘探。

1）考古勘探

考古勘探采用重点勘探、钎探相结合的方法。在整个勘探范围内，采用1米×1米中间另加一孔的方式进行，在此基础上，对间隔区域加不定数量的钎探，防止遗漏古遗迹。主要详细探明出地层堆积情况、古遗迹现象的分布及保存状况。

勘探区域地层可分为三层，分别为耕土层、扰土层、生土层。堆积因地势的不同，造成各层位的厚度和土质土色略有不同，①、②层地层堆积基本一致，下部为生土层。北部地势略高处的生土层有红褐色和黄褐色两种，以黄褐色居多。南部生土层基本为黄褐色（图5-2）。

图5-2　深孔探孔土样

第①层耕土层（地表层）：厚0.2~0.3米不等，灰褐色，土质稍黏，内含植物根系、灰瓦片、红陶片、现代建筑垃圾等。

第②层扰土层：厚0.5~1.5米，红褐色，土质较硬、较黏，含少量灰瓦片、青砖渣、红陶片、卵石等。

第③层生土层：黄褐色，土质硬、黏，偶有卵石，纯净。

考古勘探区域内共发现4处遗迹现象，其中古冲积沟1条、古建筑遗迹1处、近现代建筑遗迹2处（图5-3）。

古冲积沟1条，为G1，位于该墓的南部和西部，整体为不规则长条形，南北向。G1围绕孟知祥墓的南部和西部，由东南部蜿蜒而下，延伸至西北部，宽窄不一，深浅不等，北部较浅，南部相对较深。其在该探区内长约145米、宽6~17米，底距现地表深1.0~3.5米不等。孟知祥墓东侧由于暂不具备勘探条件，其内是否存在冲积沟，暂无法确定。

古建筑遗迹1处，为F1，位于该墓的西南角，该遗迹平面为不规则形，南北长

图5-3　孟知祥墓遗迹分布平面图

3.7~5.5米，东西残宽2.7~5.0米，距现地表深1.6米处见石块、石子，南部边缘距现地表深1.0米处见青砖，青砖下为石块。东部被地埂（含有乱石）、水泥路面所压。

近现代建筑遗迹2处，分别为F2、F3。F2位于该墓南部的西侧，平面为不规则形，东西长3.7~9.8米，南北宽1.8~5.2米，距现地表深0.4~1.0米处见沙灰、小卵石。F3位于该墓南部的西侧，南邻F2，遗迹平面近似长方形，南北向，长6米，宽4.8米，距现地表深0.5~0.8米处见沙灰、小卵石。

2）地面调查

在封土区域选取了5个点进行调查，1处位于西侧封土壁上，清理出宽0.5米、高0.8米的剖面；其他4处分布于封土上部，采用解剖沟的方式，解剖沟长1米、宽0.5米；清理深度至封土位置即停止，以便观察封土上部覆盖层的厚度。通过封土上部5个区域的调查，基本摸清了封土上部的覆盖层厚度，覆盖层的厚度在5~15厘米，顶部区域较厚，四周弧面区域略薄。覆盖层以及封土上植物根系较多，特别是树木的根系，已扎根于封土内。

通过对孟知祥墓文物本体周边区域的考古勘探以及对周边区域的调查，我们认识到本次发现的古冲积沟为早期自然形成，在沟内的填土中发现了与墓葬类似的青砖渣、瓦片等包含物，因而推测，该沟填埋于孟知祥墓的后期，即该沟在修筑墓葬时还未被填埋，而是利用了此沟作为天然的排水沟，保证墓葬不被山上的雨水和山洪冲刷。当然，也有可能孟知祥墓未使用此冲积沟，准确结果还需在考古发掘后给出准确结论。

发现的古建筑遗迹F1，其底部发现的石块很可能为石条，因考古勘探的局限性，无法准确判定，但可确定同一平面均有石块存在。从其埋藏深度、结构、包含物上可初步推断它为人为修筑，与孟知祥墓相关，为同一时代，具体是何建筑遗迹暂无法准确判定，初步确定其为建筑基础或建筑底部地坪。

二、墓葬情况[①]

（一）形制

孟知祥墓（和陵）于1971年春正式清理发掘，虽早年被盗，但墓葬本身保存基本完好。与同时期四川乃至整个南方地区墓葬相比，和陵是一座形制独特、工程浩大的陵

---

①钟大全：《后蜀孟知祥与墓与福庆长公主墓志铭》，《文物》1982年第3期。

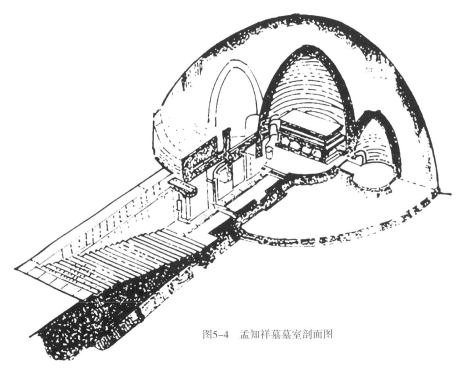

图5-4 孟知祥墓墓室剖面图

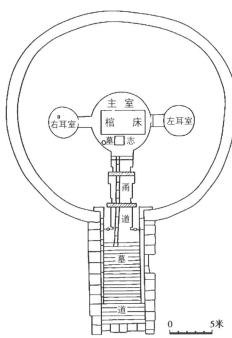

图5-5 孟知祥墓墓室平面图①

墓。墓葬由墓道、墓门及墓室等部分组成（图5-4、图5-5），除墓道用青砖铺砌阶梯外，其余部分全部使用青石构筑。

（1）墓冢。封土下部为青石砌成的石墙宝城，周长77.4米，墓葬封土上方种植有大量植被对其保护。

（2）墓道。墓道为斜坡阶梯式，砖砌，全长12.5米，共22级阶梯，上通地表，下直达墓门甬道。

（3）墓门。墓门（图5-6）为牌楼式结构建筑，宽4.05米，彩枋四柱，中间两柱中的东柱上刻有青龙、西柱上刻有白虎，柱上覆栌斗，承额枋，屋面

①倪润安：《北源与南源：后蜀墓葬形制演变过程研究》，《考古》2021年第1期。

图5-6　孟知祥墓墓门

上刻出瓦陇十七条，象征屋面用筒瓦和板瓦覆盖。筒瓦的出檐部分用刻有八瓣菊花图案的瓦当勾头，瓦陇间盖板瓦，出檐部分用重唇板瓦，与勾头相连。屋脊两端安置龙凤纹鸱吻，怒目张口的龙首鸱吻，内卷尾部刻一个凤头，饿脊前段用兽面装饰。门前左右各有一个高1.1米，身披甲胄，手持剑斧的守门卫士圆雕石像（图5-7）。

图5-7　孟知祥墓守门卫士

图5-8　孟知祥墓墓室壁画宫人（摹本）

（4）甬道。墓门与主室之间以甬道相连，甬道上方为券拱，内置石闸门、双扇石门及覆马槽式排水沟各一道。墓门内侧至石门前两壁面彩绘男女宫人（图5-8）。

（5）墓室。三个墓室平面呈规整的正圆形，穹窿顶，地面皆为长约1.7米、宽1米、厚0.3米的青石板铺设而成。一部分青石上刻有地名、时间和尺码信息，如：西川、武信、资阳、绵竹、金水；七月一日；长五尺、宽三尺、厚三尺等字样。三室东、中、西并列，有门道互通，距地表深约5米。主室居中，形制较大，直径6.7米，高8.16米。东西两侧室（耳室）结构与主室相似，但面积略小，直径3.4米，高6米。穹窿顶正中饰以蟠龙石雕，下方四角各有小铁环，均正向棺台四角，据其大小，推知为牵引罩棺锦帐四角用具。

（二）葬具

棺台（图5-9）。主室正中横陈须弥座青石棺台一座，棺台长5.1米，宽2.75米，高2.1米。棺台四周饰有浮雕图案，底座绕以莲瓣，前后各有裸身卷发的力士五人（图5-10）；中层四方各凿长方形孔数个，作插放罩棺锦帐柱用；四角各雕身披甲胄、面部表情各异的力士一人，作跪地负棺状，均系深浮雕；上层四周刻有双龙戏珠浮雕。

图5-9　孟知祥墓棺台

图5-10　孟知祥墓抬棺力士

（三）随葬器物[1]

由于该墓早年被盗，主室穹顶西北隅及西扇石门盗口宛然，故出土文物不多，仅有完整的福庆长公主墓志铭、孟知祥玉册残简以及青瓷、白瓷器物残片、石质油缸等。

（1）福庆长公主墓志铭。墓志铭一盒，放置于棺台前方右侧。福庆长公主墓志高1.08米，宽1.1米，墓志盖上书九字"大唐福庆长公主墓志"，志盖四周绕以串枝葵纹（图5-11）。

《福庆长公主墓志铭文》全文如下：

〔首题〕唐推忠再造致理功臣劍南兩川節度使管内營田觀風處置統押近界諸蠻兼西山八國雲南安撫置制等使開/府儀同三司檢校太尉兼中書令行成都尹上柱國清河郡開國國公食邑一千五百戶食實封一百戶孟公夫人福/慶長公主墓志銘并序/攝東川節度判官叛軍州等事金紫光祿大夫檢校刑部尚書兼御史大夫上柱國崔善奉命撰/將仕郎前守秘書省秘書郎令狐嶠奉行書

〔志文〕福慶長公主李氏即後唐太祖武皇帝之長女光聖神閔孝皇帝廟號莊宗之長姊母曰貞簡/皇后初太祖代襲師壇位尊侯伯英姿偉量惟孝與忠居文公虎視之鄉擁高祖龍潛之境禮賢無/倦納諫如流務全尊獎之忠雅蟹匡扶之力於是朝廷降制冊封晉王莫不朱邸分華維城益固攉金柯/於磐石茂玉葉於本枝姬周之所重宗盟麟趾之所推信厚別顯親賢之命載弘仁壽之鄉長公主性稟/天和榮分聖緒四德純茂六行兼脩（修）賢明

①钟大全：《后蜀孟知祥与墓与福庆长公主墓志铭》，《文物》1982年第3期。

图5-11　福庆长公主墓志盖及志铭拓片

雅契於典經謙敬仍光於懿範未芽而歸/我令公焉時也靈龜入兆威鳳和鳴
衿肇當展於盛儀秦晉洒洽於嘉禮群仙奉職百福延休如賓之敬將崇/中饋
之儀允穆加以位隆將相德合天人諒惟匡輔之名遐暢恢弘之業必欲永安
王室再紉皇綱壯志未伸/鑾輿播越洎太祖即世莊宗紹興天命中缺于成秦
神器潛移於鞏洛八紘鼎沸四海塵昏贊成/一統之尊光闡九重之貴當疇功
之際以遂良為先蟄輅洪鈞遠安全蜀今上睠言碩德繼有/渥恩旌賢別舉其
徽章下詔顯開於湯沐是以同光三年十一月封瓊華長公主天成三年十月
三日進封/福慶長公主皆寵報我令公德重三朝勳高百揆亭育坤維之眾控
臨邊徼之虞者也尔後義切尊周誠/堅奉主任土賦充庭之實苞茅供縮酒之
勤不謂置起鄰藩猜生憸巧每構況舟之羽多興投杯之疑貢奉不通/奏章不
達以至訓齊十乘備禦四封賴上玄之昭昭成宇內之晏晏軍民輯睦稼穡豐
登咸安惠養之恩更懇神明/之政雖爽臨分野而福蔭山河轉禍亂為休徵變
憂勤為康念時論以為皇天無親惟德是輔春秋所謂在其/君之德也況乃三
時不害四遠懷柔崇衛侯大帛之冠躡吳王不重之席約恭儉以設教行禮樂
以律人歡去珠還/不獨傳於往古政清事簡實亦盛於當今俄以長公主疾恙
經時藥石無驗既牽脩（修）短之分難移弥（珍）瘵之期長/興三年正月
十三日長公主享年六十薨於正寢殯於咸宜之堂禮也鳴呼人無定檢數有
恒程雲衢已造於/仙階世路徒哀於物化我公乃制崇廬杖饌微膏梁軒懸頓
止於笙鏞幃奕不施於組繡於是法惟辯貴禮/重送終虔祝蓍龜卜安陵兆考
青鳥之妙術詢金馬之名崗長亭近控於牛頭列宿上分於鶉首曉登蘭阪嗟/
玉葉之雕零遲眺雲軒痛銀河之杳絕然後繚牆周亙飛閣紛綸逶迤無異於
蓮宮偃蹇還同於梵宇琭（珍）臺牙構廣/廡聯薨□□將封款懸黎之掩耀
鴈池斯窆傷龍輔之韜光長主有郎君二人長曰貽範官至銀青光祿大夫檢
校左散騎常侍守代州長史右威衛將軍同正兼御史大夫上柱國早亡次曰
貽邕官至銀青光祿大夫檢校右散/騎常侍守忻州長史左威衛將軍同正兼
御史大夫上柱國早亡皆學奧典墳情敦孝愛棣萼得聯榮之寵晨昏通不匱
之名福善無徵追思莫及今有郎君三人長曰貽矩見任攝彭州刺史銀青光
祿大夫檢校尚書左僕射兼御史/大夫上柱國次曰貽鄴見任左右牢城都指
揮使金紫光祿大夫檢校尚書右僕射兼御史大夫上柱國次曰仁贊/見任節
度行軍司馬兼都總轄義勝定遠兩川衙內馬步諸軍事銀青光祿大夫檢校
尚書右僕射兼御史大夫上/柱國小娘子二人長曰久柱次曰延意並玉瑩珠

明敦詩說禮宛是保家之主居然經世之材孝敬兼優令淑有/則自長主薨變涕泣無時既彰孺慕之哀不闕問安之禮令公悲深念往懼及傷生徘徊永訣之情/悵望幽扃之際以長興三年十一月廿四日葬於成都縣會仙鄉即良辰也又以善叨依門館粗熟/勳庸令敘風徽俾刊貞琰況善才非穎邁學謝渕（淵）深固慙（慚）潤色之工但以悲哀為主敢為銘曰/銀潢緬邈聖緒霊（靈）長下降侯國遐辭帝鄉稽諸上古顯忠遂良彝倫攸敘如珪如璋其一為善不同/同臻于理斯焉取斯其歸一揆五緯迭興萬國錯峙周流六虛肇脩（修）人紀其二舉不失德王化之基/苴茅錫土大旆高麾治定制禮其安易持進退有度事美一時其三恩降絲綸邑封湯沐咸與惟新/宜其遐福蓮盖陵車文茵暢轂服冕乘軒保天之禄其四龍戰于野河出馬圖誕膺天命萬邦作孚/心懸玉鏡手握乾符下民胥悅八紘大酺其五天命有常隙不留駟夢豎成災秋霜夜墜涉水泣珠/莫不代匱藥石無徵邦國殄（殄）瘁其六庭懸丹旐楹敞繐幃易簀告謝中外興悲咸傷失儷喪容累累/樂止軒懸薄言慕之其七爰祝著龜謹其封樹白日西沉逝川東注貴有常尊禮亦異數遠邇歎嗟/諸侯贈賻其八馬鬣佳製龍耳名崗安貞之吉至理馨香愁雲慘霧載飛載揚宅穸之事率由舊章/其九鐫字節度隨軍陳德超

（2）孟知祥玉册残简。孟知祥的玉册放置在棺台前方左侧，尚残存“明德元年……”“大行皇帝……”“嗣皇帝昶……”“和陵，礼也……”等数片（图5-12）。

（3）石质油缸。石质油缸陈放在棺台前方右侧，紧临墓志铭，石缸系青石凿成，内径约60厘米。

（四）相关问题的认识

1. 和陵特殊形制的北方来源

圆形墓是中国古代历史上比较晚出现的墓葬形制。据考古材料所见，圆形墓主要流行于我国北方地区，最早出现在山东淄博市大武乡窝托村北朝崔氏家族墓地，即北魏崔猷墓和崔鸿墓。[1]至隋唐五代时期，圆形墓有了进一步发展，但其分布仍局限在黄河流域及其以北的山东、河北、河南、内蒙古和辽宁西部等北方地区。因此，和陵的穹窿顶圆形墓葬与四川乃至整个南方地区其他墓葬相比显得尤为特殊，一经发掘便备受学界的关注和讨论。

20世纪40年代以来，陆续发掘了数座五代时期南方小朝廷的帝王陵墓。除和陵孟知祥墓以外，还包括江宁南唐二陵、成都前蜀王建永陵。南唐钦陵、顺陵以及永陵王建墓均为大型长方形多室墓，形制略同。此外，成都地区还发掘了前、后蜀时期的其他级别墓葬若干座，

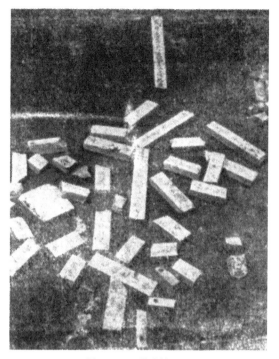

图5-12　玉册残简

如晋晖、张虔钊、王宗侃等墓也都是不同规格的长方形多室墓。很显然，和陵的墓葬形制与以上这些墓葬迥然不同。

关于和陵特殊形制的来源，过往个别研究者就曾指出其与北方地区隋唐五代圆形墓的形制大同小异，存在着密切的亲缘关系。[2]倪润安也认同这一观点，他进一步阐释后蜀各类墓葬形制既有南源蜀地本土风格特征，也深受晚唐五代洛阳地区墓葬形制北方来源的深刻影响。[3]从诸如此类的学者论述中，我们不难发现，孟知祥墓与北方墓葬最直接的连接点是圆形墓。所以，深入认识北方圆形墓的产生、发展与传播是探讨孟知祥墓特殊形制来源的关键。但圆形墓的出现与传播问题，说法尚不统一，主要有几种：

第一种观点，认为圆形墓的起源地就是山东地区崔氏家族墓地，圆形墓的空间传

①山东省文物考古研究所：《临淄北朝崔氏墓》，《考古学报》1984年第2期。

②张勋燎、黄伟：《论后蜀和陵的特征及相关问题》，《成都文物》1993年第3期。

③倪润安：《北源与南源：后蜀墓葬形制演变过程研究》，《考古》2021年第1期。

播"呈现出从山东向河北、北京、辽宁朝阳地区扩散的状态，由东往西、折向北"[1]。

第二种观点，认为山东圆形墓是北朝时期崔氏家族墓葬的独特形式，是其家族墓葬特点的反映。而隋唐时期，辽宁朝阳地区的圆形墓起源于本地，即圆形墓在唐初开始出现，流行于唐高宗、武则天时期，安史之乱以后基本消失[2]，继而"对京、津、河北地区产生影响"[3]。提出这类观点的学者虽未直接言明，但暗含了山东崔氏家族墓作为家族墓葬的个案缺乏代表性，具有不可将其视为北方圆形墓起源的意味。除朝阳地区相关墓葬发掘者持有类似观点外，还有一些学者也认可其部分观点，如"隋唐时期，圆形墓的发展呈现出由北向南逐步推进的态势"[4]。

第三种观点，认为河北、山西南部是最早出现圆形墓葬的中心地，由南向北四维波及发展，赤峰、朝阳等地是圆形墓葬分布范围的北缘。[5]

圆形墓的起源地学界虽然没有共识，但以上几种观点无一例外地印证了在没有新的考古材料出现的前提下圆形墓来自于北方的事实。在此基础上，倪润安通过厘清后唐统治核心区域洛阳圆形墓的出现情况，为后蜀孟知祥墓的来源提供了一种新的思路。他赞同今河北北部地区（含京津地区）开始出现圆形墓是在唐高宗时期，中晚唐时期圆形墓大量出现，成为主流墓葬形制。[6]并认为直到晚唐时期，离河北南部较近的洛阳地区在原有长方形墓葬形制的基础上不断继续发展，但始终缺乏圆形墓形制。后梁灭唐后，河北北部已经处于李克用父子的控制范围。此时洛阳地区的墓葬，以后梁开平三年（909年）高继蟾墓以及两座后梁时期的小型墓葬为代表，均为单室土洞墓，平面也为梯形或长方形，圆形墓依旧未进入洛阳地区。[7]

虽然暂未发现后唐时期的圆形纪年墓，但倪润安也指出"公元936年后唐灭亡后不久，洛阳后晋墓葬中就出现了圆形纪年墓，如伊川后晋天福五年（940年）检校尚书左仆射兼御史大夫、乐安郡公孙璠墓。孙璠墓为斜坡墓道单室砖墓，墓室平面呈圆形……在太原地区，后晋天福二年（937年）王氏小娘子墓平面已近似

①沈睿文：《北朝隋唐圆形墓研究评述》，《理论与史学》2016年第0期。

②吕学明、吴炎亮：《辽宁朝阳隋唐时期砖构墓葬形制及演变》，《北方文物》2007年第4期。

③吴炎亮：《试析辽宁朝阳地区隋唐墓葬的文化因素》，《文物》2013年第6期。

④倪润安：《北源与南源：后蜀墓葬形制演变过程研究》，《考古》2021年第1期。

⑤方殿春：《论北方圆形墓葬的起源》，《北方文物》1988年第3期。

⑥王乐：《试论京津唐地区隋唐墓葬》，《中原文物》2005年第6期。

⑦倪润安：《北源与南源：后蜀墓葬形制演变过程研究》，《考古》2021年第1期。

椭圆形。"①

　　李存勖于同光元年（923年）建立后唐，灭后梁，定都洛阳。直到同光四年（926年）李存勖死于兵变，明宗继位。明宗统治下的后唐文化事业有较大发展。这无疑得益于后唐政权治国人才的正确选用，他们多为晋王时代的旧部宿和自河北幽州迁入本地的文士。圆形墓葬的传统也很有可能随着幽州文士的南迁而进入洛阳地区。而孟知祥入蜀前长居北朝以来圆形墓流行的邢、磁地区。建造和陵之时，孟知祥早已有自立之心，加之其妻福庆长公主母家为后唐宗室，和陵受到河北北部抑或是洛阳新形成的圆形墓葬形制影响也不足为怪。其墓葬平面所呈的正圆形制，以及甬道两侧壁的男、女宫人壁画，都与洛阳地区部分五代十国墓葬相近。

2. 和陵圆形墓葬

　　除圆形墓究竟起源于何地无法统一外，圆形墓的形成原因各家之言也并不相同，争论最多的为以下几种。

　　第一种观点，圆形墓的形成与北方草原民族的"毡帐"制度相关。最早提出这种观点的为黄河舟，他在文章中提到"北魏建国后，逐渐接受汉族文化，为了巩固其统治，又迁都洛阳，普遍实行汉化政策"，墓葬形制上仿中原墓葬旧制，糅合本民族的"穹庐"形毡帐，"形成了弧方形墓，并出现了圆形墓，使少数民族文化与中原文化都得以体现"②。

　　信立祥也在其探讨河北定县南关唐墓一文中，称该墓为圆形单室结构，且进一步论断"与北方地区的方形砖室墓迥然不同，可能为迁徙内地的北方游牧民族模拟穹庐牧帐而来。"③张勋燎、黄伟赞同比较晚出现的圆形墓是对北方游牧民族广泛使用的穹庐毡帐（或称"毡包""毡帐"）的模仿，另外信文未详述原因，二人援引了很多历史文献加以论证。如《宋书·张邵传附张畅传》所载元嘉二十七年（450年），"拓跋焘南征至彭城于戏马台立毡屋"，张、黄二人认为拓跋鲜卑在南迁的过程中虽不断吸收汉文化，但他们原有的穹庐居室习俗在一定程度上仍然以某种方式保存下来。"终北朝之世，汉人都在不同程度上接受了鲜卑的某些习俗。此时出现的圆形墓，正是鲜卑人统治地区内极少地位特殊的世家大族顺从鲜卑穹庐居住习俗，在墓葬建筑过程中模仿穹庐居室的结果。山东、河北发现的北朝圆形墓，

① 吴炎亮：《试析辽宁朝阳地区隋唐墓葬的文化因素》，《文物》2013年第6期。
② 黄河舟：《浅析北朝墓葬形制》，《文博》1985年第3期。
③ 信立祥：《定县南关唐墓发掘简报》，《文物资料丛刊》第6辑，第116页。

都是深得鲜卑统治者赏识和重用的北朝世家大族崔氏家族的墓葬，这必然不是巧合。"[1] 张洪波在朝阳地区唐墓形制研究中延续黄文的观点。他认为营州发现的大量唐代圆形墓，追根溯源，"当时北方少数民族居住的圆形毡帐环车是其模仿的主要对象……毡卢环车既防寒冷，又便于移动……北伐东征的战死军人们……把伴随他们生死与共的毡帐，仿造成来日生活继续的墓葬，也就成了历史的必然。仿造出现这种圆形墓要有一个过程，并不是一步到位。"[2]

第二种观点，圆形墓的产生并非受北方游牧民族毡帐影响。方殿春著文中，圆形墓最晚出现于北魏时期，而毡帐在唐初前后传入中原地区，所以二者之间没有必然联系，另外，他认为圆形墓的出现是社会各种因素共同作用的结果。谢宝富也有同样的疑问，他从北朝圆形墓的分布地点入手，提出若毡帐与圆形墓有关，那么其出现的时间为北朝早期，地点上应该为辽宁、北京、内蒙古、山西等鲜卑族聚居地区为多，但实际情况是，圆形墓主要出现时间是北魏晚期以后，以上省份也都没有发现圆形墓。完工、扎赉诺尔鲜卑古墓群未见圆形墓，拓跋氏定都平城后，也未见圆形墓。[3]

第三种观点，圆形墓受到宗教影响而产生。倪润安在论述乌水房崔氏圆形石质墓的渊源文中，主张立足于从北朝的时空框架中去探寻。他从北魏在云冈修建的椭圆形石窟寺入手，推断崔光鉴于石窟建造在当时政治环境中的特殊作用，而将其圆形、石质特征移植到家族墓葬的设计上。[4]

关于圆形墓出现的来源，各家论述之间分歧的关注点很多，包括山东崔氏墓是家族个案还是具有代表性的最早圆形墓分布地，圆形墓与相类似的弧方形墓、椭圆形墓的界定问题等，这些都影响着圆形墓来源问题的探讨。

仅就孟知祥和陵所采取圆形穹窿顶的形制来说，这绝不是偶然的，有研究者认为与孟知祥的身世和早期活动经历，特别是与后唐李氏姻亲关系密切相关。[5] 入蜀后的孟知祥虽有不二之心，但明宗待知祥如"故人"，封其为蜀王，送还孟知祥滞留太原的妻儿入蜀。明宗爱戴福庆长公主有佳，孟知祥自然也受到影响。在福庆长

---

[1] 张勋燎、黄伟：《论后蜀和陵的特征及相关问题》，《成都文物》1993年第3期。

[2] 张洪波：《试述朝阳唐墓形制及其相关问题》，《辽海文物学刊》1996年第1期。

[3] 谢宝富：《北朝墓葬的地下形制研究》，《湖北大学学报》（哲学社会科学版）1997年第6期。

[4] 倪润安：《试论北朝圆形石质墓的渊源与形成》，《北京大学学报》（哲学社会科学版）2010年第3期。

[5] 倪润安：《北源与南源：后蜀墓葬形制演变过程研究》，《考古》2021年第1期。

公主病逝两年后，孟知祥称帝并追册她为皇后，把和陵建成穹庐形，当是尊福庆长公主族俗而参以汉礼，以为纪念之意。①

　　较之五代十国时期其他帝王陵墓，孟知祥和陵不仅结构独特，规模亦较小，有研究者提出该墓原初是专门为福庆长公主安葬而营建的，并非合葬墓之用的观点。如福庆长公主墓志载"长兴三年正月十三日，长公主享年六十，薨于正寝"，"长兴三年十一月廿四日葬于成都县会仙乡"。可知此墓修建起始时间最迟也在长兴三年（932年）十一月之前。而且和陵部分石板上刻"西川""武信"等字样，当是相关地区开采送来的石料，但是这些地区均远离成都。如武信其治所遂州在今遂宁市区，下属五县均距成都有数百里之遥，孟知祥于明德元年闰正月己巳（934年3月16日）始称帝，同年七月甲子（9月7日）去世，十二月甲申（935年1月25日）下葬。从去世到下葬，其间只有不到半年时间，即使从称帝到下葬也不过十个月。按照一般的惯例，国君即位即为陵。但要在孟知祥称帝到去世的短短数月内从成都以外的各州县开采并运送石料到成都修成陵墓，可能性不大。所以有学者推测和陵最可能在孟知祥被封为蜀王之时就已开始修建，至迟在孟知祥称帝前就已经规划设计完毕，其时距福庆长公主去世不久。

　　另有研究者认为墓葬形制可能与北方游牧民族尊重母权的习俗有关。"和陵墓门正脊上的鸱吻外形轮廓与唐五代鸱吻相同，但上刻龙凤纹，吻脊的首部为龙头，上举内卷的尾部则作神采飞扬的凤头，这种形制的鸱吻却不多见。"②将凤纹突出地雕琢出来，可能是尊重福庆长公主的表现。

---

① 倪润安：《北源与南源：后蜀墓葬形制演变过程研究》，《考古》2021年第1期。
② 张勋燎、黄伟：《论后蜀和陵的特征及相关问题》，《成都文物》1993年第3期。

第六章

后蜀及蜀地五代墓葬

一、后蜀墓葬

依据已公开发表的田野考古发掘报告、专著、简报及考古年鉴等，收集整理辑录散见于其他杂志、刊物上的后蜀纪年墓葬共16座。

（一）成都东郊后蜀张虔钊墓[①]

1977年底，成都市文物管理处对原金牛区保和公社光荣大队八队"天鹅抱蛋"处进行了发掘清理，墓主为五代后蜀张虔钊。

张虔钊墓位于现成华区的市三环路与成渝高速路立交桥北侧。该墓葬埋在黄土丘陵高坡之下，其前是一开阔平地，墓向为南偏东44°。墓葬始建于后蜀孟昶广政十一年（948年），墓顶虽早已坍毁，但从尚存的下部建筑观察推知，该墓为一座大型长方形多耳室券拱砖室墓，长约27米、宽5米、高约4米，距离地表约4米深。

墓门外左右各有一道八字墙。该墙尽头处有一堵厚达1.7米的封门砖墙。墓葬内设一阶梯式斜坡墓道，口部呈梯形，阶梯共十四级，总长8米，南端宽5.8米，北端宽4.8米。墓内分为前、中、后三室，前室左右各有一个耳室，中室左右两侧各有三个耳室，后室左右两壁各有一拱形壁龛。其中，前室长5.2米，宽3.9米，其左右耳室均长0.96米，宽0.84米，高1.2米，券部用一层砖砌建。中室长约10.6米，宽5米，如将左右耳室宽度计算在内则通宽7.8米；左右耳室中较大的耳室共有4个，长约1.4米，宽1.3米，高1.26米，其较大的耳室两侧正中还各有一个凹形壁龛，壁龛高30厘米，深23厘米；较小的耳室有两个，长0.9米，宽0.8米，高约1.2米，其形制和前室

---

①成都市文物管理处：《成都市东郊后蜀张虔钊墓》，《文物》1982年第3期。

左右耳室相似且无壁龛。另外，中室的耳室都使用三层砖砌券。因中室左右两壁处于大耳室之间，故而三道券墙突出，使得内壁呈凹凸之形，凹部宽约0.85米，深约0.5米，凸部宽约0.8米。后室平面略呈正方形，长2.9米，宽2.8米；左右两壁各有一进深极浅的拱形壁龛，龛深约0.3米，宽约1米，高1.5米；券用二层砖砌建。

墓墙和券拱均用砖砌建，券用417层砖砌建，砖长41~47厘米，宽21~23.5厘米，厚4~6.5厘米；券墙用二顺一丁砌法，并使用泥浆粘缝。墓内地面为细红砂石板铺地，石板长92厘米，宽46厘米，厚约10厘米，其中某些铺地石板上刻有如"杨文进交十二片""王士进交四十片"等交石人姓名及交石数目的文字信息。前后两室地面均比中室稍低。墓室内壁以石灰粉刷，上涂赭色，原所绘壁画已毁。

棺床设于中室。系红砂石所制，长约6.9米，宽约3.6米，高约0.8米。棺床为须弥座式，方涩厚10厘米，刻牡丹花纹；罨涩厚8厘米，雕仰莲花纹。棺床脚处上部刻覆莲花纹。棺床身四周共有16根长方形柱子，每侧各4根，柱高48厘米，宽约28厘米。每根柱上均雕刻有抬棺力士，力士卷发披头、高鼻、锁眉、鼓眼、大嘴、赤足。力士的动作并不完全相同，有的右手叉腰，左手托棺，或左手叉腰，右手托棺（图6-1）。柱子之间嵌镶壶门，南北两侧面各3方，每方宽66厘米，高46厘米；东西两侧面各5方，每方宽94厘米，高46厘米，共计16方（清理后仅发现14方，其中一方已残损）。棺身南侧壶门自西向东雕刻的图案为马、狮、狮（图6-2）；棺身北侧壶门自东向西雕刻的图案

图6-1　张虔钊墓棺床柱子人像石刻

图6-2　张虔钊墓棺床南侧壶门石刻（马、狮、狮）

图6-3　张虔钊墓棺床北侧壶门石刻（獬豸）

为獬豸（图6-3）、獬豸、□；棺身西侧壶门自北向南雕刻的图案为鹿、麒麟、貘、马（图6-4）、狮；另有残方存有可辨识的图案为貘，嵌镶于何处已不得而知。

此外，该墓建筑整体呈西北—东南向倾斜，中室棺床倾斜错位，后室

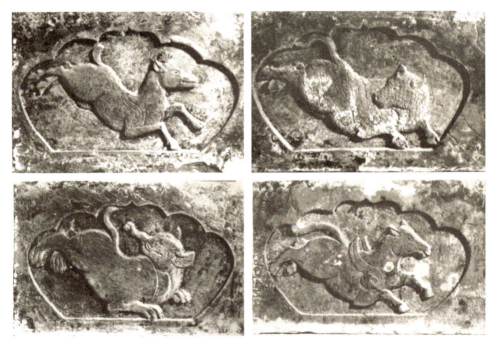

1. 大铜铺首　2. 铜铃　3. 铁钩　4. 釉陶罐　5、6釉陶碗

图6-4　张虔钊墓棺床西侧壶门石刻（鹿、麒麟、貘、马）

铺地砖也全部隆起，经省、市地质和地震部分专家实地考察，认为这是由于墓室周围黄黏土长期受到大雨淋浸而产生位移，不断对墓室建筑形成压迫所致。在清理过程中，还发现靠近墓口的淤泥之中存有许多木炭，加之墓壁和石刻表面皆有严重的烟熏痕迹，推测此墓可能曾遭火焚。

　　该墓早期被盗，随葬器物发现墓志一盒、买地券一方。另外，张虔钊墓葬还出土多种小件金属器，如铺首（图6-5，1）、铜铃（图6-5，2）、别带铜环（图6-5，3）、铁钩、吊杆铁钩等；四耳陶罐（图6-5，4）、陶碗（图6-5，5、6）数量不多，但较为完整；一件青石制石缸。

图6-5　张虔钊墓出土器物

（二）五代后蜀孙汉韶墓[①]

1984年3月，四川省商业厅基建安装公司在成都市原金牛区青龙乡西林村基建施工地东北角发现1件陶武士俑。成都市文物管理处赶赴现场调查后确定此处为一座古墓葬，并对其进行了发掘清理。根据出土墓志得知，墓主为五代后蜀孙汉韶。

墓葬位于现成都市成华区境内，南距驷马桥约1.5公里，西北距离凤凰山公园3公里，北临川陕公路。地表有封土，略呈覆斗形，其高约7米，占地面积80平方米。封土夯筑，夯层平均厚度为20~30厘米，夯窝直径9厘米，深度3厘米。封土边缘有砖砌加固墙，仅存东北部一段，长约5米，残高0.6米，厚0.4米。

墓葬为一座大型长方形砖室墓，残长18.8米，由前、中、后三室组成。其中，前室平面呈梯形，两壁微外侈，而其前部被破坏，券顶已坍塌，结构不明，故前室残长5.1米，内端宽3.65米，高4.6米；前室两壁各有一长方形小龛，长65~80厘米，宽50厘米，高约70厘米，没有发现排水道。中室长约10米，宽3.8~4.3米，其券顶已坍塌，残高约4.8米；左右两壁各有两个对称的方形耳室，均为券顶，耳室长1.9~2.25米，宽1.6~1.7米，高1.5~1.6米，内置1~2个狭长的小壁龛；中室内壁施石灰，并绘有壁画，由于长期浸蚀，壁画已毁，仅存残迹。后室略呈方形，长3.7米，宽3米，券顶高4米；左右两壁后部略向外敞，后壁因受到外力挤压，向墓室内凹成弧形。前室低、后室高使得整个墓室地面呈缓坡状，地面铺砖或平砖错缝，或一顺一丁平铺；墓壁砌砖则多为二顺一丁。墓砖共有3种，券拱部分多使用楔形砖，长40厘米，宽20厘米，前端厚3.8厘米，后端厚5厘米；长方形砖则用于砌筑墓壁和地面，长为38~41.5厘米，宽20~21.5厘米，厚4~5厘米；另外还有一些厚度为3厘米、3.5厘米和5.5厘米的特制砖。

棺床置于中室中部，内部为黄黏土堆积的长方形台，外以红砂岩石板铺盖而成。其总长6.45米，宽3.5米，高约0.52米。棺床为须弥座式，床身四周镶嵌石雕，方涩厚6厘米，阴刻牡丹花纹，罨涩厚5厘米，雕仰莲纹；棺床脚方、罨涩也雕有同样的花纹。棺床四周边角处为长方形红砂石柱，柱高30厘米，宽20厘米，柱上正面雕刻抬棺力士，以嵌壶门石刻。抬棺力士卷发披肩，有的戴有幞头，锁眉鼓眼，悬鼻大嘴，袒胸赤足，单跪或盘坐，双手叉于腰间，以肩托棺。每块抬棺力士石柱与每方壶门石刻间隔分布，并围绕在棺床四周。棺床北侧有抬棺力士4块，东侧有4块，南侧有3块，西侧淤泥中有1块（图6-6）；而石刻壶门由于扰乱，仅北侧残存2

---

①成都市博物馆考古队：《五代后蜀孙汉韶墓》，《文物》1991年第5期。

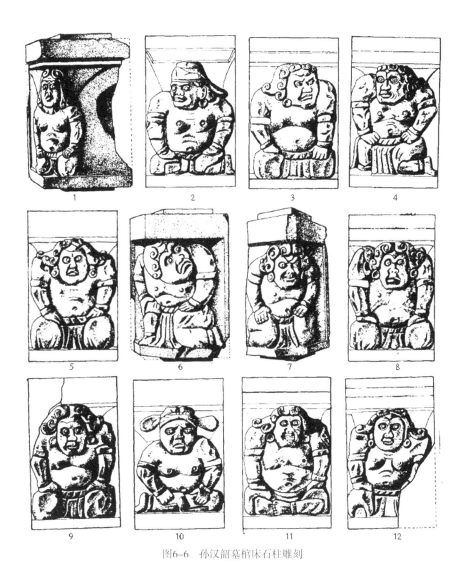

图6-6　孙汉韶墓棺床石柱雕刻

方、东侧和南侧各存3方。壶门宽73厘米，高30厘米，上面雕刻狮、鹿、羊、象、虎等动物形象（图6-7）。

　　此墓早期被盗，随葬器物保存完整的较少，陶器能够修复的占40%，主要随葬品为墓志一盒，还出土有陶建筑模型几件，如素面墙、假山墙、照壁、过厅、阁、亭等（图6-8，1~6）；出土陶俑表面都施以白粉并有彩绘，但大都已经剥落，包括武士俑、戴冠俑、侍俑、文俑、仆俑等人俑和狗、鸡等造型的动物俑；还出土有铃铛、铺首等小件铜器和七件不同形状的玉石饰片（图6-9，1~5）。

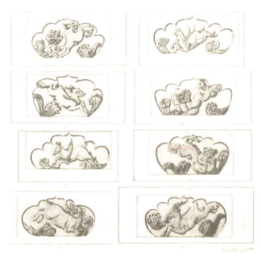

（三）成都无缝钢管厂五代后蜀徐铎墓[1]

1985年1月20日，成都无缝钢管厂在进行厂劳动保护教育及产品陈列室的基础施工时，发现了两座墓葬。成都市博物馆考古队对现场察看后确定为大型砖室墓，并于当年1月23日至2月17日组织人员对这两座墓葬进行了发掘清理，经发掘得

图6-7 孙汉韶墓棺床石刻壶门

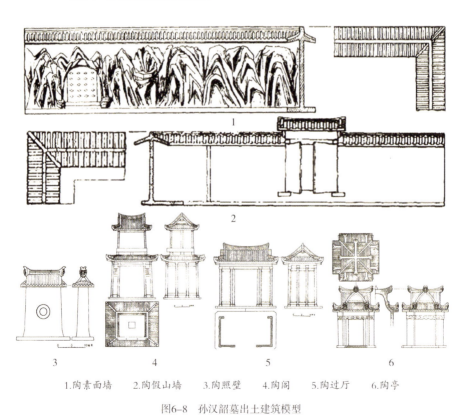

1.陶素面墙　2.陶假山墙　3.陶照壁　4.陶阁　5.陶过厅　6.陶亭

图6-8 孙汉韶墓出土建筑模型

①成都市博物馆考古队：《成都无缝钢管厂发现五代后蜀墓》，《四川文物》1991年第3期。

知这是两座五代后蜀时期的墓葬，分别编号为M1和M2，其中，M1的墓主为后蜀彭州刺史徐铎。

两座墓葬位于成都市城东五桂桥附近、成都无缝钢管厂三号门附近。墓葬西北为该厂计划控制大楼，东侧临近钢管厂的火车专用轨道，西南靠近厂区，西侧为办公区域。墓葬的封土被取平，原土堆长约30米，宽约25米，高4~5米。封土属于褐黄色亚黏土质，经过层层夯实，夯层厚度在5~15厘米，夯窝直径7厘米，夯窝深2厘米左右。两座墓葬的券顶距离地表约50厘米。

M1为徐铎墓室，系大型多耳室长方形券拱砖室。M1，全长10.8米，宽度在2.2~2.8米，高度为2~4米。墓室由通道、前室、后室三部分组成。墓向为南偏东23°。该墓早年多次被盗，在通道口和前室东南顶角均发现有宽约90厘米的盗洞。

通道，平面呈喇叭形，总长1.25米，前端口宽2.4米，后端口宽2.2米，内顶高约3.2米，顶部向南端倾斜。通道壁以二层、三层、四层交错砌筑。通道地面为顺砖平铺一层，靠近东、西两壁面的铺地砖采用倾斜放置，用于排除墓内积水。通道内设有砖砌门框、门槛、门额。门额上方使用方砖砌筑楣檐，构成斗拱组合形式。斗拱以三组一斗三升为主体，其补间铺作间以"人"字拱相连。坐斗耳5厘米、平11厘米、欹2厘米，正心瓜子拱宽约43厘米，拱上三斗耳5厘米、平7.5厘米、欹1.5厘米。三组斗拱间隔距离74厘米。砖上施以白膏粉，并以彩色绘成斗拱样式，包含红色、黄色两种色彩。纹饰图案美观大方且庄重朴实，色彩鲜艳。纹饰作对称状，采用流畅的宽弧红带、黄带和红细线条勾勒出螺旋纹、回纹和卷云纹。两扇封门石板倒置，一块长1.54米，另一块长1.15米，宽度均为77厘米，厚度均为14厘米。

前室，长约6米，宽3.48米，内高约3.9米。该室向南倾斜6°。前室设置棺床，棺床长5.18米，宽2.2米，高0.56米。棺床内部填以黄黏土，外用砖切成须弥座。在

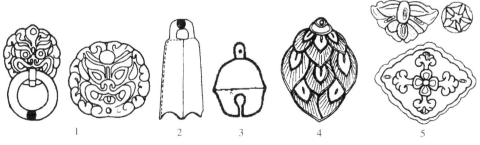

1.铜铺首　2.铜铃　3.铜铃铛　4.铜饰片　5.玉石饰片

图6-9　孙汉韶墓出土铜器及玉器

棺床四周铺有一层铺地砖，其近东、西两壁处的铺地砖与通道铺地砖一样，也略为倾斜放置。

后室，呈"亚"字形，由于受地层挤压已略为变形。该室长2.5米，宽2.1米，内高2.33米，内顶向南倾斜11°。其后壁砌建两层，但由于也受到外力的挤压，已向内凸成弧形。

M1整个通道、前室、后室的地面北高南低，略有坡度，以利于墓室排水。墓室存在一定程度上的变形，原因主要是墓室周围的黄黏土受雨水等自然、地理因素影响而膨胀，进而挤压墓室使之变形。此外，该墓室内顶上原刷有一层石灰，石灰上绘有壁画，但因长期受到地面水浸蚀和墓室变形的双重作用，早已完全毁坏。

M2墓室距离M1墓室西侧仅1.3米，同为一座大型多室券拱砖室墓。M2的形制与M1基本相同，但其墓室中前室内顶壁的彩绘花鸟图案保存比较完整。M2全长11.28米，宽度在2.1~2.75米，高为1.35~2.45米。墓向与M1相同，且早年多次被盗，在通道顶级前室中部顶均发现盗洞口。

甬道呈"V"字形，残长约2米，前端宽2.4米，后端宽2.22米，内顶高2.45米。另外，甬道前端扰乱，堆积了大量的炭渣、砖瓦和灰土。其他与M1通道相同。前室长约6.29米，内宽2.69米，内顶高约2.3米，内顶自北向南倾斜为6°。前室内设置棺床，其南半部分已毁坏，棺床残长3米，宽1.48米，高0.28米。棺床内堆有黄黏土，用长方形青砖框边及砌筑四周，并平铺床面。棺床周围使用标砖铺地一层，靠近东、西两壁的铺地砖略为倾斜。铺地砖下为一层夹砂碎砖，厚约0.3米。其下又平铺砖两层，与甬道地面相平。两层平铺砖下还有一层竖砖，竖砖下部亦夯有砂碎砖，厚度约0.48米。因此前室平面起台，地面便略比甬道高出0.4米。前室内顶以白灰膏泥施于砖面，白粉上施彩绘图案。壁画尚存部分南北长约4.45米，东西宽约3米。因墓室顶部盗洞影响，破坏了壁画的图案结构，但从整体上来看，壁画保存仍比较完整。以东、西两壁起拱线至顶部集中，主要包括宝相花、藤枝蔓叶、云朵以及天鹅图案。东、西两壁的壁画的主体图案为宝相花，花与花之间相距23~30厘米，并绘有5~6片花瓣作为陪衬。宝相花由中心同心圆和外半圆花瓣共同组成花朵形状，其中，中心圆直径为10~13厘米，花冠部分为25~33厘米；宝相花使用黑、绿、黄和棕褐四种色彩相配，花朵边缘以黑色线条勾勒，中心圆心着绿点，黄色施于绿点周围，花瓣则为棕褐色。墓室顶部壁画的主体色彩以黑和棕褐为基调，其上的云纹、天鹅、藤花图案皆以黑色线条绘制而成。云纹图案分布在主体壁画的四角和边际，长40~75厘米，宽25~45厘米，有的云纹采用两边对称的构图形式。天鹅图案位于壁画四角及中部，形若展翅飞翔，作对称相向，大小在25厘米×35厘米至45厘米×65厘米之间。壁画中部图案以藤枝蔓叶为主体，且藤枝花朵比宝相花略小。其花朵部分由中心圆心和桃形花瓣组成，圆心一般为10厘米，而花瓣则分为五、六、七瓣三种，并以黄褐色点色；花冠径在25至28厘米之间。后室，长约2.15米、宽2.1米，内顶前部高1.18米，后部高1.5米。其后壁为一层砌砖，顶部斜向南倾，斜度为14°。地面与前室相平，用标砖铺地一层，东、西和后壁铺地砖斜放。铺地砖下有厚度为35厘米的砂夹碎砖块层，再下层亦为竖砌青砖一层，竖砖下同为50厘米厚的夹砂碎砖块层。

M2墓室券顶由于受上部重力压迫，使之向南倾斜。但前室受地面水浸湿较少，故券顶壁画保存较为完好。M2地理情况同M1基本相似，但其墓葬前、后室铺地砖下夯垫的夹砂碎砖块层作为基础，使得M2比M1结构上更为坚固。M1、M2标砖长40~41.7厘米，宽20厘米，厚4.5~5.5厘米。

M1、M2早年多次被盗，破坏程度严重，随葬品出土较少，而且多属于扰乱器物，主要为墓志一盒、买地券一方。另外，在M1前室淤土中还有少量随葬品：小铜铃、一件，其直径1.8厘米，有系柄；铜簪、一件，长度为12厘米；铁环、两件，为M1墓门铺首拉环，直径10厘米；铜币、数枚，皆为"开元通宝"，直径2.4厘米，锈蚀较为严重。

（四）成都海滨村五代后蜀M23、M24[1]

2017年3月至6月，为配合基本建设，成都文物考古研究院对位于海滨村年家院子区域进行了勘探和考古发掘，共清理墓葬31座，其中M23和M24为五代后蜀时期的砖室墓。

海滨村位于四川省成都市成华区海滨湾社区，北邻三环路和成绵高速，南与二仙桥相望，东邻蜀龙路，西近昭觉寺。

M23墓葬形制：带券顶的长方形砖室墓，方向246°。墓门及券顶已坍塌，墓室保存较好。墓圹平面近长方形，长4.5米、宽2.4米，残深1米。未见墓道，填土为夹杂大量锈斑的灰黄色含沙黏土。墓圹内砌一砖室，由甬道及墓室构成。甬道位于墓室西侧，平面呈长方形，长0.6米、宽1.24米，低于墓室0.22米，底部由平砖错缝斜铺而成。墓室长3.34米、宽1.64米，残高1.2米。墓室底部除靠近甬道处一排为平砖顺铺外，其余皆为平砖错缝横铺。无棺台。残存墓壁在铺地砖上以一平一丁交替砌筑三组后丁砌两层，其中丁砖横、顺相间，平砖皆顺铺。两侧壁有四道对称的

---

① 易立、王瑾等：《四川成都海滨村五代后蜀墓发掘简报》，《文物》2019年第7期。

肋柱，为平砖砌筑而成。肋柱长0.4米，宽0.19米。残存封门在甬道底部先砌一丁三平，再砌一丁一平，皆顺铺。部分墓顶被破坏。墓砖有长方形青灰色砖及橙红色砖两种，主要有40厘米×19.7厘米×3.8厘米、40.5厘米×20厘米×4厘米、41厘米×20厘米×3.8厘米三种规格。

该墓发掘前已遭盗扰，M23墓内多数遗物被扰乱翻动，均有不同程度的破损，器类包括瓷器、铜钱、石质买地券等（图6-10）。

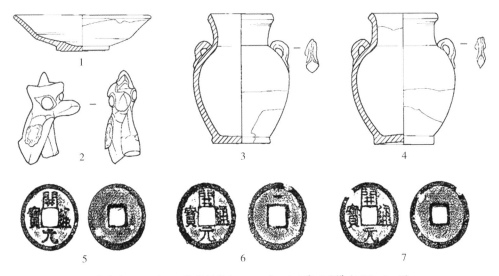

1.瓷盘（M23：1）　2.瓷龙形俑（M23：4）　3~4.瓷双耳罐（M23：2、3）

5~7.铜钱（M23：6、7、8）（1、3、4为1/4，2为1/2，余为2/3）

图6-10　成都海滨村五代后蜀墓M23出土器物

M24墓葬形制：带券顶的长方形砖室墓，方向246°。墓门及券顶已坍塌，墓室保存较好。墓圹平面大致呈长方形，长4.4米，宽2.4米，残深0.96米，未见墓道，填土为夹杂大量锈斑的灰黄色含沙黏土。墓圹内砌一砖室，由甬道及墓室构成。甬道位于墓室西侧，平面呈长方形，长0.57米，宽1.28米，低于墓室0.3米，底部由平砖错缝斜铺而成。墓室长3.24米，宽1.7米，残高1.1米。墓室底部除靠近甬道处一排为平砖顺铺外，其余皆为平砖错缝横铺。无棺台。残存墓壁在铺地砖上以一平一丁交替砌筑，其中丁砖横、顺相间，平砖皆顺铺。两侧壁有平砖砌筑而成的肋柱，北壁四道，南壁残存两道。肋柱长0.4米，宽0.19米。残存封门在甬道底部砌筑一层丁砖。墓顶被破坏。墓砖有长方形青灰色砖及橙红色砖两种，主要有40厘米×19厘米×3.8厘米、39.7厘米×19.2厘米×3.8厘米、41.7厘米×20厘米×3.8厘米三种规格。

M24出土器物包括瓷器、钱币、石质墓幢等，但因墓葬已遭盗扰，多数器物系发现于扰土中，原摆放位置不详，且破损严重（图6-11）。

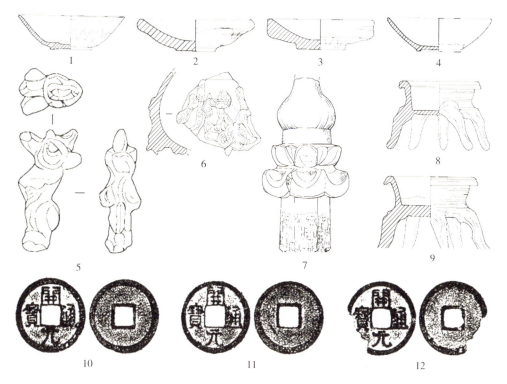

1.瓷碗（M24：19）　　2、3、4.瓷盏（M24：3、20、21）　5.瓷龙形俑（M24：15）
　6.瓷罐腹残片（M24：16）　7.墓幢（M24：18）　8、9.瓷炉（M24：13、14）
10、11、12.铜钱（M24：2、5、1）　（5、10、11、12为2/3，7为1/10，余为1/4）

图6-11　成都海滨村五代后蜀墓M24出土器物

（五）成都圣灯乡广政二十二年后蜀卫氏墓[①]

1958年，成都市博物馆考古队为配合成都市原金牛区圣灯乡107信箱基建项目，在工地中发掘清理出一座五代后蜀墓葬。该墓葬无公开发表的发掘简报，其情况大致为：墓体已被破坏，墓葬呈长方形。墓内长10米左右，有4个耳室和2个壁龛。墓葬中出土有墓志一盒，"开元通宝"数枚，素面方铜镜一个，所出文物皆有不同程

①成都市博物馆考古队：《一九八五年全年考古发掘清理简报》，《成都文物》1986年第1期。

度的残损。另据墓志上的文字所载，墓主为五代后蜀广政二十二年（959年）卫姓人士（墓志残损严重，全名不存）。

（六）成都北郊羊子山青杠坡五代后蜀墓[1]

1958年，成都北郊羊子山青杠坡清理一座无名后蜀墓。墓内发现有人物壁画两幅，但壁画的绝大部分已经脱落，北壁上壁画仅残存两只黑色革靴，腰部残存一带、带之中部（腹部）挽结。南壁人像仅存部分模糊衣纹，此二人物像应为文臣武将作守门侍卫或门卒之类，其仅存的衣纹带靴均符合这类人物当时的服装制式。

（七）后蜀宋王赵廷隐墓[2]

2010年11月至2011年5月中旬，成都市文物考古工作队在龙泉驿区十陵镇青龙村发掘清理了一座大型砖室墓，据墓志，确定墓主人为后蜀宋王赵廷隐。

墓葬总面积近400平方米，墓室外侧夯筑边长近40米的方形夯台，发掘时墓顶残存封土高度约10米。其为竖穴砖室墓，坐西向东，由墓道、墓门、甬道、前后室及南北耳室组成，总体呈"中"字形。墓道平面呈东宽西窄的梯形，底部近封门处呈阶梯状，用砖铺地，其东侧为斜坡状，用膏泥做底，两壁上施厚约1厘米的石灰层；墓门上部用砖作仿木结构屋檐、斗拱等，其上绘卷云、草叶、建筑构件等题材壁画；墓门外侧用砖及石板封门；甬道为券顶，平面呈长方形，用长方形红砂石板铺地，南北两侧石板上各有一半圆形小孔用于排水；前室顶部已垮塌，据残存结构初步确定为十字穹顶，亦用长方形红砂石板铺地，其中部置须弥座状棺床，棺床南北向放置，上部由红砂石板铺成，下部由砖砌成；后室与南北耳室结构基本一致，为券顶，平面呈长方形，用长方形砖铺地，且底部都高于前室约0.5米。

墓葬虽被盗扰，但依然保存有很多精美的文物，主要包括陶瓷器和陶俑，以及少量金属器。陶瓷器40余件，器型包括四系大口罐、提梁壶、饼足碗、盏、碟，另外还发现少量匣钵和支钉，皆出自琉璃场窑。出土器物中彩陶俑数量众多，种类丰富，包括文官俑、武士俑、伎乐俑、神怪俑等在内的各类彩陶俑有50余件。俑高0.5~1.4米，俑表面施彩，且部分描金。其中20余件伎乐俑高约0.6米，皆立姿，按装束及姿态分为乐俑、歌俑及舞俑三种。其所着服装鲜艳富丽，衫、裙清晰可辨，且

---

①1958年羊子山青杠坡五代后蜀墓，见史占扬的《珍贵的地下文化宝藏——成都五代墓壁画》，载于《成都文物》1989年第3期。

②王毅、谢涛等：《四川后蜀宋王赵廷隐墓发掘记》，《中国社会科学报》2011年5月26日。

多描金。乐俑所执乐器有琵琶、筚篥、羌鼓、齐鼓、笙、排箫等；歌俑神态尊贵，头饰金簪，位于众乐俑中部；舞俑中2件为柔舞俑，着女装，姿态柔和优美，1件为健舞俑，着男装，姿态干健有力。

出土后蜀宋王赵廷隐墓志及买地券各1方，墓志虽有破损但基本完整，其上阴刻近3000字，记述了赵廷隐家族谱系、生平事迹、子嗣情况等信息。买地券详细记载了墓主人入葬时间、地点，且其上文字所述具有浓厚的道教色彩。

出土陶质庭院长1.2米、宽1米、高0.3米，院门、天井、厢房、马圈、主厅皆清晰可辨。高约10厘米的墓主人坐像置于主厅中部。主厅周围及院门内侧置近10件高约12厘米的男女侍俑。庭院回廊及门框部分皆施彩描金，十分精美，疑为仿墓主人生前所居庭院制成。

另外，墓门、墓壁及墓顶皆施厚约1厘米的黄褐色黏土层，其上施厚1~3厘米的石灰层，用黑、红、绿等色在其上绘制壁画。墓门部分可辨题材有花草纹、建筑构件、童子、回纹等；墓壁上可辨题材为人物、花草、凤鸟、水禽等；墓顶可辨题材较少，多为花草、建筑构件，部分线条上作描金处理。

（八）后蜀徐公夫妇墓[1]

1988年元月，原成都市博物馆考古队会同双流县文物管理所对双流县籍田镇竹林村发现的一座五代后蜀同坟异葬墓的南室进行了抢救性发掘。由于各种原因所限，当时未清理墓葬的北室。直到2004年4月，成都市文物考古研究所联合双流县文物管理所对该墓进行了全面的发掘清理。

M1在墓门右上方有一个盗洞，M2未发现有被盗迹象。墓葬两室为红砂石，室内墙面和衔接部位经过精心打制较为平整，外墙粗糙且凿痕累累，外拱石缝间多用陶瓷片残块和卵石嵌塞缝隙。两室前部相隔1.6米，后部后龛相隔约2米，在南北两室之间的后龛北侧和南侧两壁水平砌建一方径为0.2米×0.25米的通道，并打破两室之间生土隔墙。从整体结构、布局来看，此两墓室应为比较典型的同坟异葬夫妻合葬墓。南北两室其券拱的砌建方式、墓室结构大小及其形制大相径庭。

M1，外长6米，外宽2米，全高3米左右。M1由甬道、前室、后室、后龛四部分组成。室内长5.76米，内宽1.4米。单层券顶采用13行楔形石条纵列砌建。两壁以肋拱形式直砌加固支撑拱顶，肋拱之间用厚石板连接成后壁，在甬道、前室和棺室两

---

①成都文物考古研究所、双流县文物管理所：《成都双流籍田竹林村五代后蜀双室合葬墓》，《成都考古发现（2004）》，科学出版社，2006年，第323-363、511-512页。

侧形成5个壁龛，直墙厚约0.38米。墓道长约2米，平面呈外长1.5米、内宽1.8米的斜坡。墓门立柱外竖立5块石板封堵，最下一块封门石外还紧紧贴靠一块抵石，从而进行对封门下部的加固。

甬道进深0.74米，宽1.36米，高2米，以长方形石板铺地。门柱之上横放长方形门额，之后立有一块半圆形门楣。甬道左右两侧各有一高为1.86米、宽为0.32米、进深为0.21米的壁龛，龛内各放置一侧身向门的褐黄胎黑皮陶武士俑。

前室进深0.88米，宽1.28米，距内顶高2.53米。两侧第二根立柱与肋柱之间在左右壁上各形成一个高1.67米、宽0.8米、进深0.22米的壁龛。

后室为棺室，长3.2米，宽1.4米，高出前室0.2米。由9块方石板铺设在棺台上，构成一个长3.04米、宽1.22米的棺床，床面距内顶高2.32米。石板下为褐红色生土，中部无腰坑。由于床面高出棺台0.08米，故在棺床四周形成一圈起排水作用的宽0.07米、深0.08米的排水沟。棺室两侧有4个肋拱形成的3个壁龛，壁龛内放置陶俑。

后龛高出棺室0.58米，平面内窄外宽呈梯形。龛门两侧立柱上横放鞍桥形额石。后龛北壁后部距龛底高0.4米处有一条0.2米×0.25米的方孔通道，平面与M2后龛南壁相通。后龛内亦放置随葬物。

M2外长5.52米，外宽2.3米，全高3.16米。室内长5.44米，室内宽1.4米。墓室由甬道、棺室和后龛三部分构成。

M2墓顶券拱结构与M1有所不同，肋拱与附拱交错直砌起券形成双叠复拱。在外券凸凹顺列的券石之间采用横放一些条石的方法，平面上形成一横一丁的外券格局。M2直墙厚0.4~0.45米，砌建方法同M1，只是随葬器物放置在壁龛、肋拱和后龛内。

墓道与M1基本相同。封门结构亦同于M1，使用了5块石板封门，封门高2.36米，并用6根条石抵住封门石板。

甬道长1.05米，宽1.44米，高2.2米。门柱、长方形门额、半月形门楣、一横一丁铺地石板和左右两侧对称的壁龛都与M1大致相同。壁龛高1.5米，宽0.78米，进深0.25米，龛内各放置一尊石刻武士俑。壁龛顶部横石一端有对称的两个0.08米的圆孔，和两壁龛枕石上的圆孔对应，估计是当时用于安装木门所凿。

棺室高于甬道地面0.14米，长3.3米，宽1.4米。正面采用等距刻画有方格纹饰的宽0.26~0.28米、厚0.14米的石条围成一周，又在石条之上置莲花须弥座式棺床。棺床长2.88米，宽1.27米，高0.29米，床面用5块长1.27米、宽0.49~0.69米、厚0.09米的石板铺盖，而床面石板下面同样采用宽0.25米、高0.2米的石条围砌一周，石条正面呈梯形间距雕琢半卧形抬棺力士石像，并将石条边角打磨成圆角等距浅刻连幅式莲花纹饰。由于棺床高于棺台，使其四周形成一圈排水沟。床面石板下为生土，中部无腰坑。棺台前部正中紧靠棺床处放置买地券一方。

M2后龛高于棺台0.7米，同样呈内窄外宽的梯形构局。龛门宽1.06米，高1.1米，后龛进深0.82米，后壁宽1.22米，高0.58米。龛门上部连弧鞍桥横梁上部以浮雕的手法刻画出古建筑上常见的一斗三升仿木斗拱组合，其补间铺作以"人"字拱相连，坐斗耳0.08米，平0.28米，欹0.06米；正心瓜子拱宽0.63米，高0.1米，拱上三斗耳0.06米，平0.16米，欹0.03米。龛顶中部悬梁居中处又刻有一莲花壶门图形，此图案多次在五代时期的墓葬内或随葬器物的局部被发现。后龛南壁距龛底高0.3米处，同样有一条0.2米×0.25米的通道与M1相连，通道口放置有一侧首匍匐俑。龛室内亦顺列摆放了十数件随葬陶俑。

M1、M2两室相互连接的后龛通道，均采用厚度在0.08米左右的石板铺地、砌壁。通道高0.2，宽0.25米。

由于墓室早期被盗，外加渗水浸泡、堆积淤泥挤压，使出土物受到不同程度的损坏。出土较完整的随葬品有石质和陶质的人俑、动物俑、瓷碗、罐、唾壶、青铜、牛角配饰、铁门环、棺钉、"开元通宝"钱币以及红砂石买地券等。

（九）后蜀宋琳墓[1]

1957年3月31日至4月9日，四川省博物馆文物工作队对彭山城北6公里观音乡七一农庄十四生产队所在地的一座墓葬进行了发掘清理，据出土买地券确认墓主为后蜀宋琳。

墓葬为一座券拱砖室墓，全长7.64米，分前、中、后三室，宽1.28~2.4米，墓底至券顶高1.52~3米。墓向南偏东42°。墓砖为长38厘米、宽19厘米、厚4.5厘米的青灰色素砖。

前室长2.4米，宽2.36米，从墓门券柱至中室连接处逐渐凸起，自2.1~3米均采用错缝砌筑。在近中室连接处，有进深0.16米、宽0.2米、高0.4米的小龛；龛的上端设有7个采用两块墓砖斜拼砌筑而成的仿木建筑窗格。中室长3.66米，宽1.6~2.4米，高3米。两壁均有5根拱柱，前三柱皆用一字平砖直砌至高2.8米处起券。第一、二柱之前用半块砖平砌后以两块砖竖砌至墓顶起券。第二、三柱间，有进深0.2米、高0.66米、高0.18米的小龛，龛顶及龛底采用两组先平砌三块、再竖砌四块砖的方式构

---

[1] 四川省博物馆文物工作队：《四川彭山后蜀宋琳墓清理简报》，《考古通讯》1958年第5期。

筑。第三、四柱之间为中腰，左右两壁各有一个耳室，进深为0.52米，宽0.92米，高1.15米。另外，券门上端有两块半截砖平砌成的仿木建筑斗拱两个，其上0.5米处亦有7个窗格。第四、五柱之间，皆为墓壁，两壁间有小龛两个，进深为0.2米，宽0.24米，高0.82米。后室长1.6米，宽1.28米，高1.36米。

墓室起券时以破碎陶片填塞砖缝。室内则用白石灰涂过，因积水和树根，石灰墙壁大部分脱落。墓顶砖上堆一层20~50厘米的卵石与黄泥，再用长0.8~1.1米、宽0.3~0.5米、厚0.1米的红砂石板盖在上面以保护墓顶。前室东壁券门转角处有盗孔。墓底铺平砖三层，最上层为二横二直。前、中、后室地面高度不同，中室底高于前室3个平砖，后室高于中室10个平砖。封门砖采用单砖结砌，分内外两层，内层三平一竖，分砌四组，其余均用平砖叠砌，直至墓门弧顶，外层起基三平一竖，依次至高1.4米处有3个方形小孔。

石棺为红砂石质，因清理时棺盖、棺墙已拖出，原衔接情况不明，仅剩一棺顺放在墓中室。棺盖长3.06米，宽0.78~1.19米，厚0.46~0.54米。顶内略空，外面凿成半圆七方形，其中五方无纹，下边一方有三组浮雕云纹和云雀，云雀分别配置在云纹中间，双翅展开，颈前伸，作飞翔状。前端浮雕一云雀，双翅伸开，头注视前面，尾下垂全露，作欲飞却止状。后端浮雕一玄武，即龟蛇，蛇腹与尾曲于龟身上，两头互相对望，姿态生动。棺墙为红砂石质，长2.77米，高0.65~0.75米，宽0.78~1.18米，中空，墙外四边均有浮雕，前后端仿木建筑脊檐和门柱，中脊两角有一鸥吻相对，并刻走水屋檐。门各有7排乳钉，中间有一妇人，作启门欲进姿势，但头部已不存。左墙浮雕青龙，舌前伸，右前足向前攫一物，在头、尾、足部都置以云纹，作奔腾状。右墙是虎，张口吐舌，齿全露，尾长伸，足部仍置以云纹，作奔驰状，形态较生动。棺座呈梯形，顺放在墓中室，为红砂石质，长2.98米，宽0.82~1.18米，厚0.24米。四周有浮雕花纹，正面前端为三个舞乐伎，由右至左分别是击拍板伎、舞蹈伎、吹篪伎。

墓室发掘前已破坏严重，墓室券顶被挖毁，墓室乱砖、淤泥、卵石堆积过多，随葬品双头人首蛇身俑置于后室，其均为从乱砖、卵石堆中清理出来的。出土陶罐5件，涂施白粉无釉陶俑8件，铜盏1件，石杵1件，买地券1方，以及陶、瓷器残片（图6-12）。

1   2

1. 双耳小陶罐　2. 残凤嘴壶

图6-12　宋琳墓出土器物

（十）后蜀李胖墓[1]

1957年2月，四川省博物馆文物工作队对华阳县杨柳乡发现的一座墓葬进行了清理发掘。根据墓志确认墓主为李胖。

墓葬位于当时杨柳乡人民政府门前右侧，修筑水渠时直穿墓葬中心，扰乱严重，无法彻底清理。该墓为砖室墓，从残存的情况看，全长约9米，分前、中、后三部分。墓葬前室发现有墓志铭，中室部分出有四耳陶罐。此墓早期已被盗，别无其他随葬品。墓志铭，其文阴刻，铭文镌刻墓主为蜀故光禄大夫检校司守左领军卫大将军兼御史大夫上柱国李胖。李胖自广政十一年（948年）归蜀，二十一年（958年）正月遘疾，至三月十七日薨于华阳县文翁坊。

（十一）安仁五代墓

1972年，在大邑县安仁镇发掘砖室墓1座，墓地面积不详，出土有广政十八年（955年）墓砖及石买地券等。

（十二）蒲江李才墓[2]

1977年，成都蒲江县东北乡干柏村九组发现一座砖室墓。根据墓葬出土的买地券确认墓主为后蜀李才。该墓为券拱单室，长2.5米，宽1米，墓砖采用黄泥黏接。墓内出土白釉饼足陶碗1件，饼足陶碟1件，青瓷四系罐、双耳罐各1件，豆青瓷碗1件，"开元通宝"钱币1枚及白砂石买地券1通。

（十三）广政二十二年陈氏墓

1999年1月，成都市文物考古工作队在青羊区土地开发公司石人八组返迁房工地清理出1座后蜀墓，经所出买地券知墓主为陈氏。墓葬为竖穴式长方形券拱砖室墓。墓由封门、甬道、壁龛、棺台、佛龛几部分组成。随葬器物有陶碗1件，四系罐2件，"开元通宝"钱币5枚，链珠1件（已腐蚀），买地券1方，镌刻有"广政二十二年"陈氏墓字样。

---

① 任锡光：《四川华阳县发现五代后蜀墓》，《考古通讯》1957年第4期。
② 龙腾、李平：《蒲江发现后蜀李才和北宋魏训买地券》，《四川文物》1990年第2期。

（十四）西窑村M21[1]

2001年4月，成都市文物考古研究所在对西郊苏坡乡西窑村七组一建筑工地进行文勘过程中发现了一处墓地，共发掘整理古墓葬28座，其中M21为五代墓葬。

M21墓室为长方形单室墓，长3.26米，宽1.28米，由墓门、壁龛、甬道和墓壁组成。墓门残高0.6米，以竖砖封门，甬道呈"凸"字形，低于墓室底部0.22米，墓壁一平一丁砌筑，墓门前侧靠甬道处有一对称的壁龛，墓壁两侧有对称的肋拱柱；墓向100°。随葬品有少量釉陶器，以及"乾德元宝""乾元重宝""花穿开元"等钱币。另外，还出有一方"广政……孔目官"买地券（图6-13）。

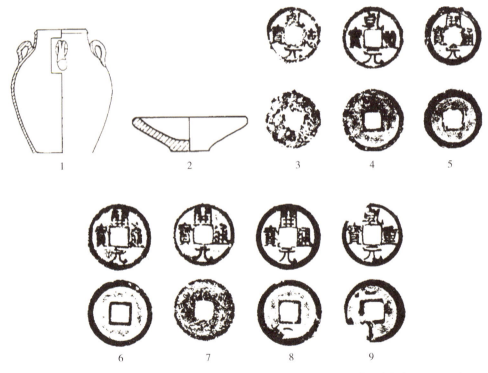

1.四耳罐（M21:4）　2.Ⅱ式盏（M21:2）　3.乾德元宝（M21:10）　4、9.乾元重宝（M21:12、9）

5.花穿开元通宝（M21:20）　6、7、8.方穿开元通宝（M21:22、31、15）

图6-13　成都西郊西窑村M21出土器物

①成都市文物考古研究所：《成都西郊西窑村唐宋墓葬发掘简报》，《东南文化》2003年第7期。

（十五）永陵公园M12[1]

2008年4月，为配合成都市国土资源局青羊分局施工建设，成都文物考古研究所对该地点进行了文勘及抢救性发掘，其中根据M12出土的买地券确定此墓为五代时期。

M12为长方形双室墓，墓向130°。墓葬残长3.28米，北端残宽0.68米，南端残宽0.89米，高0.3米，壁厚0.04米。墓葬仅存墓室。墓室分为东西两室。东室北部破坏较为严重，两侧壁砖从下至上呈二平一丁一平状排列，墓室底部横铺一层砖。东墓室前段平面呈梯形，长1.56米，宽0.72~0.82米；后段平面呈长方形，长1.51米，宽0.9米。人骨残缺不全，仅余腿骨和臂骨若干。西室中部破坏严重，两侧壁砖从下至上呈二平一丁一平状排列，墓底横铺一层砖。墓室北部延伸出一长1.14米、宽0.74米的台面，底部顺铺一层砖。随葬品有单耳罐、双耳罐、四系罐，"开元通宝"钱币以及"广政二十六年雷氏"买地券一方（图6-14）。

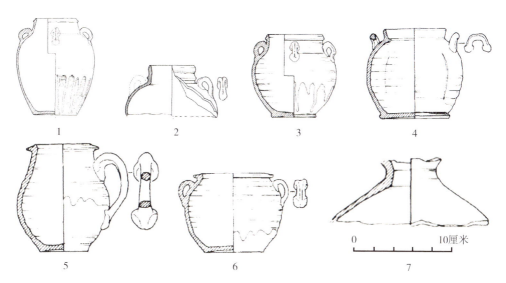

1~3.四系罐（M12:1、M12:3、M12:5） 4、6 双耳罐（M12:4、M12:6） 5.单耳罐（M12:2） 7.残罐（M12:7）

图6-14 永陵公园M12出土器物

①成都文物考古研究所：《2008年度永陵公园古遗址发掘简报》，《成都考古发现（2008）》，科学出版社，2010年，第368-410页。

（十六）成都近郊广政十四年墓[1]

成都近郊广政十四年（951年）墓，发掘的具体时间和准确地点不详。墓室长4~5米，宽1.4~2米，高因墓葬残缺不清楚，但从墓壁弧度推测不超过1.5米。墓顶多为内外两重券。墓室内可分为享堂、祭台、棺床和龛四个部分，前低后高，依次呈阶梯状。享堂长约0.5米，宽与室同。祭台高于享堂，有一块砖之长，宽与室同。棺床高于祭台两块平砖，宽与祭台同。龛有后龛、左右龛和壁龛三种，后龛和左右龛高于棺床0.2米，龛宽与深约0.5米，有的后龛作前宽后窄的楔状，壁龛左右对称，开在棺床和祭台连接处的墓壁上，高、宽、深均约0.2米，窗棂状，不放置随葬品。

二、其他蜀地五代墓葬

前蜀政权虽历二主，然而其所统治的时间也只有十八年，所以前蜀墓葬的数量更为稀少。不过作为认识后蜀墓葬的有力补充，前蜀及其他蜀地重要的纪年墓葬材料亦必不可少。

（一）前蜀永陵王建墓[2]

永陵，位于成都市金牛区永陵路10号，系前蜀开国皇帝王建的陵墓。现存圆形封土堆直径约80米，高约15米。封土底部周围界以石条，埋于地下者四层，地面五层，现存仅东、南两面，自下而上每层向内收缩约10厘米。石条上原有砖五层，仅南面淤土中保留一段。

墓葬平面近长方形，全长30.8米，分前、中、后三个墓室，前室及后室略小于中室，每室之间以木门间隔。墓室整体由十四层券拱组成，券与券之间铺以石板，除第一券为三重、第二券为单券外，其他均为双重券。前室墓门之外有两层封门，厚约3米。墓室入口处设第一道封门，为一扇饰有鎏金铜饰件的红漆大木门，木门外以红砂石条封闭，每块石条重达数百磅；石条外为巨型砖筑成的第二道封门。墓室四壁敷细泥一层，再涂白垩，白垩表面券顶涂天青色，券以下墙壁涂朱色。

前室，进深5.4米，宽4.4米，拱顶高5.8米。第一道券墙1.6米以下发现有白垩痕迹，上残留有红绿两色，似绘有人物，但漫漶不能识；在第三道券下重券额上发现

---

①四川省文物管理局：《四川文物志（上册）》，巴蜀书社，2005年，第293页。
②冯汉骥：《前蜀王建墓发掘报告》，文物出版社，2002年。

一段彩画，画为红绿二色，绘宝相花纹，颜色较鲜艳，画法为在白垩上刻画出轮廓，以赭色为界再填以红绿二色。另外，前室仅残存鎏金铜环和铁环，其他随葬品应皆已被盗或腐朽。

中室，进深11米，宽6米，拱顶高6.35米。棺床为红砂岩，置于中室正中略偏后，作须弥座，床身顶部铺以白色珉玉板一层，镶心四角及中心则兼嵌绿色珉玉。棺床长7.45米，宽3.35米，高0.84米，有身披金甲的十二神像绕床作托棺状。棺床立面的上端刻龙纹，下端刻莲花纹。上下两端均向外突出，略高于束腰。棺床束腰位置有雕刻，除背立面雕大朵莲花外，其余三面均为深浮雕女伎乐，刻于壶门中。棺床东、西两面各有十尊伎乐，正面有两尊乐女和两尊舞女，共计二十四壶门。棺床正对墓顶上方有铁链，可能为悬挂纺织物类似帷幔的覆盖物。棺床后设红砂岩石缸，缸内有石饼陶盆及绿釉灯具，应为照明之用。另发现铁猪铁牛见于棺床南面床脚两隅，另有四耳罐、六耳罐碗。

后室，有三道石券，进深5.8米，宽4.4米，高5.5米。后室的后壁以石块砌成，厚度超过3米。后室的后部有一石床，其宽度与后室相同，宽4.4，进深2.6，高0.78米。台正面分三个壶门，中间壶门雕盘龙，两边各雕一狮。正面上部为檐并雕双龙戏珠，檐下正中雕盘龙一，东西两边各有一狮形兽，两端各有一龙戏珠。

石床上置放死者造像、谥宝以及玉册等法物。石床前端为玉册两副，两册并列展开、首尾相连，总长与石床的宽度相同。每副玉册均有五十三简。玉册褾首、册尾折褾均长33厘米，宽10.5厘米，厚1.5厘米，彩绘金甲武士。玉册内其他玉简尺寸统一，均长33厘米，宽3.2厘米，厚2厘米。玉简两端横穿小孔，由银线贯联成册。玉册之一为哀册，刻哀悼皇帝的祭文；另一为谥册，刻上谥诏。篆刻文字贴金，书法精湛。每副玉册各以一只髹黑漆的长条形木质册匣盛放，匣盖饰有精美的凤形和狮形图案的金银片。

石床后端正中为王建坐像，大小约为真人的三分之二，以细红砂岩雕成。其面部浓眉深目、隆准高颧，薄唇大耳，另在脸部嘴角上口两角有两个小孔，应为装髯须之用。王建头戴幞头，出土时仍见有黑彩，其正为折上头巾，下垂两带至肩。服制为唐代帝王常服，赤黄袍，袖狭小而长，双手合于袖内，合唐代风俗。腰间玉带应为犀革玉带，与棺中发现的大带相合。雕像足上仅露脚尖，起头颇尖，正中有梁，两旁有褶似为靴。王建坐具似为一几或凳子，四角，形为不规则圆形或半月形。造像原本妆彩，袍上可能绘有龙形图案，现仅存白、红、绿色残迹，且坐像原罩有带帷幕的木质神龛已腐朽，仅余少量黄铜钉和铁钉。

宝盝置于王建像前，木制腐朽严重，唯见金属镶边及环纹装饰与少数漆痕、朱漆，银饰部分均鎏金。盝分内外两重，呈须弥座，皆正方形。外重盝底四面各镶小鸳鸯四相对而飞，盖四角嵌以草云纹，中镶二鸟比翼四只，正中嵌两凤上下相戏图案，两旁镌刻金甲神各一相对立，四角镶蝶形小花。内重盝四面各嵌飞凤二，盖面四角镶忍冬纹，正中团龙，团龙两边各立金甲神各一。谥宝置于宝盝正中，玉质为温润的白玉，钮雕兔头龙身，嘴及腹涂红，鳞甲贴金，谥宝前方刻凤，两边刻龙，后面刻兽形纹及云纹。谥号"高祖神武圣文孝德明惠皇帝谥宝"十四字，阴刻篆体贴金。另外玺必有组绶，现存组绶上的银扣及玉饰面。另有鎏金铜炉、金银胎漆碟、残铁器等（图6–15）。

（二）前蜀后妃墓[1]

1990年5月，成都市文物工作人员在白果林小区市干道建设指挥部一基建工地发现了五代前蜀时期的一座大型砖石券拱墓葬。

墓葬早年曾被盗，券拱部分和前室毁坏比较严重，基建前期机械施工造成墓葬进一步破坏。墓室全长16.8米，后室长8.5米，墓壁厚3.2米。墓室中部置须弥式棺床，棺床为红砂岩质，长6.9米，宽2.9米，高7.3厘米。壶门中刻有花卉图案，床角上部刻宝装覆莲一周。壶门以上均已残破，故棺床上部建筑面貌不得而知。棺床四角各置有一半身圆雕力士，面目威严，雄健有力，双手插入棺床底部作扶棺状。在墓室的后部正中置一墓主人像，头部已残，像高1.09米，坐于几上，几高0.64米。此石像造型比例匀称，衣褶线条流畅，充分显示了唐代工匠们石雕造像的科技艺术水平。

墓砖的规格为长65厘米，宽42厘米，厚21厘米。这种特别大型的墓砖与王建墓使用的墓砖规格大体相似。墓葬中出土有铜匕、铁匕各一件，铁质棺环三件，木门护铁包钉数件，汉白玉哀册残片两片，其中一片匕上刻有"尊"字。根据出土文物初步考证，墓主人可能是前蜀皇室的一位后妃或宫廷的重要人物。

（三）前蜀王宗侃夫妇墓[2]

1998年6月，成都文物考古研究所和龙泉驿区文物保护管理所对龙泉驿区十陵镇青龙村的一座砖室墓进行了发掘清理。据墓志记载，此墓为五代前蜀皇帝王建养子

---

①周尔太：《成都市发现前蜀宫廷古墓》，《成都文物》1990年第4期。

②成都文物考古研究所、龙泉驿区文物保护管理所：《成都市龙泉驿五代前蜀王宗侃夫妇墓》，《考古》2011年第6期。

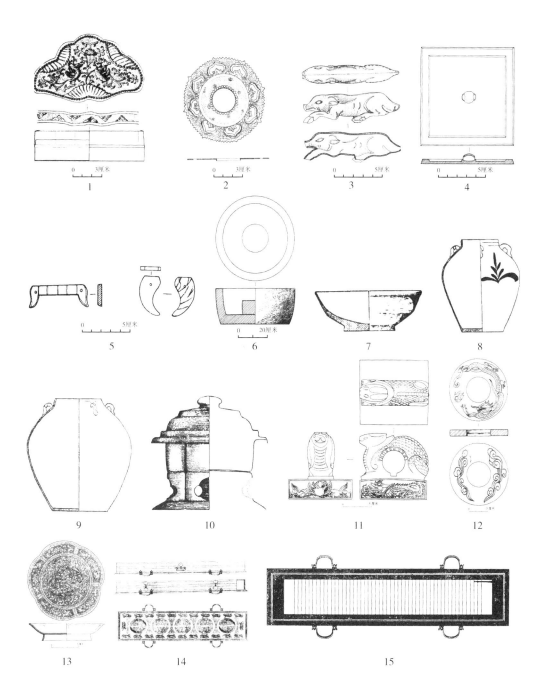

1.银盒　2.银扣饰　3.银猪　4.铜镜　5.玉片　6.石缸　7.陶碗　8.陶耳罐　9.陶六耳罐　10.鎏金铜炉
11.谥宝　12.玉瑗　13.金银胎漆碟　14.册匣　15.玉册

图6-15　王建墓出土器物

魏王王宗侃夫妇合葬墓。墓葬位于成都市东郊十陵镇东南约500米，北距成（都）洛（带）公路约250米。因墓形制特殊，且墓主又是位极一品的分封亲王夫妇，具有很高的研究价值。

此墓为较大型的长方形双室券顶砖墓，墓圹平面呈横"亚"字形，竖穴式墓坑，坑壁与墓壁相距最远0.5米，南、西两面坑口尚存，东、北两面被破坏，墓顶和墓壁均有不同程度的垮塌和破坏（图6-16）。墓葬全长20.3米，宽10.38米，残高3.98米，墓底距地表5.78米。方向5°。东、西两墓室均由封门墙、墓室、棺床、耳室、肋拱等组成。两室之间建有长3.78米、宽3.8米、高3.2米的券拱式过道，过道中部又砌有一列东西向砖墙，长3.3米，宽1.1米，高及券拱顶。两室当是同时修筑，为同墓异藏的夫妇合葬墓。在东墓室的东南角还有一条斜坡式通道，其底部有厚约0.1米的碎砖和瓷片堆积层，可能是建墓时取土和运送材料的通道，已被破坏，宽度不详。

图6-16　王宗侃夫妇墓（左：由东到西）（右：由北到南）

东墓室破坏严重，从残存部分看，东西两墓室的形制、结构、大小基本相同。以西墓室为例，封门墙用砖一平一丁或二平一丁相间砌成，长3.8米，厚0.68米，残高3.09米。墓室东、西二直墙用条砖错缝平铺，内中仅有一层丁砖，前段和后段的丁砖分别距墓底1.12米和2.24米。墓室长9.05米，宽4.4米，残高3.9米。墓拱起券处距墓底2.8米，但券拱已毁，高度不详，从残存券拱看共三层券，厚0.68米。后壁平丁相间砌至墓顶，近墓底四层为平砖，其上砌法有三平、二平、一平之分，最上部多用一平一丁相间砌，壁厚0.68米。在距墓底1.9米的第六层丁砖中部有宽0.42米、高0.21米的平铺砖，其中一块砖有断痕，该砖可能是故意向墓室内凸出，推测为建墓时放置油灯用。在东、西两壁内侧砌有四道肋拱，紧邻墓门和后壁的两道肋拱相同，宽0.9米、厚0.26米，另两道肋拱距墓门和后壁的距离分别是0.81米和0.98米，宽0.32米，厚0.26米，残高约3.76米。在紧邻墓门和后壁的肋拱内侧又各砌有一道宽0.32米、厚0.26米的副肋拱。所有墓室肋拱的砌法和墓壁基本相同，仅起券处略低。墓室中部有砖砌长方形棺床，棺床距墓门、后壁和东、西壁的距离分别是1.6米、1.52米、0.71米和0.71米。棺床长5.9米，宽2.97，高0.89米，其外侧用双砖错缝平铺呈"口"字形包砌，砖厚0.42米。包砖内下部为黄褐色原生土，高约0.46米，上部用土夯填。夯土分三层:第1层为黄褐色土，厚0.13;第2层为黄灰色土，厚0.18米;第3层为黄褐色土，厚0.14米。棺床平面用方砖纵14块、横7块平铺一层，上部残留至少4条木痕，外侧木痕近棺床外沿，内侧木痕间距0.7米，木痕厚约0.05米，当为木椁、木棺的遗痕。棺床上出土铜铺首衔环及铁环，应为棺（抬棺之用）和木椁的附件。棺床上发现有少许人骨，头骨位于北端，分布较为零乱，葬式不详。棺床四周发现较多的水银，主要集中在东北角。另外，发掘时发现墓室壁及券拱内有烟熏痕，棺台上也留有木炭渣，推测棺、椁曾遭焚烧。

西耳室位于墓室西端。单室券拱式顶，和过道基本对称，底部和墓室底在同一平面，宽3.95米，高3.2米，深3.16米，北距墓门2.52米。耳室壁铺砖方式也是以错缝平铺为主，距底部1.18米砌有一层丁砖，砌法、厚度和墓室壁相同。耳室的南、北二壁内侧也砌有三道肋拱，其中一道肋拱在后壁上，另外两道肋拱距后（西）壁的距离为1.2米和2.44米，肋拱宽0.32米，厚0.26米。在紧靠后壁的肋拱内也增砌有一道副肋拱，宽0.38米，厚0.26米。两壁在1.41米高处起券，共三层。南北壁外侧直墙下部是单层砖，在距墓底0.75米处渐增至三层砖外搭于坑壁。墓室、耳室、过道地面均平铺一层红砂石板，经修整，表面较为光滑，主要规格有93厘米×64厘米×7厘米，95厘米×61厘米×8厘米及83厘米×63厘米×7厘米几种。该墓墓砖规格虽较多，但用砖仍有一定规律，肋拱及墓室壁大都采用厚8.5~9.5厘米的厚砖，耳室后壁中上部、封门墙上部等主要用厚4.5厘米左右的薄砖，厚砖和薄砖间也用少量的厚约6.5厘米的中厚砖。棺床面用方砖，券拱部分用楔形砖。该墓主要使用厚9厘米左右的砖，这在同时期的其他墓葬中不见，应系专门制作。推测建墓时，或迫于时间紧急，特制砖不够，故而施工中杂以大量其他规格的砖。厚砖的规格有50厘米×26厘米×9厘米、51.5厘米×26厘米×9.5厘米、52.5厘米×26厘米×9厘米和49厘米×25厘米×8.5厘米等，薄砖的规格有40厘米×19.5厘米×4.7厘米、41厘米×20厘米×4.5厘米及39.5厘米×19厘米×4.5厘米等，中厚砖的规格有40厘米×19.5厘米×6.3厘米、40厘米×20.5厘米×6.5厘米等，楔形砖的规格为50厘米×24厘米×（8.5~9.5）厘米。另外，在墓室底发现较多的粉状和块状石灰，在一些石灰上有朱、黑两色的残缺图像，以白地黑彩为主，可见卷草、变形云纹等图案，可能当时墓壁内有以石灰为底的壁画。

王宗侃夫妇合葬墓曾遭多次盗扰，棺椁被烧毁，许多随葬器物已被盗。墓内所遗随葬器物皆经扰乱翻动，破损严重，除2盒墓志外，其他原位置不详。

残存的出土遗物有瓷器、铜器、锡器、铁器和石器等，共计63件。其中，瓷器共24件，以烧制火候较高、紫红色胎的碗、罐、碟、盘为主；陶器仅1件，为颈部以上残缺的陶狮，左式，前肢直立，后肢弯曲，背部有卷毛，圆形座亦残；锡器较多但残损严重，可辨器形有执壶、盏托、匜形器、带扣、盖及饰件等10件；铺首衔环和泡钉17件；画像砖1块，长方形，下部保存较好，其余三边残。正面阴刻一种特殊符号，残存10行，每行最多为8个，右侧阴刻长颈、大冠、张喙的长脚鸟，该鸟羽翼丰满，尾部残缺，鸟爪前阴刻一椭圆形图案；石器1件，红砂石质，整体呈上小下大的圆台状，顶部磨光，周围凿有三层覆莲（图6-17）。

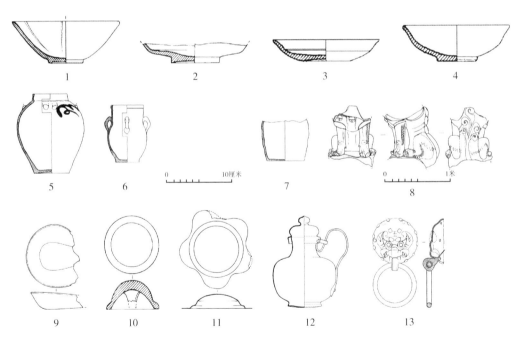

1.瓷碗（西：8）　2.折腹盘（西：1）　3.瓷碟（西：13）　4.B型碟（西：15）　5.Aa型罐（东：2）
6.Ba型罐（西：18）　7.C型罐（西：15）　8.出土陶狮子（东：5）　9.锡匜形器（西：33）
10.铜泡钉（西：38）　11.锡盖（西：27）　12.锡执壶（西：24）　13.铜铺首衔环（西：35）

图6-17　王宗侃夫妇墓出土器物

（四）成都站东乡双水碾高晖墓[1]

1952年9月，西南文教部文物调查组成都清理小组的同志对成都站东乡双水碾高晖墓进行了清理。

墓室在地平面以下2米。墓顶早已被毁坏。石椁前门亦在被盗时被打破。结合保存下来的结构观察，墓室为正南北向，四壁系用两层小砖砌成。墓室呈长方形，为3.5米×2.26米。正中置有石质棺床，棺床平面呈梯形，上陈石椁。石椁高0.58米，宽1.07米，上有盖，长2.78米，边宽0.52米，重万余斤。椁四角顶上有纽，可系绳。石椁南面有石门，门上雕乳钉。在盖的一端下面雕有朱雀。椁北面刻玄武，左刻青龙右刻白虎。石椁前置石方桌。石椁后靠北墙下置放一墓志，上有石墓盖，盖上刻"大唐故渤海高公墓志"。石桌侧置另一个石墓盖，上刻"蜀故清河张氏墓志铭"，当是被盗时遭损毁弃置的。椁内已无人骨架，只存石椁门外的碎骨及牙齿。

墓内因被盗多次，所以遗留下来的东西很少。在石椁门前人骨、牙齿附近发现琥珀小鱼一对，长2.5厘米，上有小孔。石椁内发现绿黄釉陶碗一个，内有烧制时因使用支柱所遗留下来的5个支钉痕迹。石椁门前有"开元通宝"数枚，还有小铜铃3个，小铜扣1个，另有残铁片铁块甚多。石椁内淤泥中，尚有少许水银痕迹。

（五）成都东北郊八里庄前蜀晋晖墓[2]

1974年5月，四川省文物管理委员会对成都东北郊八里庄附近发现的一座古墓进行了清理，根据墓志确定此墓为五代时期前蜀晋晖墓。

该墓曾被多次盗掘，墓顶及大部分墓壁无存，墓室南、北两端又被房屋所压，仅存墓室中间部分和个别耳室。墓葬整体呈南北向。墓葬南端发现有上下叠压的石条，上层石条上缘略拱，长3.4米，中部高0.9米，下层压着两块长方形石条，分别长1.7米和1.75米。这些石条未被移动，与墓室南北正向相对，可能为墓门上部用作门楣、门额的石块，并由此推测墓门在南端，墓向为190°。墓葬为一座较大型的砖室墓，全长12米以上，由主室和四个耳室组成，墓壁用长43厘米、宽22厘米、厚7厘米的素砖，以两顺一丁砌成。其中，主室又分为前、中、后三室。前室长2.5米，宽3.5米，底部使用长39厘米、宽14厘米、厚4.5厘米的素砖斜铺而成。前室室内残存一些陶片和一方被掀翻的残墓志盖。中室宽3.1米，长度不明，其前部设有三层阶梯，每

①徐鹏章、陈久恒、何德滋：《成都北郊站东乡高晖墓清理简报》，《考古通讯》1955年第6期。
②赵殿增：《前蜀晋晖墓清理简报》，《考古》1983年第10期。

层阶梯高5厘米，以长40厘米、宽40厘米、厚4.5厘米的方砖砌成。阶梯后部是高45厘米的棺台，宽度与墓室相同，因中室后部被压置于房基之下，长度亦无法探明。棺台前端最上层的砖向外伸出，作屋檐状，中部有5个长和宽为14厘米、进深4厘米的假窗。棺台上有人骨，头向朝北。另外，棺台上还残存铁棺钉、铜钱、陶片和一方墓志。耳室位于中室东西两侧，每侧各两个，形制相同，仅东壁最前一个耳室较完整。此耳室进深1.5米，宽1.2米，高2.2米。其顶部作圆拱形，从1.6米高处开始向上起券。券拱共三层，上盖一层平砖及一块15厘米厚的石板。耳室南、北、中部有宽40厘米、进深24厘米的壁槽。耳室内部砌有高75厘米的供台，上陈随葬品。供台与棺台之前有20厘米宽的沟槽相隔。

三、重要文物的相关研究

（一）随葬俑

1. 前、后蜀出土的随葬俑

前、后蜀墓葬随葬品中出土俑类较多的墓葬共有6座，分别为双流籍田竹林村五代后蜀双室合葬墓M1、M2（即后蜀徐公墓简写为双流籍田M1、M2）、后蜀宋王赵廷隐墓、后蜀孙汉韶墓、后蜀宋琳墓和广汉烟堆子M3，其中前五座墓为后蜀纪年墓。迄今为止，宋王赵廷隐墓出土的陶俑最多，有近50件，其余在10件至20多件之间。

这些随葬俑从质地上看，划分为陶俑和石俑两种，其中陶俑占绝大部分。出土石俑数量较少，以前蜀永陵王建墓、双流籍田M2为代表。

前蜀永陵出土的石俑，实际上为代表墓主人的石坐像，即"石真"，该像端坐于几或凳上，全高96.5厘米、几高30.5厘米，王建造像头戴折上巾，亦即幞头，两脚反系于头顶，长度较短，系在脑后的两带长且下垂，应为长脚罗幞头。人像面部观之浓眉深目，隆准高颧，薄唇大耳，状貌伟然。造像身着称身的赤色黄袍衫，双手合于狭小而长的两袖之中，颇有唐代之风，腰间系一犀革玉带，带之后饰有玉銙，似仅七方，石像足上所著为袍衫所盖，可辨其翘颇尖，正中有梁，似为靴之制。王建石像所坐为一不规则的椭圆形或半月形四脚几，宋代称之为"驾头"（图6–18，1）。

双流籍田M2两座石质武士俑分立于墓道甬道两侧龛内，质地均为红砂石，体型较大。M2：1和M2：26武士俑通高分别为80.8厘米、72厘米，身高分别为66厘米、73.8厘米，头戴折檐圆顶冠或圆形风帽，眉头紧锁，怒目圆睁、卧眉、宽鼻和方唇

1. 王建墓出土王建造像　2、3. 双流籍田M2出土武士俑（M2：1、M2：26）

图6-18　前、后蜀墓葬出土石俑

缩成一团，神情威严。铠甲由短甲、项铠、披膊、护肘、腿裙组合而成，内着交领落地长襦，肩颈围一领巾，左掌盖住右掌向下平于腹前或双手抱拳置于胸前，两脚分开站立在器座上，器座连体凿成方形山石状（图6-18，2、3）。该墓所出土的石武士俑未见于前、后蜀其他墓葬，石俑体型较大，圆雕工艺精湛，是前、后蜀墓葬石刻人物像的典型代表。

　　陶俑的种类，大体可分为镇墓武士俑、文吏俑、侍役俑、动物和模型明器及神怪俑等。

　　这一地区镇墓武士俑一墓一般出土2件，形体高大，对称放置于甬道两侧。双流籍田M1出土武士俑共2件，分别立于甬道两侧壁龛内，通高113厘米、113.6厘米、身高98厘米、98.6厘米。M1：1和M1：14武士俑戴兜鍪顿项，顶有圆环火焰状缨饰，两侧护耳上卷外侈或呈羽状上卷。武士俑呈怒目瞪视状，内着交领落地长襦，外套由短甲、项铠、披膊、护肘、腿裙组合而成的铠甲，胸束绦带，并束革带，足蹬皮靴。其中一件右掌覆于左掌上，掌下残存一节剑柄，似原持剑立于圆筒形莲瓣座上（图6-19，1、2）[1]；孙汉韶墓出土武士俑残高50厘米，头戴兜鍪，后连顿身披两裆甲，人物眉头紧锁，立目咧嘴，左手曲于胸前，右手斜于腹下（图6-19，3）[2]；宋琳墓出土2件武士俑，均严重残缺不全，从仅存的胸部残片中可以看出武士俑身材高大，身穿重甲，护甲胸部有菊花纹饰，腹部饰鱼鳞纹，以带束腰，衣袖高卷（图6-19，4）[3]；赵廷隐墓武士俑未见详细描述。

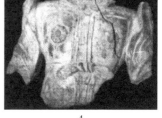

1.2.双流籍田M1（M1:1、M1:14）

3.孙汉韶墓武俑

4.宋琳墓武士俑（残）

图6-19　后蜀墓葬出土武士俑

①成都文物考古研究所、双流县文物管理所：《成都双流籍田竹林村五代后蜀双室合葬墓》，《成都考古发现（2004）》，科学出版社，2006年，第332页。
②成都市博物馆考古队：《五代后蜀孙汉韶墓》，《文物》1991年第5期。
③四川省博物馆文物工作队：《四川彭山后蜀宋琳墓清理简报》，《文物》1958年第5期。

　　文吏俑在双流籍田M1、M2、赵廷隐墓、孙汉韶墓、宋琳墓中均有发现。其中双流籍田M1、M2中的文吏俑冠带生肖。双流籍田M1出土生肖文官俑6件，分别置于棺室两侧壁龛内，另一件倒卧在后龛内，通高60~61.5厘米，身高55~56.5厘米。戴进贤冠，冠正前方中央立有一块上圆下方马蹄形牌饰，冠两侧有穿孔，除两件冠顶中央塑盘曲的蛇外余皆不见。生肖文官俑内衬花边圆领开襟窄袖坠地长裙，外罩右衽交领广袖过膝长袍，腰束宽带，在后背系结。袍前蔽膝为圆端长方形，蔽膝外饰一圈裙纹，中间排列三组"亚"字纹饰，袍下露靴。除一件双手笼于袖内外，其余5件双手均呈半握状置于胸前，左手中空（图6-20，1、2、3）。[1]双流籍田M2出土生肖文官俑共9件，分别位于棺室两侧壁龛内，通高60厘米左右，身高55厘米左右。文官俑头戴进贤冠，其中四件冠顶中央分别塑鼠、虎、龙和羊，所着服饰与双流籍田M1生肖文官俑相同，唯一一件蔽膝中列四个"如意头条花"纹饰。文官俑面部各异，颌下或留长须，或络腮胡须，各不相同；双手半握，左手中空置于胸前，或双手笼于袖内，立于开莲花形壶门的底座上（图6-20，4、5、6、7）。[2]孙汉韶墓出土文俑1件，残高47厘米，底座及胸部以上头部缺失，身着广袖长袍（图6-20，8）。[3]宋琳墓出土文官俑共7件，有残损，分为戴幞头和戴高冠两种。幞头俑有头无身或有身无头，戴前高后低帽，隋唐、五代谓之幞头，其为该时期重要的一类巾帽，幞头具体来说是将整幅的皂绢裁出四角，二角系脑后，二角反系于头顶，幞头角软而下垂，称之为"垂角"或"软角"，软角加长成为"长角幞头"，后来发展出了穿插铁丝或铜丝作为骨架的"硬脚"，进而演变出"翘脚幞头""直脚幞头"和"展脚幞头"等多种式样。[4]该墓所出其中一件幞头俑身着窄袖长服，腰间系革带，腹部挺直，两手重叠交错附于胸前，双脚直立于一方形底座。高冠俑或有头无身，或下部缺失，其中一件头戴高冠，前低后高，螺旋式发髻露出冠外，身着圆领宽袖大服，拱手向前（图6-21，9、10、11、12）。[5]赵廷隐墓出土文官俑不见详细介绍。

　　侍役俑包括男侍俑、女侍俑及乐舞俑，男侍俑一般头戴幞头，着窄袖袍，女侍

---

①成都文物考古研究所、双流县文物管理所：《成都双流籍田竹林村五代后蜀双室合葬墓》，《成都考古发现（2004）》，科学出版社，2006年，第332-338页。

②成都文物考古研究所、双流县文物管理所：《成都双流籍田竹林村五代后蜀双室合葬墓》，《成都考古发现（2004）》，科学出版社，2006年，第342-350页。

③成都市博物馆考古队：《五代后蜀孙汉韶墓》，《文物》1991年第5期。

④吴玉贵：《隋唐五代风俗》，上海文艺出版社，2018年，第120-122页。

⑤四川省博物馆文物工作队：《四川彭山后蜀宋琳墓清理简报》，《文物》1958年第5期。

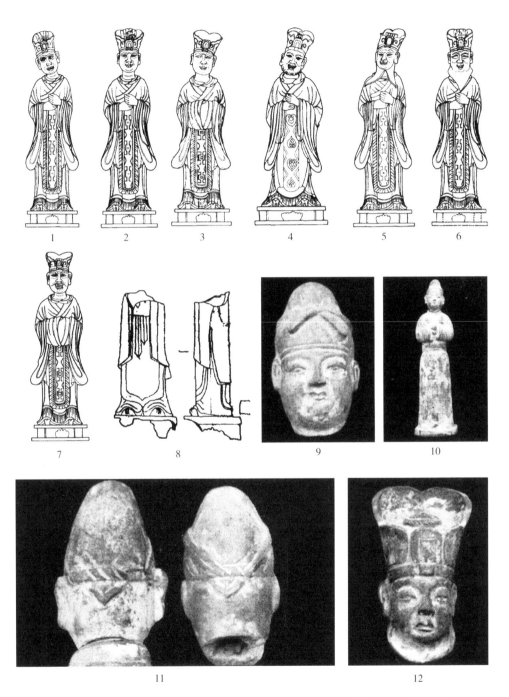

1、2、3.双流籍田M1生肖文官俑（M1:5、M1:11、M1:13）　4、5、6、7.双流籍田M2生肖文官俑（M2:4、
　　M2:2、M2:21、M2:5）　8.孙汉韶墓文俑　9、10、11、12.宋琳墓文俑（9~11：幞头俑，12.高冠俑）

图6-20　前、后蜀墓葬出土文官俑

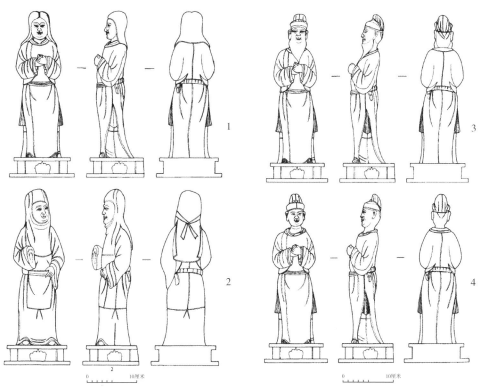

1、2.双流籍田M1陶女侍官俑（M1:4、M1:9）　3、4.双流籍田M2陶男侍官俑（M2:11、M2:6）

图6-21　后蜀墓葬出土侍役俑

俑见于双流籍田M1、M2赵廷隐墓，乐舞俑仅见于赵廷隐墓。双流籍田M1出土女侍官俑2件，分别置于棺室后部两侧壁龛内，分别通高43.4厘米、40厘米，身高38.4厘米、35厘米。较高的女侍俑头戴长巾套头风帽，帽带交叉系于脑后。身穿窄袖曳地长袍，袍前有长方形蔽膝，腰束革带，上贴护腰，袍下露靴。左手握革带，右手弯曲向前伸出，手残缺。另一女侍俑为中分披肩长发，内衬圆领对襟窄袖及地长抱，下穿齐膝百褶短裙，外罩圆领窄袖曳地长抱，腰束革带，裙袍下露粗纹圆口鞋。左手外右手内，双手合抱于胸前，似行交叉礼（图6-21，1、2）。[1]双流籍田M2徐公墓出土侍官俑共8件，男、女侍俑分别为6件和2件，男侍俑通高42厘米、身高38厘米左右，女侍俑均通高41.4厘米、身高36.4厘米。男侍俑分别置于棺室后部北侧壁龛

---

[1]成都文物考古研究所、双流县文物管理所：《成都双流籍田竹林村五代后蜀双室合葬墓》，《成都考古发现（2004）》，科学出版社，2006年，第335页。

和后龛内，头戴幞头，内衬圆领坠地长裙或齐膝百褶短裙，外罩圆领窄袖长袍，腰束带。男侍俑中有一件较为特殊，其胸间系有一丝带，外罩直领窄袖对襟中长袍，两臂揽一长帔帛（图6-21，3、4）。[1] 赵廷隐墓出土伎乐俑20余件，高约0.6米，皆立姿，按装束及姿态分为乐俑、歌俑及舞俑，服饰鲜艳华丽，部分服饰带有异域风格。乐俑所执乐器有琵琶、筚篥、羌鼓、齐鼓、排箫等；歌俑位于乐俑中部，头饰金簪；舞俑中2件为柔舞俑，着女装，另1件为着男装的健舞俑。[2]

动物俑一般为鸡俑和狗俑，孙汉韶墓中发现置有俑的陶质庭院模型，在其他地区的五代墓葬中未见置俑的庭院模型。另将广汉烟堆子M3中出土的镇墓兽也列为动物俑。孙汉韶墓出土狗俑仅存头颈，系一铃，张口似吠，残长23.2厘米。玩具狗坐立于圆形底座上，一前肢弯曲拂脸，尾前绕，高6厘米。鸡俑头爪均残，仅余身羽，

1、2、3.孙汉韶墓鸡、狗、玩具狗　4、5.广汉烟堆子M3镇墓兽（M3：84、M3：83）

图6-22 前、后蜀墓葬出土动物俑

---

①成都文物考古研究所、双流县文物管理所：《成都双流籍田竹林村五代后蜀双室合葬墓》，《成都考古发现（2004）》，科学出版社，2006年，第350、355页。

②王毅、谢涛等：《四川后蜀宋王赵廷隐墓发掘记》，《中国社会科学报》2011年5月26日。

残高约40厘米。这些俑比例恰当，五官及衣纹雕刻细致，生动形象（图6-22，1、2、3）。[1]镇墓兽仅在广汉烟堆子M3西甬道处发现5件，其中4件分别置于4件双耳小罐中，放置位置独特。这五件镇墓兽形制及其规格基本相同，体形相对较小，而且制作粗糙（图6-22，4、5）。其中一件M3:83高约8厘米，宽近4厘米，紫红胎，烧制火候高，表面施银白色化妆土，大部分已脱落。顶部有短尖角，两侧有眼，张口，背部有鬃毛，长尾上卷贴于背脊，蹲踞于一圆形底座上。[2]

神煞（怪）俑较为丰富，有伏听俑、人首蛇身俑、猪首人身俑、鼓俑和神怪鸟等，其中鼓俑亦不见于其他地区的五代墓葬。前、后蜀墓葬所出陶俑基本采用模制的手法，部分表面涂白粉，施彩绘或贴金，制作较为精致。双流籍田M1出土1件神怪鸟和2件鼓俑。[3]神怪鸟倒卧于棺台后部。圆脸无冠，双目圆睁，双翅展开，鸟尾上翘立于圆筒形山石状器座上，通高39厘米、身高28厘米（图6-23，1）。2件鼓俑分别置于棺室中部北壁龛和后龛内。一件残高21厘米，鼓径11厘米，鼓面圆形，置于兽足形支座上，蹄足中分两块，鼓体外围有两周圆帽钉，未见器座（图6-23，2）。另一鼓俑鼓面较前者宽且厚，兽足瘦高，立于镂空莲花形壶门的器座上，通高34厘米、鼓径13.8厘米（图6-23，3）。双流籍田M2出土伏听俑、猪首人身俑、人首蛇身俑、鼓俑各1件。[4]伏听俑位于与M1相连的通道口，头戴进贤冠，着圆领长袍，腰束带。面向右侧，身体伏于长方形底座上，通高13.8厘米、身长41厘米（图6-23，4）。人首蛇身俑两端各有一人首，分别为男像和女像，男戴幞头，女梳大包盘髻，正中立"凹"字形冠，蛇身连肩披衣，胸腹部刻数道横纹，通高22.8厘米、身高17.8厘米（图6-23，5）。猪首人身俑面部为猪形，肥头大耳，鼻拱突出，内衬圆领对襟窄袖曳地长裙，下穿齐膝百褶短裙，外罩圆领宽袖直襟及地长袍，腰束带，双手笼于袖内，右手大指外露，立于方形底座上，通高41厘米、身高36.2厘米（图6-23，6）。鼓俑由圆形鼓和足形支座组成，足上刻出五趾，高33.6厘米，鼓径

①成都市博物馆考古队：《五代后蜀孙汉韶墓》，《文物》1991年第5期。

②四川省文物考古研究院、德阳市文物考古研究所、广汉市文管所：《2004年广汉烟堆子遗址晚唐、五代墓地发掘简报》，《四川文物》2005年第3期。

③成都文物考古研究所、双流县文物管理所：《成都双流籍田竹林村五代后蜀双室合葬墓》，《成都考古发现（2004）》，科学出版社，2006年，第335页。

④成都文物考古研究所、双流县文物管理所：《成都双流籍田竹林村五代后蜀双室合葬墓》，《成都考古发现（2004）》，科学出版社，2006年，第355-358页。

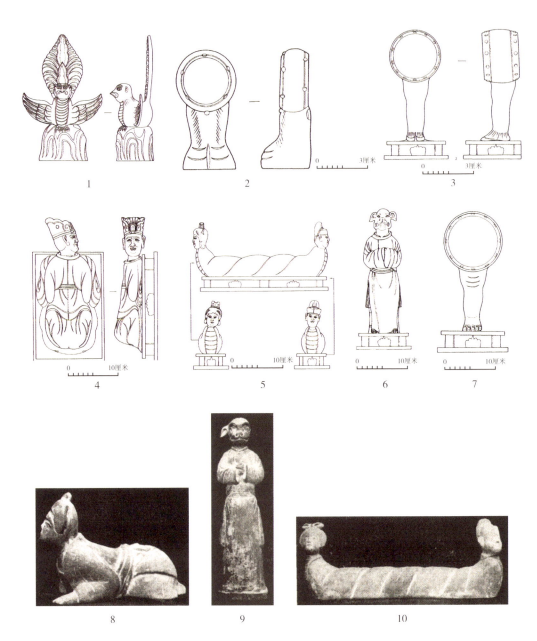

1、2、3.双流籍田M1神煞（怪）俑（陶神怪鸟M1：6、鼓俑M1：3、M1：8）

4、5、6、7.双流籍田M2神煞（怪）俑（伏听俑M2：20、人首蛇身俑M2：19、猪首人身俑M2：12、

鼓俑M2：17）　8、9、10.宋琳墓神煞（怪）俑（猪首人身俑、伏地女俑、双人首蛇身俑）

图6-23 神煞（怪）俑

14.6厘米（图6-23，7）。赵廷隐墓出土神怪俑种类有地轴、雷公俑、鸾鸟等①。宋琳墓出土伏听俑、猪首人身俑、双人首蛇身俑各1件。伏地女俑梳双分髻，头微上仰，作伏拜状，高8.2厘米、长12.6厘米（图6-23，8）。猪首人身俑着圆领窄袖长袍，腰束带，双手握附于胸前似执物，右耳残缺，高39厘米（图6-24，9）。双人首蛇身俑长41厘米、高14厘米，双首分别为一男一女，男戴幞头，女梳扁平高起发髻，中扎巾带，两鬓下垂高耸抱面（图6-23，10）。

出土俑类较多的六座墓葬中，墓主身份明确的为赵廷隐、孙汉韶、宋琳和徐公（双流籍田M2），其中赵廷隐和孙汉韶在后蜀地位崇高。赵廷隐战功赫赫，官至太师，封宋王，死后追赠太尉及徐、兖二州牧。孙汉韶官至武信军节度使，守太傅兼中书令，封乐安郡王，追赠太尉、梁州牧。宋琳墓和徐公墓仅出土买地券，具体生平仕宦不明。较之其他随葬俑的前、后蜀墓葬，赵廷隐墓、孙汉韶墓等此四座墓葬出土俑数量明显较多，特别是赵廷隐墓的随葬俑丰富又精美。由此推之，墓主的身份与随葬俑的品类、数量存在一定的相关性。

2. 随葬俑的相关研究

前、后蜀墓葬中大量出现的随葬俑，能直观地欣赏其外在形态，也可微观研究随葬俑的时代特征，通过总结这一时期随葬俑呈现出的总体面貌，探究其所反映的历史文化、演变趋势及其社会变革等。

1）特殊随葬俑研究

长期以来，五代十国随葬俑研究，往往并不是造型艺术的简单剖析，更多的研究者们将目光聚焦在功用内涵丰富的镇墓神煞（怪）俑上，十二生辰俑、伏听俑、鼓俑、神怪俑等均属于此类。

以十二生肖俑为例，它外在特征区别明显，可分为"写实的动物俑、兽首人身形象俑、人带生肖形象俑"②，此三种类型的十二生肖俑在前、后蜀时期都有所发现。如孙汉韶、宋琳墓中都有写实动物俑狗和鸡；双流籍田M1和宋琳墓各出有一件猪首人身俑，即为兽首人身俑的代表；双流籍田M1出土的2件文官俑进贤冠上塑有盘曲之蛇。

十二生肖俑最早可追溯至北朝，在山东临淄崔氏家族墓10号墓发现塑于尖楣龛

---

①王毅、谢涛等：《四川后蜀宋王赵廷隐墓发掘记》，《中国社会科学报》2011年5月26日。
②秦颖：《试析五代十国时期的十二辰形象》，《苏州文博论丛》2016年（总第7辑）。

台中的虎、蛇、马、猴、狗等6件十二生肖形象，均为写实动物俑。①北朝时期为这类特殊随葬俑的萌芽时期，在墓葬中发现的数量较少，进入隋唐之后才逐渐增多，隋唐时期长江中下游地区流行坐姿兽首人身俑，北方则以站姿为主。隋代南方两湖地区十二生肖俑已经较成体系，同时期中原地区十二生肖形象仅出现于墓志四角。唐末，北方生肖俑数量大幅减少，南方地区呈现相反的趋势。五代时期，长江下游的南京以及福建地区生肖俑最具代表性，人首鱼身俑和人首蛇身俑等人首兽身俑也相对比较流行，并且一直延续流行至宋代。另外，在北宋时期还大量出现人带生肖形象俑，主要流行于南方地区。自北朝至宋代，十二生肖俑的形态从最初的写实动物俑演变到后来的兽首人身形象俑、人带生肖形象俑，人与十二生肖形象的联系愈加紧密，同时也表明了随着封建社会的发展，人的权力、地位和作用越来越得到重视。后蜀墓葬出土的十二生肖俑虽然不多，但是为开启四川两宋时期十二辰俑广泛流行之基础。

在唐宋时期的考古文物中，常见到一类跪拜或伏俑，此类俑目前最早见于安徽合肥西郊隋墓出土的跪拜俑和蹲俑，从其形象来看，考古报告中所谓的跪拜俑头高昂，双目微合，即是仰观俑；所谓的蹲俑头下垂，两眼俯视，即是伏听俑。②在五代十国后蜀时期的宋琳墓和徐公夫妇墓中发现过这类器物，宋琳墓中出土的伏地女俑梳双分髻，头微上仰，作伏拜状；双流籍田徐公夫妇墓中出土的伏听俑头戴进贤冠，冠正前方中央立有一块上圆下方马蹄形牌饰，冠顶呈前低后高状，梁冠数目清晰，冠两侧有穿孔，面目端庄，两耳硕大，表情含笑。身着圆领长袍，腰间束带，胸腹贴地，向右侧头趴伏于长方形器座之上，似凝神伏听地下秘密，器座正面中部及两侧正中镂空有莲花图形壶门。两宋时期仰观伏听俑在墓葬中出现的数量增加，成都跳蹬河宋墓伏俑身平伏地下昂首观望，四川广汉宋墓发现的伏俑身平卧，两肘支地，侧首作伏听状。研究者认为这两个俑即为《大汉原陵秘葬经》中记载的仰观俑和伏听俑。具有明确佐证的当为江西南丰县北宋政和八年（1118年）墓出土瓷俑，在其底座上发现有"仰俑"和"伏听"的题记，是该类器物定名的重要物证。此外，成都新津邓双乡M1北宋墓出土的伏听俑手及肘撑地，双腿屈跪，匍匐在一长方形座上。头戴幞头，面巾较高，帽与巾子之间扎有小带，小带垂足较长。身穿圆领长袍，腰系绦带。仰观俑呈坐姿，戴幞头，后巾子较高，穿圆领宽袖长袍，手腕

①山东省文物考古研究所：《临淄北朝崔氏墓》，《考古学报》1984年第2期。
②胡悦谦：《合肥西郊隋墓》，《考古》1976年第2期。

处露出紧身管袖、腰系绦带，头偏左作观看状，双手交握于胸前，上部露出拇指，其状凝神安详。[①]仰观俑、伏听俑在这一时期墓葬中成对出现具有鲜明的特点。

在五代和两宋时期，仰观伏听俑就作为一类固定的器物组合形式出现在墓葬中，通常一仰一伏成对出土，探讨这类俑的功能含义可以从其形象上入手，仰观俑仰头向天，伏听俑俯首向地，从镇墓的角度来看，仰观伏听俑的司职可能与道教亡魂观念中的"天曹"和"地府"有关，意在探察吉凶祸福，保佑墓主亡魂安宁。从社会伦理的角度来看，仰观伏听俑或象征着仰观天文宇宙、俯察地理万物，表现出了古圣人法象天地的儒家经典观念，是唐宋世俗社会圣人观念的具化物象。

镇墓神煞俑中有一类特殊的鼓俑，不见于其他地区的五代墓葬，仅在双流籍田竹林村五代后蜀双室合葬墓M1、M2中一共出土3件。M1出土2件，分别置于棺室中部北壁龛和后龛内。一件鼓面圆形，置于兽足形支座上，蹄足中分两块，鼓体外围有两周圆帽钉，未见器座。另一鼓俑鼓面较前者宽且厚，兽足瘦高，立于镂空莲花形壶门的器座上；M2出土鼓俑由圆形鼓和足形支座组成，足上刻出五趾。鼓俑形象组合较为简单，鼓俑上部为圆形鼓面，鼓形下部多带底座，座为兽足、云形或莲花形。鼓俑以形代声，为雷神之标志，应与道教中的雷法观念有关。鼓俑在五代十国时期发现较少，而在宋墓中较常出现，比如成都石岭村南宋墓出土的M1:4，鼓身略呈圆形，立于空心方形座上。鼓身通施青釉，鼓座除前方右下部为褐釉外，其余部分均为绿釉。[②]成都二仙桥南宋墓M1出土两件鼓俑，M1:58鼓两面呈不规则圆形、微外凸，其下以两兽足立于空心方形座上，整体略向前倾。[③]此外，成都宋京墓、广汉雒城M1也出土了该类器物，在保存较好或未经扰动的宋墓中鼓俑常与猪首人身俑组合出现，多数为墓室左右各置其一，猪首人身俑所处壁龛的对面即放置一面陶鼓。有学者认为猪首人身俑为雷神俑的一种，其作为雷神形象的主体，与其所持的法器鼓俑共同构成道教的雷法信仰体系。南宋时期出现猪首人身俑骑鼓或持鼓的造型，猪首人身俑和鼓俑在传播至四川其他地区时产生了融合，但两宋时期成都地区一直保持猪首人身俑与鼓俑各自分离出现的状况，虽然鼓俑底座形式逐渐演变为空心

① 新津县文物管理所：《新津县邓双乡北宋石室墓发掘简报》，成都市文物考古研究所：《成都考古发现（2002）》，科学出版社，2004年，第394页。

② 成都市文物考古研究所：《成都市青龙乡石岭村宋墓发掘简报》，《成都考古发现（2003）》，科学出版社，2005年，第411页。

③ 成都市文物考古研究所、成都市文物考古工作队：《成都市二仙桥南宋墓发掘简报》，《考古》2004年05期。

方形座，但五代十国以来鼓俑在该地区的基本形制和随葬方式并未发生较大变化。

2）服饰研究

随葬俑的服饰作为俑体装饰艺术的重要组成部分，可以再现前、后蜀时期的不同身份人群的服饰装束组合及风格。据《宋会要辑稿》和《大汉原陵秘葬经》记载，女俑属于嫔妃、贵夫人、美女或宫娥；男俑除六尚内人外，还有宰相、尚书、大尉、金吾、皇门使、通使（事）舍人等一类官员。另还有供奉内廷的伶人和舞人。五代时期，墓葬中的情况亦如此。前、后蜀墓葬中的服饰，多体现在以上几类人物的形象上。

如王建的石刻墓主雕像，从正、侧、背、俯视各个方向都可以窥见，体现出极高的石刻造像技艺。另外，王建喜欢戴大帽，出行中恐人认识，因此也号召百姓都戴大帽。但石刻像戴的却不是大帽，而是五代时期的幞头形制的结构。二小带紧折于顶，后垂二脚有断折。后服的团领两肩各有一附加物。可能是南朝时缀有负荷的遗制。后蜀孙汉韶墓中也有一部分头戴幞头的陶俑，着曲领方心短袖袍，腰束带，前襟披于束带里。或着团领窄袖袍，腰束带，其幞头形式近似于王建石刻像幞头。彭山宋琳墓陶俑，除舞伎同王建墓略同的大袖襦裙、上身加以半袖，以双丫髻或三髻装髻的特殊性外，文俑中亦有着幞头、窄袖长服、腰围革带的装束。文献中也记载，前蜀王衍自制的一种夹巾（一作尖巾，其状如锥）受到蜀地民众的争相效仿。王衍晚年又俗尚上小帽，谓之"危脑帽"，其嫔妃、姜妓皆衣道服，戴莲花冠，或作高髻，至后蜀孟昶末年，妇人竞治发为高髻，号"朝天髻"。可以说，前、后蜀时期地方政权领导人的服饰爱好很大程度上影响了整个蜀地服饰风格的走向。

又如赵廷隐墓出土伎乐俑的头饰研究。成都博物馆公开展示的赵廷隐墓女伎乐俑共20件，头部戴冠的女伎乐俑5件，她们的发髻装饰为方胜纹头饰与梳子，两者的插放左、右各置一侧，而所戴的发冠则有三种：莲花形戴、并桃形、覆斗形。有学者指出这三种发冠具有道教女冠的道冠特征。莲花形道冠在唐代道教石刻中最为常见。唐代道士张万福的《三洞法服科戒文》载："一者初入道门，平冠黄帔；二者正一，芙蓉玄冠，黄裙绛褐……男女同法……"[1]已明确指出了道冠常见的几种样式，如"平冠""芙蓉冠（莲花形）"等。莲花形道冠在唐代道教石刻中出现较多；并桃形道观（并桃冠）始见于唐代，宋代成为道冠最流行的样式之一。覆斗形

---

[1]［唐］张万福撰：《三洞法服科戒文》，《道藏》（第18册），文物出版社、上海书店、天津古籍出版社，1988年，229页。

道冠，形如覆斗，上刻"五岳真形图"，受过三坛大戒的道士方可戴用。[1]赵廷隐墓中女俑的道冠头饰从侧面反映了在前、后蜀统治者的极力推崇下，道教之风长盛不衰，以致蜀地道观林立、道士云集，民众十分热衷求仙问道，整个蜀地沉浸在浓厚的道教文化氛围之中。

3）乐舞研究

音乐、舞蹈作为瞬间艺术，由于技术原因所限，在中国古代是难以被直接保留下来的。前、后蜀墓葬中出土的大量石刻文物和随葬俑所包含的文物图像强有力地弥补了文献资料的不足。如前蜀永陵王建墓墓室石棺壶门上的"二十四乐伎"石刻，涉及中国古代乐器、舞蹈、乐队研究。

近些年来，随着前、后蜀墓葬中的随葬俑材料积累，以乐伎俑为研究对象的乐舞研究有了进一步发展。如赵廷隐墓出土的2件花冠伎乐俑，"头戴红色描金鸡冠状帽，额前窄缘饰云头纹，两侧及后部下垂覆耳后向上翻折，后视其翻折部呈'山'字形；帽顶尖角向前，中部有纵向云头状凸起似鸡冠形，上饰珠、铃状物；两侧护耳亦呈云纹状，边缘似凤翅，中部绘红黄花卉。帽两侧耳部自后向前各垂一长带，搭于身前，长度及腰，长带中部饰双凹弦纹，端呈箭镞状并描金。帽后披方巾，垂至腰部，红底金缘，上饰红黄色花卉纹样。外穿红色大翻领右衽窄袖及地长袍，左侧上部脱掉系结于腰后，胯部两侧开衩"[2]，这一对伎乐俑的服饰搭配与人物形态有别于其他前、后蜀墓葬出土的伎乐俑。通过索引唐代乐舞诗词，有研究者总结出柘枝舞的装束特征，再与赵廷隐墓花冠伎乐俑所着服饰进行比对，认为其具有柘枝舞服饰特征。柘枝，在唐天宝年间的《教坊记》中有详细记载，作为健舞中的一种，在唐中期已十分盛行。唐五代时期，柘枝舞传播至长江中上游的巴蜀、荆楚之地后，吸收了当地的乐舞文化衍生出屈柘枝。屈柘枝的舞者也从北方的男性转变为女性，南方屈柘枝的风格从单一的刚健有力也变得妩媚柔和。

四川，自秦汉以来就是歌舞之乡。隋唐之际，蜀中音乐艺术繁荣不减，乐器制造更是居于全国前列。唐末五代时期，北方战火纷飞，蜀地偏居一隅，各方面因素都为蜀中乐舞的发展壮大提供了便利条件。任半塘先生在《唐戏弄》中更是称唐五代"蜀戏冠天下"。以赵廷隐墓伎乐俑等出土材料进行的乐舞研究，无疑是窥见蜀中五代乐舞、百戏成就的一种有效途径。

[1]田诚阳：《道教的服饰（一）》，《中国道教》1994年第1期。
[2]闫琰：《后蜀赵廷隐墓出土花冠舞俑与柘枝舞》，《江汉考古》2017年第4期。

（二）墓志

墓志，又称墓志铭，专记死者姓名、籍贯、生平及卒葬时地等内容而置于墓中的刻石。它是我国汉魏以来丧葬习俗的独特产物。东汉时立碑滥觞，曹操下令不得厚葬，又禁立碑。禁碑直接带动了墓志的发展，此后墓志铭代碑文而兴起。

在五代墓葬的出土遗物中，墓志材料占据很大的比例。以墓志为基础的专门研究日渐增多，不仅包括墓志文体特征研究，还有很多涉及志文所透露出的五代社会生活、思想交流等内容，乃至民族之间的文化碰撞。至于前、后蜀墓志，其类型多样，墓主身份阶层分布广泛，有针对性地进行相关问题的探索与研究，有助于我们全面掌握五代时期蜀地墓志的地域特征，以及深入了解前、后蜀的社会历史状况。

1. 发展演变

墓志的起源、流变研究一直是宋代以来金石学、考古学中的热门议题。以墓志形态变化为依据，大多数研究成果将墓志发展划分为三阶段或四阶段。

秦汉时期，处于墓砖和墓石阶段，出土材料即秦汉刑徒墓砖。此时墓砖上多只刻数十字，简单记录死者姓名、籍贯、身份等基本信息，尚未形成固定、完整的格式。墓砖所刻文字的数量从东汉起便开始明显增多，这与当时所使用材料的变化为墓石有着直接关系。墓石表面比墓砖面积更大，方便了所刻文字数量的增加。

墓志的滥觞，可以溯源于东汉时期。[1]1991年，河南偃师出土汉灵帝建宁二年（169年）的《肥致碑》[2]，该墓发掘者及其后的研究者都将其视为较早立于墓室中的墓志碑。不过墓碑大范围地由地上转为地下并非由此开始，而源自曹魏"禁碑令"的颁布。碑形墓志的流行时间很长，直至十六国时期西北地区仍有所发现。大多数的碑形墓志外在形态上已具备了题首、志文、颂辞等部分，但在形状、摆放方式以及墓志盖等方面与后来正式的墓志还是有所不同。文体特征方面，碑文虽为实用文体，但墓主身份高贵者更加追求文坛大家为其撰文，所以汉赋铺陈叠加、辞文繁缛的表达特点在一定程度上影响着当时碑文的风格。总之，汉魏时期的墓志为南北朝时期墓志文体、形制的定型做了充足的准备和铺垫。

"刘怀民墓志与大致同一时期（北魏承平至和平年间，452—465年）的刘贤墓志，标志着墓志这一名称的正式形成。在此之后，墓志的形状逐步向统一规范化发

---

[1]周阿根：《五代墓志词汇研究》，中国社会科学出版社，2015年，第2页。
[2]河南省偃师县文物管理委员会：《偃师县南蔡庄乡汉肥致墓发掘简报》，《文物》1992年9期。

展。"①刘怀民墓志刻于刘宋大明八年（464年），墓志呈现相对标准的方形形态，摆脱了过往碑形墓志的束缚，还在题首中明确使用了"墓志铭"的名称。虽然此时的墓志依旧没有志盖，但不论在墓志的外形还是文体上都已经相当完善了。

隋唐五代时期，进入了墓志发展的繁荣和兴盛期。当时墓志之风盛行，上至皇族贵胄，下至平民百姓，人人均可使用。现今出土及存世的隋唐五代墓志原石和拓本数量相当巨大，尚无精确的统计结果。唐中期以前，墓志受到前代的影响很大，格式上陈陈相因；文体风格上，继承了魏晋遗留下来的骈俪风格，并不断发展完善。中晚唐时期，唐初所倡导的文风改革逐渐渗透到了墓志文写作中，一改魏晋大量铺排用典、文辞华丽之骈体遗风，渐变为散体。志文内容上固定模式化的弘扬歌颂写作风格有所变化，对于逝者生前形象的塑造更独特多样。

宋元及其以后，墓志进入衰落期，墓志的数量呈现出急剧下降的趋势，《语石》卷四云："宋墓志新旧出土者，视唐志不过十之一，元又不逮宋之半，佳刻绝少。"②

2. 蜀地五代墓志的形制

为了便于探讨蜀地五代墓志的形态，我们以考古出土的墓志材料为基础，结合志文拓片，梳理五代墓志汇编成果，共整理出四川地区出土、采集、保存的前、后蜀时期（905—966年）墓志共16方。其中，成都市成华区出上的墓志6方。现将除孟知祥及福庆长公主、蜀故清河张氏（未见公开发表材料）、赵廷隐（考古发掘报告尚未公开发表）墓志以外的其他所有墓志的基本信息、志文内容辑录于后（见附录），并整理前、后蜀墓志特征表如下（见表6-1），从中可以对前、后蜀墓志（除赵廷隐墓志外）的特征有一定的把握：

表6-1　前、后蜀墓志的形制特征表

序号	墓志名称	材质	志盖			墓志		
			形制	规格（高、宽、厚/厘米）	装饰	规格（高、宽、厚/厘米）	装饰	志文
1	大唐福庆长公主志	青石	盝顶式	108×110×15	四周绕以串枝葵纹	108×110×15	无	楷书1692字

①赵超：《古代墓志通论》，紫禁城出版社，2003年，第52页。
②［清］叶昌炽：《语石》，上海书店出版社，1986年，第68页。

续表

序号	墓志名称	材质	志盖			墓志		
			形制	规格（高、宽、厚/厘米）	装饰	规格（高、宽、厚/厘米）	装饰	志文
2	大唐故渤海高公志	不明	盝顶式	—	四周绕以串枝葵纹	79×79×?	不明	楷书1251字
3	蜀故清河张氏墓铭	不明	盝顶式	—	四周绕以串枝葵纹	—	—	—
4	大蜀前故武泰军节度使赠太师弘农王赐谥献武晋公墓志铭	红砂石	盝顶式	106×106×9	四刹上线刻缠枝莲花纹	106×106×9.5	侧边刻单朵莲花纹底面亦内凹	楷书2928字
5	大蜀故赠太子太师赐谥温穆清河郡张公墓志铭	红砂石	盝顶式	100×100×15.5	四周阴刻云纹、莲花纹和卷草纹	—	无	楷书存2546余字
6	大蜀故守太傅乐安郡王赠太尉梁州牧赐谥忠简孙公内志	红砂石	盝顶式	82×82×10	四刹阴刻缠枝花纹、蝴蝶、卷云纹	82×82×10	无	楷书存1631余字
7	大蜀故高平徐墓志铭	红砂石	盝顶式	77×76×14.8	四刹上线刻卷叶纹和莲花图案，每两边对称一朵莲花、一种繁花、一种剑莲	79×78×8	无	楷书存1162余字
8	大汉左雄霸军使琊琊王公夫人故陇西李氏内志	青石	—	—	—	69.5×70×8.5	无	楷书469字
9	大蜀故安国奉圣功臣前黎州刺史陇西公内志	红砂石	—	—	—	69×70×8	无	楷书1069字

续表

序号	墓志名称	材质	志盖			墓志		
			形制	规格（高、宽、厚/厘米）	装饰	规格（高、宽、厚/厘米）	装饰	志文
10	前蜀许璠墓志铭	红砂石	—	—	—	77×77×7	无	楷书存519余字
11	樊德隣墓志铭	红砂石	—	—	—	51（残）×72×8 石上半部残断	无	楷书存470余字
12	王公墓志铭	不明	—	—	—	62×80×？	无	楷书存1000余字
13	故临颍州郡许公墓志铭	红砂石	盝顶式	69×68×4.6	四刹分别线刻一朵菊花，盖顶线刻双栏边框	69×68.5×8	无	楷书1025字
14	大蜀琅琊王公魏王尚父墓志	红砂石	盝顶式	105.5×106.5×？	四刹分别线刻荷花，四角隅分别线刻一组宝相花纹饰。盖顶平面四边线刻双栏边框，双栏之间刻几何纹图案	107×106×10	—	楷书存3900余字
15	大蜀明德夫人内志铭	红砂石	盝顶式	105.5×106.6×？	四刹分别线刻荷花，四角隅分别线刻一组宝相花纹饰。盖顶平面四边线刻双栏边框，双栏之间刻几何纹图案	107×106×10	有	楷书存2700余字

（1）墓志材质。前、后蜀墓志的用料主要为红砂石，其来源为本地选材。另外，在所有墓志中，仅2方墓志使用青石材质，分别为大唐福庆长公主志和大汉左雄霸军使琅琊王公夫人故陇西李氏内志。福庆长公主墓志的制作选用青石可能是与和陵墓葬整体构筑使用青石材质保持一致。

（2）墓志构成。从现有的前、后蜀墓志材料看，多数墓志都是志盖和志石共同构成的一盒墓志。特别是墓志出土的志盖基本全部为盝顶式，又称"覆斗形"，墓志标题用篆书阴刻在覆斗形盖顶中间，呈方形排布。因部分墓志来源为田野采集或者拓片记录信息，只存志石志文内容，无法推断其原本是否为盖石组合。

（3）志盖形制。方形盝顶式志盖特征明显，是北朝以降墓志的主要形制。其文化内涵多有志石方而表地，志盖覆斗表天之意。另外覆斗形的设计，使得志盖变得更加立体，有了更多的平面空间添加图案装饰。前、后蜀志盖装饰亦主要分布在志盖上，只使用几何纹饰和花草纹饰两大类。几何纹饰为折线纹、直线构成的三角形等简单图案，多用作边框线使用。而花草纹，如莲花、卷草、串枝葵纹、宝相花、荷花、菊花比较常见。另外，前、后蜀志盖图案装饰组合相对比较固定，如福庆长公主、高晖、清河张氏志盖图案装饰虽大小不同，但图案基本一模一样。

（4）墓志形制。从墓志的规格大小来看，福庆长公主、晋晖、张虔钊、王宗侃夫妇5例墓志，其高、宽均在100厘米以上，虽然晋、张、王墓志尺寸与福庆长公主相当接近，但从规格的三个维度上比较，福庆长公主墓志仍是所有数据中的最大者，反映出帝后级墓主的身份优势。其他规格的墓志亦近方形，高、宽多在70~80厘米，厚度则多为8~10厘米。另外，仅王宗侃夫妇墓志设置有图案装饰。

（5）志文。所有墓志志文均由楷书自右向左书写而成，志文字数最多者为王宗侃墓志铭，有3900多字；字数最少的为李氏内志铭，并无缺泐仅469字。统计全部墓志文字总数，除明显残缺的墓志外，几无字数低于1000者。另外，身份为帝后的福庆长公主墓志仅1600余字，与之相比，晋晖等人的墓志字数都远远超过此数量。结合墓志规格的比较，福庆长公主墓志规格最大，但墓志字数却明显少于相似规格的墓志，主要反映出女性墓主墓志的受限性，即便内容篇幅较长者也多为突出其出身和其丈夫的种种地位、政绩等，对女性墓主本人描述非常有限。在夫妻合葬墓中，这种现象更为突出，女性墓志成为其夫墓志的附庸、陪衬。

3. 蜀地墓志的内容

早期墓志行文多短小精悍，内容以陈述为主，也没有明确的盖文、志文、铭文等结构的区分。隋唐以后墓志形态和内容发展成熟，而北宋时期的墓志却发生了一些较为明显的变化。外在最直接的表现为墓志篇章的大幅增加，晚唐绝大多数墓志的字数尚在千字左右，而北宋大志长铭忽兴，处于其间的五代墓志在整个发展变化过程中无疑起着承上启下的作用。

1）志文结构

魏晋、隋唐以后，墓志文的结构随着时间的推进而成熟，墓志盖文、志文、铭文等结构的区分变得清晰朗。五代时期，墓志文结构基本成熟，形成固定模式。文体上的固定行文结构，主要包括八个部分：①墓志盖文；②标题（墓志铭并序）；③篆盖者；④撰者；⑤书者；⑥正文；⑦铭文；⑧镌刻者。[①]这八个部分在墓志文中的位置决定了墓志的外观布局。

①墓志盖文是墓志盖上所刻的文字，又称"盖题"，记录内容为墓主的姓名、族望、官爵等，具有很强的标识性功能。前、后蜀墓志，志盖留存的比较多，其上盖文的基本构成是"朝代＋故＋身份（籍贯、族望或官爵）＋墓主＋墓志（铭）"。

②墓志的标题，为指引序文的开始，位置固定放在文首。五代时期，一般墓志标题会包含墓主的身份信息，如籍贯、族望、官爵等会有选择地进行罗列。另外，五代墓志的名称也十分繁复，如前、后蜀墓志名称就有"墓志铭并序""墓志并序""墓志铭序""内志铭并序""内志铭并书"等若干种。墓志的名称之所以名目甚多，主要是因为墓志名称是由"墓""志""铭""序"此四字排列组合而成的，因此具有相当的灵活性和随机性。

③篆盖者，专指镌刻墓志盖的人，因为一般的墓志盖文字使用篆体，故名"篆盖"。一般篆盖者多为墓主的亲朋好友或有一定地位的官员。在记录篆盖者时通常会提及篆盖者的社会身份或者与墓主的具体关系。五代的墓志中，篆盖是墓志文的一个组成部分，但并非所有的墓志都会提到篆盖者。但从目前所出的前、后蜀墓志情况来看，墓志文大多会记录墓志撰者或书者，除孙汉韶墓志中提及篆盖者外，其他基本不单独提及篆盖人，可能篆盖者在多数情况下同样也是墓志撰者或书者的原因。

④墓志的撰文者。追溯墓志的缘起，其源头与"行状"有着直接的关系，"行状"相当于今时今日现代文体中的自传，由此可知，墓志是确认和了解墓主生平最直接有效的方法之一，也是墓志最本质的作用。随着墓志发展，它逐渐演变为一种具有特定格式的文体，撰文人必须具备一定写作能力方可胜任。所以，墓志撰者成

---

①俞华：《五代墓志研究》，南京师范大学2018年硕士学位论文。

为墓志成文的一个重要因素。墓志文不仅需要墓主生平的客观材料，更受到墓志撰文者行文水平的直接影响。一般情况下，墓志撰者多为朝廷官员、墓主的亲人朋友，甚至有些墓主亲属还会邀请一些著名的文人、进士、佛教高僧等来为墓主撰写墓志文，这样既能为墓志文添彩，也可彰显墓主或其家族的身份、地位、信仰等。比如，孟知祥正配夫人福庆长公主墓志撰文者为东川节度判官崔善。

唐朝后期墓志撰者固定在志文末尾，而五代时期的墓志撰者在墓志文中的位置并不固定，有的置于志文的正文之前，有时又放在铭文之后。就目前所有的前、后蜀墓志而言，撰者多处于标题处，即引文序言之后、正文之前，少部分置于铭文后部分，未见墓志文不记录墓志撰者的情况。

⑤墓志书者，即书写墓志原文的人，墓志文在撰写之后、镌刻之前，要先将墓志文写于纸上，其后镌刻者再按照一定的章法刻制在墓志石上。墓志书者是志文内容中非常重要的组成部分，大多以"官爵＋人名＋书"的格式来记录。隋唐时期的墓志，常常是由著名的书法家来书写的。这样一来墓志文也成为后世学者研究书法艺术的重要实物资料。然而前、后蜀墓志中的书者与撰文者身份相似，大多为墓主的臣属或同期官员，少部分为进士、僧侣等，未见书法大家。此外，墓志书者的位置与撰者一样，亦不固定，并且比起撰者来，记录的频率要少一些。

⑥正文，作为墓志文的主体部分，主要是一些详细介绍墓主家世门第、籍贯、族望以及生平经历、品行性格的文字，此部分内容在逻辑结构上讲究章法、顺序俨然。

⑦铭文，置于墓主生平事迹后着重进行抒情的文字内容。五代墓志铭文中多运用四言韵文，也有个别句式使用骚体形成两种文句交叉书写的情况。铭文最大的特点就是言简意赅、对仗工整。五代墓志中有的墓志甚至没有铭文部分，但没有志文部分的则没有。

⑧墓志文字的镌刻者。五代墓志，镌刻者并不一定是石匠，也可以是墓主亲朋、朝廷官员。前、后蜀墓志中记录或存有镌刻者信息的墓志仅为5方，其中2方为专任镌刻官所刻，另外3方仅简单记录镌刻者的姓名。

2）墓志语言风格

经过了唐以前墓志发展的漫长历程，五代墓志虽然形式上并没有大突破，但在功能性上做到了极大的回归，也就是志文对于记录墓主生平的实用属性的重视。整体上，虽然无法摆脱骈体、散体或骈体、骚体结合的语言形式，但也不再只追求华而不实、文采斐然的行文技巧，更加注重用较为通俗的语言文字进行记叙、议论。如前、后蜀墓志中张虔钊、徐铎、孙汉韶等诸多墓志中散体运用娴熟，大有史传之风。

具体来看，前文中所列墓志行文的八个组成部分，又可以大致进一步划分为三大结构，即盖文、志文、铭文。盖文通常比较精简，志文与铭文是五代墓志语言写作风格的集中体现。

志文是墓志的最重要部分，主要在墓主的过往生平、品行功业上着墨。不同时代背景墓志志文的内容则会呈现出不同的特色，例如除了交代墓主的门第家世、子孙后代、生卒年月等基本信息外，五代的志文已经摒弃了南北朝时期的骈俪文风，文字以散体为主，长短交互，不再那么执着追求四、六对仗。根据文意表达的需要，自由切换使用三言、四言、五言、六言、七言等。这样对于生前有特殊经历的墓主书写来说，墓志撰者有了更多自由发挥的空间。五代十国藩镇竞相自立，兼并战争频繁，前、后蜀墓葬的墓主很多拥有显赫的身世地位，他们早年多征战沙场，军事阅历丰富。墓志志文不受字数、句式限制后，兼顾骈文、韵语使得志文基础信息部分以散体文字进行表达更加便捷流畅，而颂扬墓主的高尚品行与功勋伟绩则会较多地使用骈韵。

铭文之"文"的内容一般是对志文内容的缩略精简，多以四六韵文概括志文、颂赞和哀思等，旨在补充志文情感抒发的不足。按"若夫铭之为体，则有三言、四言、七言、杂言、散文，有中用'兮'字者，有未用'兮'字者……"[1]的判断标准，五代铭文语言上并不固定，不仅三、四、七言皆用，也使用杂言、散文、骚体等。志文介绍墓主内容详尽，篇幅较长，铭文部分则不然，只占墓志全文很小一部分。即便是在字数长达数千字的五代墓志中，铭文也较为短小精悍。墓志铭文惯用四六韵文，同时也会较为频繁地使用骚体文，甚至掺杂五言诗。另外，五代墓志铭文会借助某些意象来表意抒情。前、后蜀墓志铭文意象使用频次也不低，但具有特殊意义的象征事物数量较少，大致可分为龙、虎、凤、鹤等具有象征意义的动物意象和以日、月、山、河、风、云等为主的景物意象两类。前者多用在塑造墓志的个人形象中，后者则多用以渲染环境、表达哀思。两类意象组合使用让铭文呈现出繁复叠错的特点。[2]

3）文字词语

因受到战乱和民族文化交流的双重影响，五代墓志的文字语词也呈现出独特的风貌，各种不同写法的汉字空前兴盛，成为历史上著名的文字繁杂混乱时期。墓志中的

---

① 〔明〕吴讷、徐师曾：《文章辨体序说　文体明辨序说》，人民文学出版社，1962年，第149页。
② 俞华：《五代墓志研究》，南京师范大学2018年硕士学位论文。

最直观呈现便是出现了许多的异体字、俗体字。另外在文字构成语词使用上，同一种意思的不同语词表达也异常丰富。汉字语词在这一时期可谓曲折上升式发展。

《现代汉语词典》对异体字的解释为"跟规定的正体字同音同义而写法不同的字"①，《中国大百科全书语言文字卷》中的异体字则为"指汉字通常写法之外的一种写法，也称或体。这种字跟通常写法相比较，或在形旁上有所不同，或在声旁上有所不同"②。除此两种释义外，很多古汉语研究者如王力、郑林曦、苏培成等都对异体字进行过讨论与界定。结合邵文利相对严格的界定③，"异体字"就是单音节的词的不同书写，特指字音、字义完全相同而形体则与正体不同的字。

通常来说，古代著述、文章、对策和碑碣上一般都是使用正体字。然而因为"晚唐五代时期是汉语俗字形成和发展的第二个高峰时期"④，所以墓志方面出现各种俗字、古今字、讹误字也多不胜数。《碑别字新编》中指出"策"字正字作"筞"⑤，而墓志中"筞"与"荣"形近而常被误识误写屡见不鲜。在前、后蜀墓志中，如李氏内志铭中的"史荣"，李会内墓志铭中的"左神荣军正将"，张虔钊墓志铭中的"加公竭忠建策兴复功臣"等多处均为"策"字误用的例子。广顺三年（953年）田敏所献上的《五经文字》和《九经字样》被用作阅读唐代石经的字书，若以此二者为正体，像"丑""兴""看"等常使用的正字，在晋晖、王宗侃等前、后蜀墓志中的写法均有笔画变异。究其原因，《古代字体论稿》曾论及"前一时代的正体，到后一时代常成为古体；前一时代的新体，到后一时代常成为正体或说通行体"⑥，文字古体、新体、正字、异体字也是有一定的时间连续性，并非一成不变。这可能也是导致五代墓志中异体字盛行的原因之一。

这一时期的墓志词汇也极具多样性，同一词义的不同词汇表达异彩纷呈。五代墓志中所涉及的年龄、婚姻、丧葬、任职、后嗣等特色词数量庞大，同一篇墓志同

①中国社会科学院语言研究所词典编辑室：《现代汉语词典》（第六版），商务印书馆，2012年，第1543页。
②中国大百科全书出版社编辑部：《中国大百科全书 语言文字》，中国大百科全书出版社，1988年，第448页。
③邵文利：《〈第一批异体字整理表〉存在的主要问题及其原因》，《语言文字应用》2003年第1期。
④周阿根：《五代墓志俗字考辨》，《学术界》2010年第9期。
⑤秦公辑：《碑别字新编》影印本，文物出版社，1985年，第218页。
⑥启功：《古代字体论稿》，文物出版社，1964年，第38页。

义词基本不会使用重复词语。仅表示死亡的词语就有50多种，如孟知祥与福庆长公主墓志中"易箦告谢，中外兴悲"一句中的"告谢"为死亡的意思；高晖墓志中的"繇是尼父显梦楹之矕兆"的"梦楹"也是喻指死亡；孙汉韶墓志中"三年，武皇厌代，庄宗嗣兴"的"厌代"实为"厌世"，唐人避太宗李世民名讳，以"代"替"世"沿用下来，也用作死亡意。[1]其他表示死亡的词汇"卒""殁""晏驾"等更是不胜枚举。

（三）买地券

买地券，又称"地券""冥券""幽契""墓莂"，是中国古代以地契形式置放于墓葬中的一种随葬明器。它由买地契约演变而来，其主要功能是给亡人在冥间买地作宅，使死者得到安居之所，从而保得生者平安，并要求阴间各级官吏、各种鬼神不要侵害亡者灵魂，同时亡者鬼魂也勿要回到人间作祟。

1. 发展过程

作为亡者买地作家的凭证，买地券的历史最早可上溯至汉代[2]，唐宋时期发展达到巅峰，其后逐渐衰落，并一直延续使用至明清。它模仿现世契约文书格式，记载立券日期、当事人、对象地、地价及交割、责任与担保、见证人等条款。与传世文献比较，买地券所记载内容相对真实性强，语言独具特色，为我们研究民俗、经济、语言、宗教文化等提供了非常宝贵的实物资料。

它的产生与东汉时期的生死观及当时的土地信仰有直接联系。一方面，古人认为阴间与阳世一样有相类似的运行规则、管理体系。故以买地券的形式通告地下，并通过买地获得阴间生活权。另一方面，汉时"无授田之法，富者贵美且多，贫者贱薄且少"[3]，土地兼并增多，贫富差距加大，土地的私有化程度高度发展，人们对保障土地财富、维护土地权利前所未有地重视，这种思想促进了丧葬事务中买地券的产生。

中古时期的买地券使用延续时间长，分布范围也很广泛，几乎全国各地都有买地券出土，券主多为平民，间或有达官贵族。随着时间的推移，买地券的内容、结构和形制等也在不断发生着变化。从东汉早期的"仿真性"向唐五代的买地、镇墓两方面内涵发展，再到后期的充满迷信和宗教色彩。

与之相对应的，券文内容中卖地主、中保人、土地交易价格等要素变化最为明

---

[1]周阿根：《五代墓志词汇研究》，中国社会科学出版社，2015年，第147-167页。

[2]钱大昕：《十驾斋养新录》卷一五《杨绍买地券》，江苏古籍出版社，2000年，第324页。

[3]吴天颖：《汉代买地券考》，《考古学报》1982年第1期。

显。魏晋时期卖地主由人转变为天地神灵，如黄武四年（225年）浩宗买地券，"从东王公、西王母买南昌东郭一丘"①，卖地人已是东王公、西王母；黄武六年（227年）郑丑买地券②，卖地人则由地下主吏、主县担任。既然契约一方为神，对等地也需要能制约神的第三方，中保人的设定自然也转为神明，以此保证买地契约的公正性。从此以后，券文中不断出现新的神、鬼角色，就连土地交易价格也变得夸张离谱。券中神灵角色多样，规模庞大，功能灵活，"除了天上、地下的神祇，还包括专门的墓葬神仙以及鱼、鹿、鹤等有神性的灵物，且同一神灵在不同的买地券中充任的角色也有所不同。如东王公和西王母，就具有卖主和见证人的双重身份。不同的神灵根据买地券不同功能的需要，进行分工合作以促使契约达成。至宋元时，券文中出现的神灵已经比较固定，且每位神灵担任的角色也基本稳定了下来，形成买地券独有的神仙体系。"③

2. 前、后蜀时期买地券形制

考古出土的买地券由于埋藏年代久远，有相当一部分券文漫漶或破损不能辨识。见诸刊物的蜀地出土最早的买地券为成都光华村墓地M41出土的邛州县尉勾龙（819年）买地券④，最晚的为明代万历年间。

依照现今的行政建制，四川出土买地券的包括成都市及其郊区，又有广元市、蒲江县、彭山区、洪雅县、仁寿县、广汉市、凉山彝族自治州等地区。出土地主要位于川西地区，北至广元，南抵仁寿，基本上呈一线分布，相对集中。⑤

蜀地买地券以石质居多，尤红砂石占据主流。红砂石颗粒较细，质地较软，易于刻写，同时又是一种易于搜寻的材质，故多被采用。另外，白砂石等也偶见使用。买地券的形制以方形、长方形（含抹角长方形）为主，另有少量碑形（带有半圆形或梯形券额）等特殊形制的。部分买地券配有券座，买地券可插置其上。券额和券文周遭的余地，一般刻有花纹，样式繁多。总的来说，与国内其他地区出土的买地券相比较，蜀地买地券在各方面均呈现出纷繁多样的特征，显得生动有趣。⑥

①鲁西奇：《中国古代买地券研究》，厦门大学出版社，2014年，第79页。

②鲁西奇：《中国古代买地券研究》，厦门大学出版社，2014年，第82页。

③杨蕾蕾：《中古时期买地券研究》，兰州大学2020年硕士学位论文。

④邱燕、黄明：《发掘古蜀文明，考古天府文化——成都文物考古研究院2017年度考古汇报会综述》，《地方文化研究辑刊》（第十五辑），巴蜀书社，2020年，第54页。

⑤曹岳森：《四川出土买地券的初步研究》，《四川文物》1992年第6期。

⑥曹岳森：《四川出土买地券的初步研究》，《四川文物》1992年第6期。

　　以考古出土的买地券材料为主，结合各文物收藏单位所保存的买地券拓片，共整理出四川地区出土、采集、保存的前、后蜀时期（905—966年）买地券17块。除赵廷隐买地券考古发掘报告尚未公开发表外，其他16块买地券的基本信息、志文内容辑录于后（见附录），并制前、后蜀买地券形制信息表（见表6-2），总结蜀地五代买地券形制上的一些特点：

表6-2　前、后蜀买地券形制信息表

序号	券名	时间	出土地点	材质	形状	规格（高、宽、厚/厘米）	装饰图案
1	女弟子阿住券	前蜀永平六年（916年）	成都	—	—	—	—
2	任菩提买地券	后蜀明德二年（935年）	—	红砂石质	—	—	—
3	杨浔求买地券	后蜀明德四年（937年）	不详	红砂石质	近方形	30×32×3（局部残损）	—
4	佚名买地券	后蜀广政二年（939年）	成都	红砂石质	不明	券：60×42×7 碑座：22×67×27	碑座饰浅浮雕刻莲花纹
5	山南节度使张虔钊买地券	后蜀广政十一年（948年）	成都	红砂石质	长方形	31.5×41×3.3	—
6	王府君买地券	后蜀广政十四年（951年）	成都	—	—	—	—
7	徐铎买地券	后蜀广政十五年（952年）	成都	红砂石质	近方形	36.5×32.8×2.7	券四周边框阴刻双线边框，四角饰有蝴蝶花纹，双线内为三角形纹饰
8	宋琳买地券	后蜀广政十八年（955年）	四川彭山县（现为彭山区）	红砂石质	碑形	券座：14×58×17 券：64×43×5	券座饰莲瓣纹
9	谯氏买地券	后蜀广政十八年（955年）	成都	红砂石质	碑形	34×42×4.5	碑额部线刻菊花图案 券四周边框阴刻单栏边框线，每行券文之间有阴刻单线分隔

续表

序号	券名	时间	出土地点	材质	形状	规格（高、宽、厚/厘米）	装饰图案
10	乐遥之买地券	后蜀广政十八年（955年）	不明	—	—	—	—
11	刘瑭买地券	后蜀广政十九年（956年）	成都	红砂石质	方形	35.4×33×2.2	券面四边阴刻单线框栏，框栏内阴刻短线纹
12	孔目官□府君买地券	后蜀广政二十年（957年）	成都	红砂石质	近方形	38.5×37.5×3	券四周边框阴刻双线边框，双线内为三角形纹饰
13	陈氏买地券	后蜀广政二十二年（959年）	成都	红砂石质	长方形	31.5×41×3.3	券四周边框阴刻双线，双线内为三角纹饰 券文书写由左至右
14	李才买地券	后蜀广政二十五年（962年）	成都	白砂石质	碑形	碑座：42×7×7 券：30×35×3.2	碑座浮雕覆莲花5瓣 半圆形碑帽上饰浮雕卷云纹半圈 券文书写由左至右
15	雷氏买地券	后蜀广政二十六年（963年）	—	—	—	33.3×37.2×2.6	—
16	徐公买地券	后蜀广政二十七年（964年）	成都	红砂石质	碑形	86×39×6（带座）	石碑上部的半圆形碑帽相对要宽厚一些 券文采用由右至左、一顺一回的竖行倒文书写方法

（1）时间因素。上表统计的蜀地五代买地券共16方，其来源为墓葬出土，或为田野采集，少部分来源不明。但这些买地券的券文中均有明确的时间信息，目前发表材料中仅发现前蜀买地券1方，其余全部为后蜀地券。

（2）券石材质。买地券石料材质较为单一，基本全部选用红砂石，仅后蜀广政二十五年（962年）李才墓使用白砂石质券。这样的选材特点与四川本地盛产红砂石原材料相一致。

（3）形状规格。买地券的形状分为长方形、近方形（券高与券宽之差小于5厘米）和碑形三种。其中，近方形的买地券数量最多，且近方形买地券的规格尺寸也十分相近，券高和券宽在30~40厘米，券厚在2.5~7厘米。另外，碑形买地券的出现比例近四分之一，碑形券连座后的通高都在70~80厘米，且碑形买地券的券部大小通常比近方形买地券宽大一些，如后蜀宋琳、后蜀佚名买地券、后蜀徐公买地券是16方买地券中较大的三例，甚至超过身份和地位较高的后蜀张虔钊买地券。由此可推测，相比于券主身份对后蜀买地券规格的影响，其形制定式可能是起决定性作用的因素。

（4）装饰图案。买地券的装饰图案繁、简分异明显，具体表现为：近方形的买地券装饰图案基本上都十分简单，装饰内容为在券石边缘处的四周边框线，分为阴刻单线和阴刻双线，双线之间多有三角纹饰。而碑形券装饰图案则相对复杂多样，碑座部饰浮雕莲花纹似为定制；又因其碑身部分较宽大，碑帽处有足够的位置布置图案装饰，多装饰卷云纹、菊花纹等。另外，有个别买地券装饰有道教符咒图案。

（5）券文篆刻。后蜀买地券的券文皆为楷书，以由右向左书写为主，也见由左向右、一正一回倒文书写的情况；券文字数不多，多在150~300字。

3. 内容研究

买地券作为随葬文书的一种，在丧葬仪式中是很重要的一个环节。"它不仅贯穿整个丧葬仪式的始终，具备向地下通告、为亡者买地、解殃除谪和镇墓等多种功能，同时也是整个丧葬流程结束后唯一留存的实物，可以说是整个丧葬活动的文本凝结。"[1]尽管中古时期买地券的券文内容和结构会因时代、地域、书写人不同而不尽相同，但其产生发展与道教的兴衰基本趋同，"这种现象一直延续到唐宋，至清代时一些地区的民间丧葬习俗中，还保留着其中的某些形式。"[2]这种关联性在五代蜀地买地券上表现得也非常突出。

北宋初年王洙等人奉宋仁宗敕命编撰的《地理新书》，其卷十四中载录了"地券"范文一篇。此地券的一般格式与出土的晚唐五代及宋代买地券大同小异，其券文内容主要包括买地与镇墓两方面信息，具体来说有亡者姓名、殁故时间、籍属、身份、卖地人、买地价格、墓地四至、知见人、震慑鬼神之语、解注语等。因买地券的内容框架是对现世土地契约的模仿，对这些信息进行分类提取，可以归纳出买地券中最常出现的三类主要角色，即人、神、鬼。进一步分析这些角色，是前、后蜀买地券内容研究的重点。

---

① 杨蕾蕾：《中古时期买地券研究》，兰州大学2020年硕士学位论文。
② 王德刚：《汉代道教与"买地券""镇墓瓶"》，《文献》1991年第2期。

1）买地券中的人、鬼

"人"代指拥有真名实姓的未亡人和已经亡故之人。买地券中的"人"主要由以下几个具体角色来充当：

①买地人。买地人即券主，也就是说这里所称的"人"并不是在世的生人，而是亡者，并要以亡者之名购买阴间土地，获取这一方墓地的支配和使用的权利。结合墓葬材料，就目前所收集到的前、后蜀时期买地券来看，券主大多为男性，女性只占极少一部分，且身份地位较高的券主仅张虔钊、徐铎二人，而像宋琳一样的中小官吏的券主并不多，绝大多数为平民。

②亡者亲属，有时券文中会出现亡者的亲属代替其买地的情况，如后蜀广政二十七年（964年）徐公中的"故亡人徐公（下缺）/（上缺）十（下缺）丑（下缺）九日亡家人用钱万万……"，就是家人出面为逝者买地的例子之一。

③其他亡者，即外姓他鬼。后蜀买地券中对鬼怪的称呼比较笼统，如后蜀广政十八年（955年）乐遥之买地券"故气邪精不得忏（忏）怉先有居者"。"故气"，也作"故炁"，意指各类鬼神邪神。类似"故气邪精，不得忏咨"的句式常见于唐代买地券中，而目前所见的蜀地买地券尾句使用类似语句的频率也很高。

2）买地券中的神

买地券中出现的"神"的种类和数量极多，且同一神灵经常在不同的买地券中充当不同的角色，担当的角色不同所起的作用也就不一样。

①东王公、西王母。买地券中的东王公、西王母经常一起出现，充当知见人或卖地主的角色。东王公、西王母在买地券中充当卖地人的角色不见于后蜀，唯一一例是后蜀广政二十五年（962年）李才买地券中"知见：东王父、西王母"，他们的角色为知见人，张坚固和李定度也是如此，在不同的买地券中分别担任卖地主和知见人的角色。

②女青。后蜀买地券中"女青"字样的出现也有一定比例。关于"女青律令""女青诏书律令""女青鬼律令"的出处，黄景春[1]、刘昭瑞[2]、白彬[3]等人做过相关研究，多认为其来源为《女青鬼律》。《女青鬼律》是一部道教的早期戒律，律文首卷直接言明律文为太上不忍恶鬼祸害人类而成。据黄文的考证，女青的

①黄景春：《早期道教神仙女青考》，《中国道教》2003年第2期。

②刘昭瑞：《奶女地券与早期道教的南传》，《华学（第二辑）》，中山大学出版社，1996年，第306页。

③白彬、代丽鹃：《试从考古材料看〈女青鬼律〉的成书年代和流行地域》，《宗教学研究》2007年第1期。

身份是"玉清元始天尊、上清灵宝天尊、太清道德天尊等道教大神的使者"；吴文中引用了《女青鬼律》卷五"大道律，女青所传"，表明相类似观点，"女青"为道教中的"三清"的使者。①女青是"神"的一员，负有传述鬼律的责任，拥有镇伏万鬼的能力，于幽冥界中具有很高的权威。"女青"一词虽在道教传世文献中逐渐消失，但女青对地下鬼神的约束、管制及镇墓的功能却在买地券中保留下来。"女青"最早出现在魏晋买地券中，但使用率并不高，到了晚唐五代、北宋时期，"女青"在买地券中十分常见，同为五代的前后蜀买地券也不例外，"五帝使者女青""五帝女（青）"的券文屡见不鲜。

　　③岁月主，今日直符。岁月主和今日直符在买地券中出现的时间较晚，目前所见最早的是唐大历四年（769年）张无价买阴宅地契："知见人：岁月主者；保人：今日直符。"②《地理新书》地券范文中"岁月主和直符"承担的角色为中间人，"知见人岁月主，保人今日直符"③。前、后蜀买地券中岁月主和今日直符基本只担任中间人，其他地方鲜有出现。岁月主，实际上是"岁主"和"月主"的合称，岁主、月主分别为主持每年和每月的神。所以，岁月主就是可以掌管所有时间的神。而"直符"为直符史的简称，本是汉代出现的官名，是汉代入直郡府的佐吏。"道教借用人间'直符'等官职来表示上天当值的神仙，并认为直符为天乙之神，又叫天乙贵人。"④

　　④张坚固、李定度。"张坚固、李定度"首次以知见人的身份出现在元嘉十六年（439年）的一方买地券中，"张坚固李定度□沽酒各半，共为券莂"⑤。黄景春论证出张坚固、李定度是家墓中具有自己专用名字的"专职神仙"，以及很有可能是为了确认土地买卖的合法性与可信性专门创造出来的。⑥自南朝及以后，张、李二人经常一起出现在买地券中，充当了保人、知见人、倩书人、读券人、书契人、过钱人等多种角色，但出现最多的还是保人。⑦后蜀李才买地券和籍田徐公买地券

①吴军昌：《一块明代"买地券"石刻》，《文物世界》2008年第4期。

②杨蕾蕾：《中古时期买地券研究》，兰州大学2020年硕士学位论文。

③［宋］王洙等编撰，金履道、张谦校，金身佳整理：《地理新书校理》，湘潭大学出版社，2012年，第429页。

④吴会灵：《成都地区买地券道教词语研究》，《开封教育学院学报》2018年第11期。

⑤廖晋雄：《广东始兴发现南朝买地券》，《考古》1989年第6期。

⑥黄景春：《地下神仙张坚固、李定度考述》，《世界宗教研究》2003年第1期。

⑦易西兵：《广州出土南朝龚韬买地券考》，《东南文化》2006年第4期。

中、张、李的身份皆为保人。另外，"张坚固、李定度"其姓氏比较普通，但名字是有特殊含义的。"坚固"意为土地买卖交易固若金石，"定度"意为土地丈量准确、公平。这样的取名强调了他们作为神仙的可信度，以及阴间土地买卖永久、坚定的特质。

⑤丘丞、墓伯。丘丞、墓伯都是道教中掌管亡人灵魂的地下官吏、神仙，属天师道内容，在诸多道教典籍中有明确记载。如《女青鬼律》卷六中载："丘丞鬼名地令，墓伯鬼名土下侯，冢下鬼名二千石。……放纵下，罗截四方，充塞六合，擅算五行，更相署置官府，列阵出入道从兵马，权强杀害无辜，恣意快心。"①早在延熹四年（161年）钟仲游妻买地券中就已出现"黄帝告丘丞、墓伯"的说法，其后一直延续使用并无中断的迹象。后蜀买地券中"丘承墓陌（伯）封部界畔，道路将军，齐整阡陌"等相类似的券文出现频率十分高。此外，丘丞、墓伯均可单独使用，但两者却经常并列出现，一为"人死入墓，墓穴于山，丘墓连书，合乎逻辑"，二为"押韵合辙"之需。②

⑥河伯。"河伯"一词在文献中出现很早，《楚辞》中有"胡射夫河伯，而妻彼洛滨"③的语句。经过很长时间的发展演变，汉魏以后，"河伯"正式成为道教诸神中的一员，从神变成了仙。汉代墓券中已有了"河伯"之称④，道教化的"河伯"不仅能助人修道修仙，还有一定法术能收治各种妖怪鬼魅。很显然，买地券中的"河伯"主要是作为惩治、驱除各种触犯律令禁令鬼怪的神仙一员而出现。后蜀券文中相类似含有"河伯"的句子亦很多，如后蜀宋琳买地券中"忏（忏）犯诃禁者将军信长收付河伯"等。不过后蜀广政十三年（950年）袁氏解伏连券中"太上司河伯水府门下"，此"河伯"似乎并非为"仙"，而是充当水神的角色。

---

① 佚名：《女青鬼律》，《道藏》（第18册）：文物出版社、天津古籍出版社、上海书店，1988年，第251b页。

② 余欣：《唐宋敦煌墓葬神煞研究》，《敦煌学辑刊》2003年第1期。

③ ［宋］洪兴祖撰、白化文等点校：《楚辞补注》，中华书局，1983年，第99页。

④ 寇克红：《高台骆驼城前秦墓出土墓券考释》，《敦煌研究》2009年第4期。

第七章

后蜀墓葬的特征

鉴于前、后蜀两国统辖区域大致相同，时间上前后相继，墓葬文化面貌上存在着一定的共性，故将两蜀墓葬合并研究。根据目前已公开的材料来看，已发现的两蜀墓葬数量为70余座，并集中在其统治核心区域成都及其附近，其中有明确纪年信息的墓葬有20余座。通过综合比较，对这些墓葬的类型、形制，墓葬壁画装饰特点进行分析归纳。

一、墓葬形制

（一）类型的划分

全面梳理已掌握的两蜀纪年墓葬材料，结合非纪年墓葬情况，以墓室内壁的材质为类，主室的数量为型，棺室的平面形状为式，可将两蜀墓葬分为三类五型（见表7-1）。

表7-1　前、后蜀墓葬形制一览表

序号	类	型	式
1	土坑竖穴墓		
2	砖室墓	A型：单室	Aa:长方形单室
			Ab:梯形单室
		B型：双室	Ba:长方形两室
			Bb:中字形两室
		C型：三室	长方形三室
3	石室墓	A型：单室	圆形单室
		B型：三室	长方形三室

第一类，土坑竖穴墓。平地下挖竖穴土坑，直接以土为壁，土底，平面多呈长方形。尺寸较小，仅容葬具或尸骨。土坑墓在两蜀境内发现寥寥无几，公布的材料中仅见光荣小区巡警楼工地有五代土坑墓一处。

第二类，砖室墓。在土圹内砌筑以砖壁墓室；除极个别使用模印花纹砖或少量画像砖外，基本都用素面砖构筑墓室。砖室墓在两蜀墓葬中的比例极高，是五代时期前、后蜀墓葬的主要类型。按主室数量可分为三型。

A型：单室砖墓。仅有的一个主室兼具棺室功能，可分为三个亚型：

Aa型：长方形单室砖墓。长方形棺室，室顶多为砖砌拱券式。包括蒲江李才墓、高晖墓（图7-1，1）、成都近郊广政十四年（951年）墓、西窑村M21、海滨村M23（图7-1，2）和M24（图7-1，3）等；非纪年墓葬广汉兴隆镇烟堆子M2、M3等。

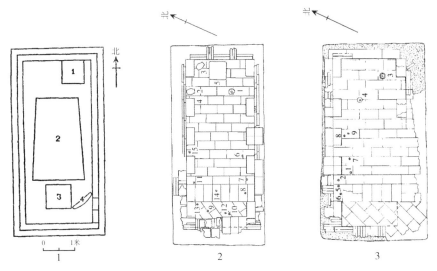

1.Aa型（高晖墓平面图） 2. Aa型（海滨村M23平面图） 3. Aa型（海滨村M24平面图）

图7-1 A型砖室墓平面图

Ab型：梯形单室砖墓。共3座，分别为成都西郊清江路M6、M11和梁家巷M3。墓室狭小，棺室平面呈梯形，砖砌拱券顶。

B型：两室砖墓。两室前后纵向相连或左右横连而成。葬具多以置于前室为主，可分两个亚型：

Ba：长方形两室砖墓。长方形棺室，砖砌拱券顶。2008年永陵公园工地M12墓室平面呈长方形，两室东西横置，因墓顶和西室北部破坏严重，导致东、西室联结情况不明，根据发掘简报中的墓葬平面图（图7-2），可将其归为此类。

　　Bb："中"字形两室砖墓。属于此型的墓葬仅赵廷隐墓一处，该墓发掘报告尚未公布，据已发表的材料可知，墓葬平面总体呈"中"字形，前室为十字穹顶，后室与耳室皆为券顶。

　　C型：三室砖墓。均

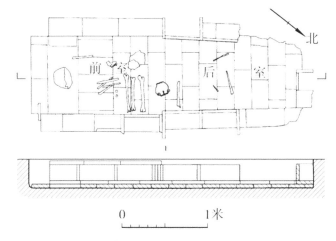

图7-2　B型砖室墓平面图（永陵公园M12平面图）

为长方形棺室。规模较大，三个主室呈前、中、后纵向布局，主室两侧对称地设有较多的耳室。棺室以居中为主，主室与耳室均为砖砌拱券顶。属于此类型的墓葬有张虔钊墓（图7-3，1）、晋晖墓（图7-3，2）、孙汉韶墓（图7-3，3）、徐铎（图7-3，4）及其妻张氏墓、彭山宋琳墓、华阳县李骅墓。另外，还有非纪年墓葬成都羊

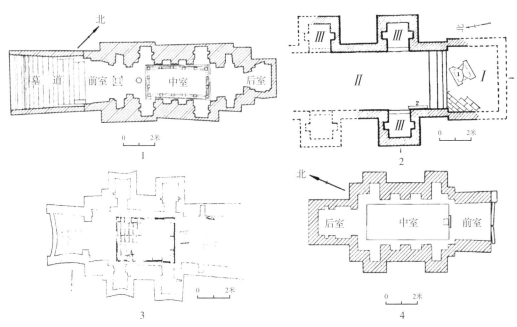

1.张虔钊墓平面图　2.晋晖墓平面图　3.孙汉韶墓平面图　4.徐铎墓平面图

图7-3　C型砖室墓平面图

子山M178唐公墓、白果林小区M8等。

第三类，石室墓。墓室内壁全部由条石砌筑。以主室数量可分为二型：

A型：单室石墓。依山而建，仅有一个主室。迄今为止，此类型的两蜀墓葬仅发现一处，即后蜀和陵孟知祥与福庆长公主墓。为圆形单室石墓，前设长斜坡阶梯式墓道，圆形主室两侧有对称的各一圆形侧室，均为圆穹窿顶。

B型：三室石墓。此类型的两蜀墓葬，也仅有前蜀永陵王建墓一处。无墓道，三主室呈前、中、后纵向布局，长方形棺室居中，内壁与室顶有多道肋拱起支撑加固作用。平地起建，墓葬上方有大型圆锥形封土堆。

总的来说，两蜀墓葬的类型绝大多数为砖室墓，主室数量从单室到三室不等，砖单室墓的棺室又存在长方形、梯形两种；个别为石室墓，包括单室圆形棺室墓、三室长方形棺室墓两种。其中，梯形棺室、石单室圆形棺室墓和石三室长方形棺室墓是具有地方特色的墓葬类型；同期在蜀境以外常见的土坑墓在两蜀却非常稀少。

从细部特征来看，棺室以长方形为主，梯形与圆形虽少见，却为该地特有；多为券顶式墓顶，个别穹窿顶，如后蜀和陵；墓壁多肋拱结构，因此墓室平面常常显得曲折，并且墓葬开间越大，立面越高，肋拱的数量越多。

个别砖三室长方形墓如成都石人小区五代墓，由并列的两个砖三室长方形墓组成，共用一道墓壁，壁上开甬道相通，推测为夫妻合葬墓。两蜀墓葬的棺室位置有一定的规律可循，单室墓的主室即棺室，双室墓的棺室即前室，三室墓的棺室即中室。

（二）规格与布局

根据墓葬规格统计表（见表7-2）所列，可以明显看出两蜀时期墓葬建筑用料、规格及其布局等方面存在着明显差异。

墓壁用材，石室墓仅两座，皆为帝王墓，即前蜀永陵和后蜀和陵；其余全部为砖室墓。墓葬其他位置用材，地面以青灰素砖为主，而海滨村M24存在使用特殊的橙红色铺地砖的现象；少量墓葬采用青石板和红砂石板，永陵、和陵为青石板铺地，而王宗侃夫妇墓和张虔钊墓则都使用了红砂石板铺地。另外，以上石质地板都刻有一些制作信息，如永陵地板上刻"金水""东川"字样；和陵"一部分石块上还刻了供应石料的地名、时间和尺码"，地名分别刻"西川""武信""资阳""绵竹""金水"等字样；张虔钊墓铺地石板上见"杨文进交十二片""王士进交四十片"等信息。通过这些信息可知当时建造墓葬所用石材均为地方上缴，还有专门提供石材供应的部门和人员。

墓葬用砖规格，所用砖的长度最大者为前蜀永陵和前蜀后妃墓，砖的长度为65厘米左右；所用砖的厚度最大者为王宗侃夫妇墓，砖的厚度为9厘米左右。而王宗侃夫妇墓用砖似以其厚度为标准制作而成，还有中厚6.5厘米砖和薄4.5厘米砖两种规格；其他墓葬用砖主要以砖长加以区分，如晋晖墓、张虔钊墓、孙汉韶墓、徐铎墓砖的长度在40~50厘米；温江区柳城街五代墓、光华大道五代墓、后蜀宋琳墓墓砖长度则小于40厘米；蒲江五显坡五代墓用砖最小，长度只有25厘米。

墓室长度超过10米的大型墓葬较多，如前、后蜀帝（妃）墓墓葬长度均超过10米，王建墓长度甚至超过20米；孙汉韶墓、张虔钊墓以及白果林小区M8也颇具规模，墓葬长度均在15~20米，且更为接近20米；王宗侃夫妇墓、徐铎夫妇墓、晋晖墓等的长度则在10~15米，且以不超过12.5米为主流；墓葬长度在5~10米者，数量不多，仅见宋琳墓、高晖夫妇墓、李铧墓；而无纪年材料的不知名五代墓，其墓葬长度在2~5米，少有超过5米者。

墓葬长度除了反映墓葬规格外，还对墓葬内部整体设计与布局有着直接的影响。统观前后蜀墓葬的布局，最明显地体现在墓葬长度与耳室、壁龛的设置的相关性上，呈现为墓葬长度越长，耳室、壁龛的数量越多。墓葬长度一定的情况下，内部区域划分及使用是按照各部分功能的重要程度依次进行排布的，而墓室作为墓葬中最核心的部分，必然优先考量并设置。前后蜀墓葬的实际情况也是大规模的墓葬通常设置较多数量的墓室，作为墓室的附属结构的耳室、壁龛就有了得以被构筑的可能，如墓葬长度接近20米的孙汉韶墓就设有三室四耳室，张虔钊墓设有三室八耳室两壁龛，而墓内长度5~10米的墓葬，设有壁龛与后龛而不见耳室；墓室长度在2~5米的墓葬，仅见少数设置简易的壁龛。这些耳室或壁龛绝大部分为成对出现，数量为偶数个；性质上，耳室、壁龛形状规整，用来放置随葬品，不见有放置人骨的情况。

另外，不论规模大小、墓室形状、墓内设置、建筑材质优劣，除受到盗扰破坏外，前后蜀墓葬平面中轴对称布局特征明显，这种中轴对称特是指墓道（包括甬道）修筑在正中，棺床（墓主人、棺）摆放在正中，即墓道（包括甬道）、墓室、棺床（墓主人、棺）三者中轴线几乎重合的墓葬布局。

表7-2 前、后蜀墓葬规格统计表

序号	时代	墓葬名称	墓室			建筑用材				棺床	棺椁
			规模（长、宽/米）	主室数量	耳室壁龛数量	用砖规格（长、宽、厚/厘米）	材质	地面规格（长、宽、厚/厘米）	材质	尺寸（长、宽、高/米）	
1	前蜀	王建	长23.4	3	3	65×42×21	—	—	石	7.45、3.35、0.89	木棺椁
2	前蜀	后妃	长16.8	2	4壁龛	65×42×22	—	—	石	6.65、2.9、0.73	—
3	后蜀	孟知祥福庆长公主	宽大于13.5	3	2耳室	—	青石板	170×100×30	石	5.1、2.75、2.1	—
4	前蜀	王宗侃夫妇	长10.38 宽20.3	2	2耳室	厚：50×26×9 51.5×26×9 49×25×8.5 中厚：40×19.5×6.3 40×20.5×6.5 薄：40×19.5×4.7 41×20×4.5 39.5×19×4.5	红砂石板	93×64×7 95×61×8 83×63×7	砖	5.9、2.97、0.89	木棺椁
5	前蜀	晋晖	残长大于12	3	4耳室	43×22×7	砖	39×14×4.5	砖	?、3.1、大于0.5	—
6	后蜀	张虔钊	长18.7	3	8耳室 2壁龛	（41~47）×（21~23.5）×（4~6.5）	红砂石板	92×46×10	石	6.9、3.6、0.82	—

续表

序号	时代	墓葬名称	墓室			建筑用材			棺床		棺椁
			规模（长、宽/米）	主室数量	耳室/壁龛数量	用砖规格（长、宽、厚/厘米）	地面材质	地面规格（长、宽、厚/厘米）	材质	尺寸（长、宽、高/米）	
7	后蜀	徐铎	长10.38、宽2.2~2.8	3	4耳室	标砖（40~41.7）×20×（4.5~5.5）	—	—	砖	5.18、2.2、0.56	—
8	后蜀	徐铎妻张氏	长11.28宽2.1~2.75	3	无				砖	? 1.48、0.28	—
9	后蜀	宋琳	长7.64、宽2.4	3	2耳室	38×19×4.5	—	—	石	2.98、(0.82~18)、0.24	石棺
10	后蜀	孙汉韶	残长18.8	3	4耳室	标砖：（38~41.5）×（20~21.5）×（4~5）特制砖厚：3、3.5、5.5	—	—	石	6.45、3.5、0.52	—
11	后蜀	高晖夫妇	长约6	1	无	—	—	—	石	2.78、1.07、0.58	石棺
12	后蜀	李摔	长约9	3	—	—	—	—	—	—	—
13	后蜀	赵廷隐	—	2	2耳室	—	—	—	石	7、3.35、0.57	—
14	后蜀	海滨村M23	长3.34、宽1.64	1	无	青灰砖/橙红砖 41×20×3.8	40×19.7×3.8	40.5×20×4	无		—
15	后蜀	海滨村M24	长3.24、宽1.7	1	无	青灰砖/橙红砖 41.7×20×3.8	39.7×19.2×3.85	40×19×3.8			—
16	后蜀	徐公M1	长5.76、宽1.4	2	5壁龛	—	—	—	石	3.04、1.22	—

续表

序号	时代	墓葬名称	墓室			建筑用材				棺床		棺椁
			规模（长、宽/米）	主室数量	耳室壁龛数量	用砖规格（长、宽、厚/厘米）	材质	地面		材质	尺寸（长、宽、高/米）	
								规格（长、宽、厚/厘米）	材质			
17	后蜀	徐公妻M2	长5.44，宽1.4	1	2后龛	—	—	—	—	石	2.88、1.27、0.29	—
18	后蜀	圣灯乡卫氏墓	长10	1	4耳室	—	—	—	—	—	—	—
19	后蜀	李才	长2.5，宽1	1	—	—	—	—	—	—	—	—
20	后蜀	西窑村M21	长3.26，宽1.28	1	2壁龛	—	—	—	—	砖	高0.22	—
21	后蜀	永陵公园M12	长3.07，宽0.9	2	—	—	—	—	—	—	—	—
22	后蜀	广政十四年墓	长小于5，宽小于2（图测）	1	3壁龛	40×20×4	—	—	—	砖	与墓室等宽	—
23	五代	化成村M2	长4.18，宽2.16	1	3壁龛	40×20×6	—	—	—	—	3.3、1.74、0.34	—
24	五代	青羊宫村光华村五代墓	长3.16，宽2.04	2	不明	36×18×4	—	—	—	—	—	—
25	五代	白果林小区M8	长19.1	3	4耳室	—	—	—	—	—	—	—
26	五代	广汉烟堆子M2	长5.45，宽3.2	2	2耳室	—	—	—	—	—	—	—
27	五代	广汉烟堆子M3	长4.65，宽4.2	1	2耳室	—	—	—	—	—	—	—

二、装饰特点

（前）后蜀墓葬装饰，有砖（石）仿木结构、浮雕、画像砖、壁画等多种形式，总体而言，运用仿木结构和壁画者居多。而从墓葬装饰的位置来看，则分为墓室装饰和葬具装饰两大部分。

（一）墓室装饰

1. 仿木结构装饰

在后蜀和陵、徐铎夫妇墓、赵廷隐墓、宋琳墓、广汉烟堆子M3等墓中都有仿木结构建筑装饰，但其所在的位置并不一致，以后蜀和陵为代表的几座墓葬仿木结构建筑均装饰在墓门上，而宋琳墓、双流籍田M2、广汉烟堆子M3则装饰在墓室石棺、头龛、后龛等位置（详见表7-3）。

表7-3　前、后蜀墓门的砖（石）雕仿木构建筑情况表

序号	墓葬名称	时间	材质	装饰情况
1	后蜀孟知祥	934年	石	门为牌楼式建筑。屋脊两端鸱吻，上刻龙凤，彩枋四柱，柱上刻有青龙、白虎，左右各有一个圆雕守门卫士石像
2	后蜀徐铎墓	952年	砖	砖砌门框、檐、额、楣檐、斗栱
3	后蜀赵廷隐墓	不详	砖	砖砌屋檐、斗拱等，其上绘卷云、草叶、建筑构件等题材壁画

（1）孟知祥墓门，其建筑类型属于牌楼式，是整个地下墓葬的门厅。以四根柱子分成三开间，柱头上置有栌头，上承额枋，屋顶为庑殿顶，筒瓦和板瓦覆盖屋面，正脊的两端安鸱吻，戗脊前端装饰有兽面，显得十分宏伟壮观。整座建筑分为开间、柱子、栌斗以及屋顶四个部分，各部分结构特点介绍如下。

开间，是指通过地上立柱，其上架梁，以立柱和梁木构成的空间。中国古代木结构建筑，通常都是以"间"为基本单元计量建筑宽度。孟知祥墓门，通面阔4.05米，以四柱三间组成，当心间2.67米，次间仅0.69米分列两侧，当心间面阔距离是次间的四倍，故而墓门主入口看起来十分宽敞。

柱子，是房屋的主要骨架，是建筑物的重要组成部分之一，它起到将梁架和

屋顶的重量传到地面屋基的作用。柱子的形状式样主要有圆形、方形、八角形、小八角形、六方形等。孟知祥的墓门置四根檐柱，中柱柱高2.58米，其柱径与柱高之比约为1∶7，接近现存唐代木结构建筑1∶8的比例。[①]柱体下粗上细，有明显的收分处理，截面呈小八角形，柱首部分卷杀7厘米，成覆盆状；两侧角柱内收8厘米左右，符合古建筑营建的"侧脚"之制。另外，四柱皆不用柱础而直接埋入地下。

栌斗，是安置在柱顶上斗拱最下层，承受重量最大的一处大斗，宋时又称坐斗或大斗。此墓门栌斗为正方形，正中开口，安放纵向华拱。华拱伸出斗口外，并在二分之一处抹角砍杀。栌斗的耳、平、欹三部分较完整，分别高为5厘米、15厘米、6厘米，比例为1∶3∶1.5。平部的高度超过耳部与欹部。成书于宋代的《营造法式》规定斗耳、斗平、斗欹的高度之比为4∶2∶4，其后元、明时期也基本遵照此制，或可能间接反映出五代斗平部较高，宋以后的斗欹部较大的变化趋势。另外，在墓门栌斗上还安置一块横砌的扁平石板，在古建筑上称之为"替木"。此构件主要起着分散屋面重力不直接传递到柱顶的作用。唐五代时，建筑中替木的使用比较普遍，如现存的唐代石刻建筑大足石刻，就是以替木承托檩枋的实例。

屋顶，孟知祥墓门的屋顶为单檐庑殿顶，庑殿顶因其屋顶四面有斜坡，略内凹形成弧度，又被称为"四阿顶"。其屋面坡度比较平缓，举折为四分之一举，与山西唐代佛光寺大殿的举折四点八分之一举比较接近。《营造法式》中规定举折为三分之一举，显然比唐代建筑陡得多。这也证实了古建筑举折发展遵循着由平缓向陡峭的变化规律。

墓门屋面刻瓦陇十七条，并使用筒瓦覆盖。筒瓦前端的出檐部分以瓦当遮挡，当面为八瓣莲花纹图案。瓦陇间盖板瓦，出檐部分用重唇板瓦，与瓦当相连，并且也未使用滴水。

屋顶正脊两端安有鸱吻，刻饰一怒目张口龙首吻脊，尾部内卷刻一凤头，其鸱吻外形轮廓与唐代相同，但在鸱吻上刻龙凤头的情况比较少见。鸱，最早记于《山海经》之中，传说中它的尾巴能激浪降雨灭灾，是一种瑞祥动物。《唐会要》中亦所载："东海有鱼，虬尾似鸱，因以为名，以喷浪则降雨。汉柏梁灾，越巫上厌胜之法，乃大起建章宫，遂设鸱鱼之像于屋脊，画藻井之文于梁上，用厌火祥也，今呼为鸱吻。"[②]因此，古人常于屋顶正脊两端塑置鸱尾，有防火消灾、避难祈福的

---

① 李显文：《孟知祥墓门的建筑特点》，《成都文物》1989年第2期。

② ［宋］王溥撰，牛继清校证：《唐会要校证 上》，三秦出版社，2012年，第679页。

寓意。古建筑上塑鸱，经历了由鸱尾到鸱吻的过程。早至晋代鸱吻就已出现，隋唐时期普遍使用，鸱吻的出现则晚至大约中唐或晚唐。乐山凌云寺中唐时期摩崖造像中所见鸱尾，张口吞脊，此时的屋脊塑鸱已由"尾"转变为"吻"。

（2）徐铎墓的仿木结构墓门斗拱装饰独具特色。斗拱以三组一斗三升斗拱为主体，补间补作"人"字拱相连并施以非常华丽鲜艳的彩绘，整体与南唐二陵、李昪陵墓门正中的彩绘斗绘、枋额和叠涩比较相似。这种一斗三升式斗拱和东、西两端的两组一斗三升式的斗拱形式，多应用于摩崖造像石窟、古建筑或门阙上。

（3）赵廷隐墓的墓门上部用砖作仿木结构屋檐、斗拱等，其上绘卷云、草叶、建筑构件等题材壁画。

迄今为止发现的几十座前、后蜀墓葬中明确使用砖（石）雕仿木构建筑装饰者仅此几例。不论孟知祥还是赵廷隐，考察其身份非帝王即重臣，由此可见，高等级墓葬才可能采用砖石雕仿木结构作为墓葬装饰。仿木结构装饰结构复杂，位置在墓门上方时，还会配套使用瓦、瓦当、滴水、鸱吻等其他仿木建筑构件达到形式完整、统一。

2. 浮雕装饰

蜀地五代墓室内壁浮雕题材，亦流行砖（石）雕仿木构建筑的形式，有些墓葬突破了狭义的"仿木构"范畴。另外，墓室内壁浮雕装饰位置并不单一，比较灵活多样，不见墓室内壁砖（石）雕檐椽与壁画相结合来表现同一场景的装饰手法（见表7-4）。

表7-4　后蜀墓室内壁的浮雕装饰情况表

序号	墓葬名称	时间	材质	题材	与壁画结合与否
1	后蜀宋琳墓	955年	砖	柱、斗拱、窗	无壁画
2	后蜀双流籍田M2	964年	石	斗拱（小龛上方）	无壁画
3	广汉烟堆子M3	不清	砖	瓦、檐、枋、斗拱、柱、廊、台阶（墓室头龛）	无壁画

3. 壁画装饰

众所周知，五代是继唐以后我国绘画发展历史上一个极为重要的时期。南唐、西蜀当时画风极盛，前、后蜀时期，全国绘画名家云集蜀地，促使两蜀都城成都出现了一大批实力卓著的绘画家。如宋人邓椿《画继》记载"蜀道僻远，而画手独多于四方"。两蜀时期，成都因绘画之风炽盛，宫殿修造、寺庙壁画等艺术领域亦随之不断开拓创新。叙及两蜀墓室装饰的另一大要素——壁画，毋庸置疑地要受到其影响。

两蜀墓葬因遭受盗扰、墓室业已回填、长期受到水浸、发掘后逐渐风化脱落等原因，造成了墓葬壁画整体保存状况比较不理想。就（前）后蜀时期的墓葬而言，目前已发掘的墓葬大多被盗掘且破坏严重，其中存有壁画装饰痕迹的墓葬主要见于帝王墓和高等级品官墓葬之中。现残留壁画装饰的墓葬有前蜀永陵王建墓、后蜀和陵孟知祥墓、后蜀张虔钊墓、后蜀孙汉韶墓、后蜀赵廷隐墓等（详见表7-5）。

表7-5　前、后蜀墓室壁画情况表

序号	墓葬名称	壁画位置	壁画内容
1	前蜀王建墓	前室第一道券以下第三道券券额	彩绘人物单枝宝相花
2	后蜀孟知祥墓	墓室内壁两侧	彩绘男、女宫人图像
	后蜀孙汉韶墓	墓室内壁	彩绘藤枝
3	后蜀徐铎墓	墓门斗拱	彩绘对称螺旋纹、回纹和卷云纹
	后蜀徐铎妻墓	前室东西两壁上部	彩绘藤枝蔓叶、卷云、宝相花、天鹅
5	后蜀赵廷隐墓	墓门、墓壁及墓顶	墓门：彩绘花草纹、童子、建构构件、回纹等；墓壁：彩绘人物、花草、凤鸟、水禽等；墓顶：彩绘花草、建筑构件，部分线条有描金

永陵王建墓，将前室第一道券墙1.6米封门石条取下后，发现白垩上残留红绿两色彩绘痕迹，图案漫漶严重，不能看到完貌，隐约可辨识其应为壁画人物。在墓内前室第三道券下重券额上保存有一段壁画，为券顶当额的一部分，大部分都已脱落，两边由于埋在淤土中完全无存，保存下来的这段壁画轮廓色彩基本完好清晰，画面较鲜艳，为红绿二色，所绘图案是单枝条宝相花。彩画总宽度43~60厘米，高10余厘米，长约4.5米。[1]宝相花纹具体画法为先在白垩上刻画出轮廓线条，

---

[1]冯汉骥：《前蜀王建墓发掘报告》，文物出版社，2002年，第25页。

再以赭色为界，再用红绿二色填充，所使用的颜料系天然矿物质。由于所画莲花为单枝宽叶、大朵花，更显富丽堂皇，且增强了真实感。加之笔法娴熟简练，作风古朴而不冗繁，更显示出较强的艺术性。"串枝莲"宝相花为唐代以来建筑绘画中常见的一类图案，这种基本图案形式主要在晚唐、五代时期普遍流行。后蜀和陵孟知祥墓门后的两壁彩绘男女宫人下半身图像可能因水浸或淤泥覆盖而脱蚀，仅余上半身胸像，据残存画幅估计，原全身画像规格略小于真人。从保存清晰的人物头胸图观之，人物绘制色彩多采用绿、浅红、赭、黑色或紫色。男女宫人脸庞丰润，涂以浅红或粉色。男宫人头饰帕头，呈黑色，着绿色黄袍衫，与五代名画《韩熙载夜宴图》中的男性宫人、仕女所着绿袍无异。唐五代时男、女宫人多着绿衣，正如白居易诗云："绿衣监使守宫门，一闭上阳多少春"。男宫人所戴硬脚幞头呈平伸、窄而长。硬脚（幞头）在《梦溪笔谈》中载"晚唐……始僭用"，宋时才较为流行，墓中出土幞头饰法表明五代不仅袭晚唐之风，还开宋代幞头之先河。女宫人脸被绘得圆润且稍长，弯眉细长，耳长垂大，是典型的唐代宫女形象。其近似螺髻的发饰上戴着簪钿。女宫人着交领，宽袖袍衫，头饰和袍形看似唐代菩萨佛像。女宫人双手捧笏，手版即笏矣。我国古代品官朝见天子、履行公务时常执这种特殊之版。男者眉清目秀，仪态温文尔雅，服冠考究得体，正如宋人郭若虚《国画见闻志》卷一所云："画人物者必分贵贱气貌、朝代衣冠"。女宫人同样被绘得惟妙惟肖，达到了"士女宜富秀色矮"的艺术效果。

后蜀徐铎墓内壁画与永陵取材相似。其墓门由门框、檐、额组成，门额上方用方砖砌楣檐构成斗拱。斗拱形制主要为一斗三升式，其补间铺作间以"人"字拱相连。在斗拱上装饰彩绘图案，于青砖上施以白膏粉，并彩绘红色、黄色构成斗拱样式，以流畅的宽弧红带、黄带、红细面条勾画出螺旋纹、回纹和卷云纹，纹饰兼作对称状。图案纹饰具有美丽大方、庄重厚实、色彩鲜艳等特点。徐铎妻墓为大型多室券拱砖室墓，前室的东西两壁起拱至顶部残留一段彩绘壁画，南北残长约4.45米，东西残宽约3米。壁画施绘有花草图案，并以宝相花作陪衬。宝相花用棕褐色、黄色、绿色等原色涂于花冠和藤叶上，色彩鲜艳。花形采用中心圆和外单圆花瓣，花冠长25～33厘米，圆径10～13厘米，棕褐色花瓣中心着绿点，黄色施在绿点周围。顶部主体用黑色和棕褐色线条勾画出藤枝蔓叶、云朵和天鹅等内容。云纹分布在主体壁画的四角和边际，规格长40～75厘米，宽25～45厘米，部分云纹采用两边对称形式。天鹅在四角及壁画中部作对称相向，大小在25厘米×35厘米和45厘米×65厘米之间，形若展翅飞翔状。中部主体图案的藤枝蔓叶由中心圆心和桃形花瓣组成，褐黄色花瓣数量为5～7瓣，形状略比宝相花小。[①]徐铎夫妇墓的这种以花鸟和螺旋纹为主的图案，常见于蜀地五代时期砖室券拱墓，其中花纹以六朵纹和五瓣梅花为主，唐宋时期建筑装饰花纹中亦常用到。仿木结构券拱结合彩绘壁画使用再现出当时的建筑特点，图案以及色彩的选用和配置，整个墓室的色调分布，流畅的彩绘弧线，宽带，红色和黄绿色等相间色的运用更是有的放矢地渲染了墓主人肃穆堂皇的墓室装饰基调。

后蜀张虔钊墓和孙汉韶墓，墓室壁均粉石灰，张虔钊墓室壁上涂赭色，壁画已毁损。[②]孙汉韶墓室壁画受到长期浸蚀，壁画漫漶严重，从残存部分来看，壁上石灰粉上彩绘藤枝，施以红褐、黄、绿等三种颜色，几块壁画上仅残存似花似叶的图案，整体来看其壁画色彩搭配及图案取材与徐铎墓相似。

除了上述等级较高的纪年墓葬外，成都羊子山地区还有两座有墓室壁画的后蜀墓葬。一为1958年羊子山地区青杠坡的一座无名后蜀墓。墓葬内发现《武士门卒》壁画，这两幅人物壁画分别位于墓室南、北两壁，壁画保存情况较差，绝大部分已脱落，北壁人物腰部仅存一带，带之中部（腹部）挽结，足部为两只黑色革靴。南壁人像保存情况极差，仅能观察到部分模糊衣纹。这两幅壁画人物的衣纹带靴符合当时的服装制式，根据其形象推断这二人当为文臣武将作为守门侍卫或为门卒之类。另一处为1959年成都羊子山发现的一座五代时期后蜀墓葬。该墓葬甚残而未清理，嗣后废弃，墓顶券上绘花纹，羽人乐伎图绘于后壁，这幅壁画通高90余厘米，形为人首禽身，色彩以浅红、淡黄和黑为主。彩绘人物头、面和上半身清晰可辨，乐伎身着圆领、窄袖衫，颈下饰云肩，手中捧一拍板置于胸前，而伎乐的肩上为一对颇大羽翅，如其两翅，呈人首禽身之态，其胸部以上漫漶严重，仅保存有一对衣裙飘带外，其下部绘莲座图。今存的《乐伎羽人图》为摹本（调查报告草稿未经正式发表）。从人物面容观之，女伎脸庞圆润，耳长而垂大，具有明显的唐代风格，其形象酷似王建墓二十四乐伎石刻中的女伎。从女伎所执乐器观之，拍板由六片板组成，与《通考》卷三十九载拍板有大小之分，"小者六板"吻合。从女伎之服观之，服饰为圆领、窄袖衫，符合晚唐妇女常服之式样，尤其多见于宫女乐伎身上；女伎云肩在唐五代时即多为饰用，且沿至宋元乃至清代。《元史·舆服志》载："云

---

①成都市博物馆考古队：《成都无缝钢管厂发现五代后蜀墓》，《四川文物》1991年第3期。

②成都市文物管理处：《成都市东郊后蜀张虔钊墓》，《文物》1982年第3期。

肩，制如四垂云……"约指此而言。时至清代，云肩则用于礼服饰物。整体来看，乐伎有被神佛化之意味，其人首鸡身，下部绘莲座的形象增强了墓内壁画的特殊性质，可能寓意着墓主人死后升天成仙成佛的愿望。人首禽（或兽）身这一形象常见于宋、元墓葬内出土的陶俑，由此可知后蜀壁画形象正处于唐、宋的过渡时期。

总的来看，因脱落或受损等诸多原因的限制，是很难完全宏观地把握两蜀时期墓室壁画的。目前保存下来的材料相对零散，墓室装饰或崇尚星象四神，或尊举宗教色彩及神仙人物故事的传说内容，而更多的则注重运用大自然中的各种珍禽奇兽的形态和传说中的龙、凤、麒麟等动物的变形图案，多同当时的流行葬式有所关联。这些墓室壁画图案主要并存着三种方面：现实取材、道教元素、动物寓意。每一种形态或与其他形式相组配，表现在墓室内，呈现出一种威严庄重，亦活泼生动的画面。以突出动物形态和自然植物为主的现实取材在壁画装饰中数量多而广泛。

除此之外，在两蜀墓葬墓室装饰中，画像砖装饰仅成都市石人小区五代墓 1 例，出土两件，规格为40厘米×30厘米×5厘米，一为击鼓舞蹈形象，一为吹笛舞蹈形象，形态逼真，气韵生动，这在十国墓葬中也是极为罕见的。

（二）葬具装饰

葬具，主要包括棺与棺床。棺床，通常指的是棺下能与棺明显分开的、尺码上长于或宽于棺的实体部分，有的材质与棺身不同。棺座，通常指的是与棺身相连或密切结合的棺身下有一定高度的实体部分，材质与棺身相同，其造型、材质与装饰与棺身融为一体。

1. 棺的装饰

（前）后蜀墓葬棺床上很少发现有葬具实物，棺钉也极为少见。其中，高晖墓、宋琳墓等墓葬内使用砖、石质棺葬具，木棺者仅见前蜀永陵王建墓和后蜀宋王赵廷隐墓两例，此外还有乐山斑竹湾出土的釉陶质棺（详见表7–6）。

（前）后蜀墓葬葬具上常出现壶门、前和小门、围栏等装饰题材，普遍使用浮雕（包括阳线刻、堆塑）、圆雕等装饰技法。与墓室的装饰相比，葬具的装饰更灵活复杂。前和有时装饰小门，带座者常浮雕或透雕壶门，有的座上有栏杆装饰。

表7-6 前、后蜀墓葬棺的装饰情况表

序号	墓葬名称	时间	材质	前和有无小门	是否带座	其他
1	前蜀王建墓	918年	木	有。前、后和均有	否	无
2	前蜀王宗侃夫妇墓		木	不详	不详	棺床上部残留至少4条木痕，外侧木痕近棺床外沿，内侧木痕间距约0.7米，木痕厚约0.05米，有铜铺首衔环等棺椁附件
2	高晖墓	932年	石	有。浮雕小门、门钉，浮雕2武士	不详	棺盖下浮雕朱雀，棺身其他三面浮雕玄武、青龙、白虎
3	后蜀宋琳墓	955年	石	有。前、后和均浮雕妇人启门、门钉、门柱、屋檐	是。浮雕花纹、壸门、正面浮雕3壸门，壸门内浮雕乐舞。四角浮雕负棺力士	棺盖浮雕云纹和云雀，前端浮雕朱雀，后端浮雕玄武。棺身两侧浮雕青龙、白虎、祥云。棺身下部浮雕一周围栏，栏板浮雕"曲水"、"卐"字形图案
4	四川五代陶棺墓	五代	釉陶	有。浮雕小门，门扇上浮雕侍者，门前浮雕三级台阶，门两侧圆推屋檐柱、莲花柱础，门上浮雕屋檐	是。浮雕壸门，左右两侧的壸门上浮雕兽首，座底浮雕仰莲纹	棺盖顶浮雕联壁纹，前部浮雕日（金乌）、月（玉兔），棺首透雕成如意云头状。棺身两侧浮雕青龙、白虎。黄、绿、褐三彩釉陶

（1）永陵石棺床上放置的木葬具的结构极为复杂，在三层自下而上逐层缩进的木质台阶上，放置有木椁，椁内有木棺，台阶和棺椁均作小木作式样（有栏杆、窗棂、门作、斗拱、铜饰件等），整体髹漆，部分贴金。

（2）高晖墓使用石棺作为葬具，在门的两侧装饰有一浮雕守门武士，棺盖下浮雕朱雀，棺身其他三面浮雕玄武、青龙、白虎，石棺整体看上去造型装饰简洁而立体。

（3）宋琳墓亦采用石棺作为葬具，为长方形红砂岩石棺，棺身四周满布浅浮雕。棺盖上分别配置有在云纹中间的三组双翅展开、作飞翔状的浮雕云雀。棺盖前端也浮雕一朱雀。后端的一玄武，蛇腹与尾蟠曲于龟身上，两头互相对望，姿态生动。棺身前档刻有门，其余则按四个方位分别装饰有四神形象。而宋琳石棺则非常生动地表现出了一幕妇人启门将入的场景。从整体装饰和雕刻技法来讲，宋琳石棺比高晖石棺更华丽精致。

（4）乐山斑竹湾出土的陶棺安置在饰有莲瓣纹的棺座之上，左、右棺墙各有三个壶门，后墙有一个壶门。左右壶门之上，又各有一个兽头之类的装饰，可能为抬棺力士类的鬼怪形制的演变。在兽头饰的上面，左为青龙，右为白虎。棺盖纹饰以铜钱纹变化的花瓣纹为底，配有日、金乌、月、玉兔、天象等图案。

（前）后蜀墓葬棺的装饰特征显著特点有：①棺的装饰题材常见壶门、前和小门、围栏（栏杆）和"曲水"、"卍"字形图案等元素。其中，石棺、木棺、釉陶棺均有带棺座者，且棺座上通常装饰壶门；②前和小门的设置，有的门两侧有侍者，有的门可自由开合；③部分石棺和木棺棺座之上或棺身底部装饰一周围栏（栏杆）。还有棺的栏板上装饰"曲水"、"卍"字形图案。棺的装饰技法主要为雕刻，具体来看，石棺多采用浮雕、透雕、有的圆雕或贴金；木棺常见的雕刻技法为透雕和圆雕，有的辅以浮雕或贴金；而釉陶棺数量极少，乐山一例为典型，装饰技法有浮雕、圆雕、透雕，不见贴金。除此之外，其他装饰技法如阴线刻和彩绘基本不见。

2. 棺床的装饰

（前）后蜀墓葬中发现的棺床摆放的方向大体与墓向一致，仅后蜀孟知祥墓的棺床方向与墓向成90°夹角。棺床的材质为石或砖砌筑，有的则是外包石或砖、内为填土。另外，带有装饰的棺床大部分为帝王显贵者所用，而带装饰的砖质棺床较少见，仅见浮雕一种装饰技法，装饰题材简单。石质棺床以浮雕为主，个别的可见圆雕、贴金。另外，根据铁链、插孔、纺织品等遗迹推测，永陵、和陵的棺床上方可能都设有锦帐（详见表7-7）。

表7-7　前、后蜀墓葬棺床的装饰情况表

序号	墓葬名称	时代	材质	装饰情况
1	前蜀王建墓	918年	玉、石	须弥座式。方涩浮雕双龙戏珠、云气纹，罨涩浮雕仰莲。床身立面浮雕壶门，壶门内浮雕乐舞或莲花，壶门之间浮雕莲花或鸾凤。床脚浮雕覆莲两周、缠枝莲花一周。雕刻全部敷色，主要部分（如龙）贴金。棺床的东西两侧圆雕神（抬棺武士），盔甲上敷色贴金

续表

序号	墓葬名称	时代	材质	装饰情况
2	前蜀晋晖墓	923年	砖	棺床前端最上层的砖向外伸出浮雕成屋檐状，中部做假窗
3	后蜀孟知祥墓	934年	石	四立面刻（浮雕？）有三组壸门，并涂以朱红色。棺床前后两端有圆雕石枋，额枋呈拱形。额枋两面贴金凤凰，并施以彩绘。枋柱上部贴金凤凰，彩绘缠枝花
4	后蜀张虔钊墓	948年	石	须弥座式。方涩刻牡丹花，罨涩浮雕仰莲，床脚上部浮雕覆莲。床身浮雕壸门，壸门内浮雕神兽。壸门之间与四角浮雕负棺力士
5	后蜀孙汉韶墓	956年	石	须弥座式。棺床四周方涩阴刻牡丹花纹，罨涩浮雕仰莲。床脚方、罨涩也雕同样花纹。床身立面浮雕壸门，壸门内浮雕神兽，壸门之间与四角均浮雕负棺力士
6	双流籍田后蜀M2	964年	石	须弥座式。束腰处浮雕负棺力士，底座浮雕莲瓣纹

（前）后蜀墓葬的棺床通常是须弥座样式，立面多装饰有壸门。石棺床的立面常环绕饰以浮雕图案。装饰内容除壸门外，各种花卉、云气纹也比较常见。主题纹饰有二十四伎乐、二龙戏珠、舞乐伎以及各种动物图像。值得一提的是，如前蜀永陵、后蜀和陵、后蜀张虔钊墓、后蜀孙汉韶墓、后蜀宋琳墓以及双流籍田后蜀M2等大部分墓主身份较高的墓葬中，不仅在石棺床上装饰有各种主题纹饰，纹饰之间还规律地间插设有背向棺台、裸身卷发的高浮雕负棺力士形象，力士浮雕也是棺床的组成部分。这些抬棺力士石刻雕像，有些顶盔贯甲，有些裸身卷发，或戴披风帽，赤足裸身，半跪或双跪，用双手单掌托举着沉重的棺具，表情十分诚挚生动，可谓五代时期雕饰艺术的典型。

其中，前蜀永陵石棺床四周浮雕的以歌舞伎乐为主的题材，乐伎面巧灵活，神形犹如唐代仕女的画像，韵致相若。有吹叶、腰鼓等吉乐器，或吹，或弹，或击拍，形神毕肖。棺床四周有面向棺床、身披甲胄的圆雕半身扶棺的十二力士，神情庄严肃穆，孔武有力。另外，永陵王建墓的石棺床不仅全部敷色，并且局部有贴金装饰，在棺床上还满铺岷玉板，做工精致，装饰丰富。

其他如后蜀孟知祥、张虔钊、孙汉韶、徐铎等墓中的表现艺法，则突出以动物形态和自然植物为主题。

孟知祥墓主室棺台为须弥座式，除底座绕以莲瓣装饰外，主题图案为上层四周的双龙戏珠浮雕，其墓室穹顶正中也以蟠龙封顶，着重于龙形象的塑造与呼应。棺床上，除了守护神像外，其他力士均袒胸赤足，跪地托棺，虽相貌不一，但表情丰富逼真，造型力量感十足。

张虔钊和孙汉韶墓的棺床亦采用弥座式，方涩刻牡丹花、翟涩雕仰莲，床脚方上部刻覆莲。床身四周的壶门石刻分别有马、狮、獬豸、羊、鹿、麒麟、獏、象、虎等动物，整体上表现内容以动物为主，其刻工精细优美，动物神态给人以神秘之感。

宋琳墓在棺床座下，四周饰有浮雕花纹。唯正前面一端是三个舞乐伎，由右至左，有击拍板者、舞者、吹篪者，虽然乐伎较少，但与王建墓的乐伎石刻比较，只是区别于细部上，雕刻技法惟妙惟肖，属于同一范畴。宋琳墓棺床上部主要表现飞雀、云朵，棺墙中主要突出浮雕奔腾青龙和奔驰的虎，而下部又有前代的歌舞吹奏乐伎形象，运用写实手法描绘墓主人生前生活背景。其棺墙前端还采用现实中的仿木建筑形式。宋琳墓棺床制作不仅根据棺床床身的相对方位进行主题创作，题材采取也虚实结合、相得益彰。

相对于石棺床装饰的华丽繁复，两蜀时期墓葬中的砖棺台就显得简单朴素了许多，一般除位于前立面的砖砌壶门外，别无它饰。如前蜀晋晖墓那样在棺床前端做出仿木结构屋檐，棺床中部设置假窗的砖棺床仅是少数特例。

三、丧葬制度

丧葬制度是人类社会发展过程中的产物，其由一定的生产关系性质所决定，并随着社会制度的变化而变化。受到不同社会背景下自然因素、科学技术和物质文化条件等方面的影响，任何一个时代的丧葬礼俗都能在一定程度上综合反映出当时的政治、经济与文化背景，礼俗互动情况和社会观念的情况，丧葬习俗所形成的丧葬制度在古代社会、文化发展中发挥着较为重要的作用。

隋唐时期，随着中国封建社会进入盛期，丧葬制度整体趋于完备、成熟，而且呈现出强烈的制度化、等级化和法制化的色彩。[1]国家统一，社会稳定，在统治者的引领下进入一个相对厚葬的时期。这一时期儒家礼法规定等级森严，导致丧葬制度等级化强烈，唐律等完备的刑律体系也使丧葬制度朝着全面法律化的趋势发展。从民间来看，焚烧纸钱、寒食拜扫风俗兴起，撰写碑志、归葬、辰日等风俗盛行，民间丧葬风俗对封建丧葬礼仪造成了冲击。从宗教方面来看，佛教中国化的进程加快，七七斋、塔葬、野葬等佛家丧葬风俗冲击着传统的儒家丧葬礼制，这一时期的丧葬制度充满了浓厚的宗教色彩。[2]

五代十国处于唐、宋过渡时期，十国政权建立后，各类典制制度仍以沿袭唐制为主，丧葬习俗礼仪同其他社会文化一样亦沿袭唐制。五代十国时期，丧葬制度最显著的特点是等级性明显，丧葬礼制遵循严格的等级规定，在法律原则上"贵得同贱，贱不得同贵"[3]。《五代会要》丧葬篇中就详细规定了丧葬要根据品秩等级、士庶高低各定规则施行，违者按其所犯轻重追究惩罚。[4]此外，五代十国时期也是我国封建社会历史上割据分裂时期之一，社会动荡不安，兵祸迭起，掘坟盗墓之风盛行、归葬流行、民间烧纸钱和助人营丧习俗等丧葬文化明显受到当时社会背景的影响。这一时期随着礼废乐坏、南北政权四起，佛教中国化和民间化加深，佛家的荼毗火葬法开始受到北方一些政权统治者的青睐，荼毗火葬不仅局限于信仰佛教的群体之中，向俗家墓葬扩散的迹象也比较明显。荼毗火葬在民间一经出现便受到欢迎，并逐渐流行开来，民间火葬习俗在这一时期得以形成，当时南方地区如四川、福建、浙江等地的火葬已初见端倪。[5]

隋唐时期是我国历史上封建王朝的繁盛时期，唐代四川地区经济文化发展位居前列。该时期蜀地发现的墓葬考古资料较少，但整体反映的丧葬习俗已经有了新的特点，尤其是墓中放置镇墓兽和火葬习俗对五代及后世丧葬风俗影响较大。[6]王建、孟知祥相继建立前蜀和后蜀，唐末五代中原混战时四川地区社会却较为稳定，关于这一时期丧葬礼仪的具体细节，诸书记载极略，故欲全面了解前、后蜀的葬俗，除了需要掌握唐末五代的丧礼制度外，还要重视唐五代时期蜀地随葬品材料所反映的丧葬功能特征。

①徐吉军：《中国丧葬史》，武汉大学出版社，2012年，第327页。

②吴玉贵：《中国风俗通史·隋唐五代卷》，上海文艺出版社，2001年，第437页。

③徐吉军：《中国丧葬史》，武汉大学出版社，2012年，第388页。

④［宋］王溥撰：《五代会要》，上海古籍出版社，2006年，第141页。

⑤徐吉军：《中国丧葬史》，武汉大学出版社，2012年，第395页。

⑥霍巍、黄伟：《四川丧葬文化》，四川人民出版社，1992年，第212页。

（一）随葬品组合特点

任何一个时代的随葬品，都是某个时代工艺制造和审美取向的结合物，可反观当时社会经济、文化、艺术的总体发展水平。通过分析五代以前墓葬随葬品的变化，可探索历时和共时的时空框架下随葬品功能的演变，继而完善蜀地唐五代时期随葬品类型的共性特征。

隋唐时期明器种类繁多、造型精美，是我国古代明器艺术相对成熟的阶段之一，各阶层墓葬中的随葬器物都有进一步世俗化的特点。[1]一般低级官吏或普通庶民墓葬往往出土有罐、碗、壶、盏、盒、砚、杯等仿生活器皿以及铜镜、勺、灯、簪等日常饰品和工具等。而在高等级墓葬中，这些墓主人生前多数社会地位较高或拥有大量财富，能突显墓主身份和地位的高等级模型明器等被大量使用。当时的统治阶级用法律形式将明器制度确立下来，律法对不同等级人员的随葬品使用者有着明确规定，然而当时的厚葬之风已经蔓延到贵族、官僚及平民等各个不同的阶级或阶层中，这些法律规定也逐渐成为一纸空文，随葬器物日益铺张奢侈，尤其安史之乱以后僭越情况愈加泛滥。[2]目前为止，四川地区隋唐墓葬虽然发现较少，但综合其他地区隋唐墓葬的情况，可以想见其面貌。

唐末五代，人们已普遍认为阴间与阳世是相类似的，按照对现实世界的世俗化判断，人死后以灵魂为载体继续在阴间“生”存，随葬品的一个重要功能就是为亡人提供其在阴间“生”存所需的物品。“生”时所用就变成“死”后所需。人世间的主要生活器皿遂成为墓葬的主要随葬品。

随着唐末五代的丧葬观念趋于稳定和随葬品制作技艺的沉淀，这一时期的墓葬随葬品也稳固下来，如壶、罐、碗、杯、盘、盂、瓶等陶瓷器皿成为墓葬中的常见物，只不过不同器物产自不同的地域，具有不同的类型和特征，其本身所具有的丧葬功能应是为当时社会所广泛认可的。

前文所列，前、后蜀墓葬除现较少发现的土坑墓和“中”字形两室砖墓外，主要还存在着其他六种墓葬类型，根据不同的墓葬类型，总结不同的随葬品组合情况如下[3]：

（1）长方形单室砖墓。该型墓葬出土随葬品以陶瓷器为主，钱币次之，不同墓

---

①徐吉军：《中国丧葬史》，武汉大学出版社，2012年，第370页。
②徐吉军：《中国丧葬史》，武汉大学出版社，2012年，第368页。
③李蜀蕾：《十国墓葬初步研究》，吉林大学2004年硕士学位论文。

葬还随葬铁器、玉器、石制品等种类的器物。陶瓷器以瓷器发现数量最多，釉陶器相对较少，器型主要为带耳罐（四耳罐和双耳罐）、碗、盏、盆、盘、炉、龙形俑仅见于个别墓葬中。铜器中以钱币最为常见，钱币种类以开元通宝最为丰富，西窑村M21中还出土少量乾德元宝、乾元重宝、花穿开元等，个别墓葬如高晖墓中出土铜铃、铜扣。石制品以买地券最为常见，而墓志仅见于高晖墓，另在海滨村M24中发现2件石质墓幢。

（2）梯形单室砖墓。该型墓葬发现数量较少，出土随葬品以瓷器为主，还有少量铜器，整体数量和种类都少。带耳罐是瓷器中常见的一类器物，尤以四耳罐和双耳罐居多，西郊清江路M6和M11为典型代表。梁家巷M3中其他可见器型还包括碗、盏、水盂等。铜器仅见钱币一类。

（3）长方形双室砖墓。该型墓受到破坏与盗扰严重，保存情况较差，所余遗物不多，主要为瓷器和铜器，其他器物包括陶器、铁器与石制品。瓷器以带耳罐为主，四耳罐数量多于单耳罐及双耳罐；铜器以钱币数量最多，其他类型包括铺首衔环、泡钉；铁器仅见环；石制品有买地券、墓志，个别墓葬还出土画像砖、石座。王宗侃夫妇墓中还出土部分锡器，器型包括执壶、盏托、带扣、盖及饰件等。

（4）长方形三室砖墓。该型墓葬随葬品种类在几型墓葬中相较丰富，墓葬同样遭到严重破坏或盗扰。残余的随葬品根据质地可分为（釉）陶器、铜器、铁器、玉器、石制品等类，其中以（釉）陶器为主，铜器与石制品次之。（釉）陶器中的常见器型为带耳罐，其中四耳罐数量较双耳罐多，且以带釉罐为主；俑的数量次之，其类型多样，主要包括文俑、武俑、神怪俑、动物俑等；其他陶器还有盏、碗、盆、奁、凤嘴壶、炉、房屋模型等。铜器在大多数墓中均有发现，比较常见的还有钱币、铺首拉环、铃、簪、盏、镜等。钩、环与棺钉等铁器仅在个别墓中发现，如张虔钊墓、徐铎及其妻张氏墓等。玉器仅有饰片一种，而且只发现于孙汉韶墓。石制品器型以墓志及买地券最为常见，在大多数墓中均有出土，其他器型还包括缸、杵等。

（5）圆形单室石墓。该型墓葬仅有后蜀和陵一处，并且受到严重盗扰，基本保存情况较差，所剩遗物特别少，仅有玉器与石制品两类。玉器有玉册残简，石制品有完整的福庆长公主墓志和石质油缸。

（6）长方形三室石墓。此型墓葬也仅有前蜀永陵有，同样遭到破坏和盗扰，但所剩遗物无论是种类还是数量都远胜于后蜀和陵。遗物包括玉器、陶瓷器、银器、铜器、铁器、石器、玻璃器等多种质地。银器数量和种类较为丰富，主要器形有盒、钵、扣、刀鞘、头杖、搔手、颐托等。玉器次之，种类有大带、饰片、玉环、玉册、玉銙、谥宝等。陶器有碗、四耳罐及六耳罐，铜器包括镜、炉以及提梁盏。铁器器型有牛和猪。石制品有床、缸、王建造像。漆器有册匣、碟、镜奁等器型。玻璃器包括水晶珠和琥珀。

从以上六种类型墓葬随葬品器物组合情况来看，大致得出以下认识：前、后蜀墓葬的随葬品常见的组合为瓷碗、瓷盏、带耳瓷罐（以四耳罐为主）、铜质钱币与墓志、买地券石质纪年物。此外，按照墓葬形制，结合墓葬中出土的随葬品材质、器型组合情况，可将前、后蜀墓葬大致分为四组。

A组：梯形单室砖墓与长方形单室砖墓（高晖夫妇墓除外）。该类墓葬随葬品以瓷器为主，个别墓伴出（釉）陶器，陶瓷器中的四耳罐数量多于双耳罐，其他器物包括盘、碗、盏、碟、炉、水盂仅见于个别墓葬。铜器仅见钱币，不见完整铁器。钱币以开元通宝最为常见，个别墓葬发现有其他钱币种类。石买地券、石质墓幢仅见于少数墓葬。

B组：长方形双室砖墓。瓷器仍以四耳罐为主，与之对应的器物主要变化在于铜铁器（除钱币外还有泡钉、铺首等其他器物），石制品除了墓志或买地券之外还出现石座、画像砖之类的器物。

C组：长方形三室砖墓与个别长方形单室砖墓。该组墓葬中随葬品组合为（釉）陶器，以四耳罐和带釉罐为主，器类变化出现随葬陶俑及陶模型明器。铜器除钱币外还新出现铃、簪、盏、镜等器型，铁器出现钩、环等器物，玉器不包括玉册与谥宝，发现数量较少，石制品主要有墓志与买地券，其他器型包括缸、杵。

D组：长方形三室石墓与圆形单室石墓。该组墓葬发现数量较少，与之对应的随葬器物组合有（釉）陶器、铜铁器、玉器、石器、漆器、银器、玻璃器等。陶器仍以多耳罐为主。玉器种类明显增加，包括玉册、玉饰品与谥宝等，铜铁器仍占有一定比例。

此外，高晖夫妇墓中出土（釉）陶器、铜器（除钱币外还有铜铃等其他器物）、石墓志以及琥珀制品，虽然其墓葬形制属于长方形单室砖墓，但该墓葬随葬品器物组合与A组存在明显区别，而比较接近C组，因此把该墓归入C组为宜。

（二）夫妻合葬墓流行

前、后蜀墓葬中的单人葬数量占有绝对优势，同时也存在一定比例的夫妻合葬墓。目前，未发现有夫妻合葬土坑墓，其他如长方形单室砖室墓、长方形两室砖室墓、圆形石室墓都已发现夫妻合葬墓的实例。另外，成都石人小区砖室墓是由两个长方形三室墓并列连接而成，其中一墓壁共用，并在壁上开有拱门相通，推测亦应为夫妻合葬墓。

"夫妻合葬"，是指夫妻双方死后尸体被葬于同一墓地或同一棺椁的丧葬形式。按照前、后蜀夫妻合葬墓的主要形式，可将其分为两类：同室（穴）合葬和异室（穴）合葬。

异室（穴）夫妻合葬墓的特征是双方分别葬于各自独立的墓室（穴）中，如王宗侃夫妇墓、徐铎夫妇墓、双流籍田徐公夫妇墓、广汉烟堆子 M3，以及石人小区、三环路北六段 M16 等几处未正式公开发表的夫妻合葬墓。这几处夫妻合葬虽为异墓室，可双方墓室的基本形制大体相同，通常男女两室之间有券拱通道或简化过道以便连通。相比较而言，徐铎夫妇合葬墓就有些不同，男、女墓主人的墓室形制有明显差异，徐铎墓室为前、中、后两室，中室东、西各置两个耳室，而其妻墓室侧未置耳室。

而同室（穴）合葬墓则是夫妇双方埋葬于同一墓穴中，共用一条墓道、甬道或墓葬其他空间，如后蜀和陵和后蜀高晖夫妇墓。此两座夫妻合葬墓规模显然与墓主身份并不相称。

究其原因，应该与夫妻双方死亡先后顺序和归葬祖茔的习俗有着密切的关系。根据高晖墓志所记，高晖死于长兴三年（932年），距离934年孟知祥即皇帝位还有一段时间，所以其墓志仍用"大唐"，而高晖妻张氏的墓志盖上则为"蜀故清河张氏"字样，表明张氏的亡故时间在后蜀建立以后，必然晚于高晖。以此可见，高晖夫妻合葬墓是典型的"妇从夫葬"，也就是夫先亡逝已埋葬，至妇亡时，再将妇之新丧合葬于夫之旧茔中。所以该合葬墓的规格不高，当与高晖的离世时间仍处于后唐统治期内有关系。墓葬或许是他作为后唐旧臣严格遵循中原墓葬规定而建成的。而后蜀和陵的营建情况可能与之相似，但又略有不同。根据福庆长公主墓志的记载，她去世的时间是长兴三年（932年）正月，其下葬和陵的时间为长兴三年（932年）十一月，所以不论从何时推算，长公主的墓葬建造时间都在其夫孟知祥称帝以前，加之她是后唐统治者直系亲属，若按照后唐规制建设墓葬也并无不妥。墓葬主室直径虽然仅6.7米，但全部系青石所砌，建筑耗材与施工程量也甚是巨大。客观来说，如果和陵只作为长公主个人葬室的话，那么规格也并不低。以孟知祥称帝半年多后便病逝的实际推断，因没有足够时间筹建新的陵寝故而直接安葬于长公主墓中的可能性很高。若确是这种情况，和陵的夫妻合葬就为"夫从妇葬"，即妇先死亡并已安葬，至夫新丧时合葬至妇之旧茔。

夫妻合葬墓始于殷周时期，发展至中古时代早已被社会所普遍接受。作为中国传统的墓葬形制，夫妻合葬墓充分反映了在以血缘关系为纽带的社会组织结构中，家族、家庭关系影响力增强。安史之乱以后，在前、后蜀墓葬中，夫妻合葬墓继续流行，但表现出更多的"不稳定性"因素。不论理论层面还是现实操作，同穴合葬墓的一次性修造比异穴合葬墓的难度系数更高。夫妻并不能同时或在相近时段死亡是大概率事件，同室合葬墓建设之初就必须考虑更多的设计施工等问题，费用方面除了需要考虑更大的墓室空间、棺床面积外，还要承担乱世客死他地的风险，迁葬费用又是一笔大的开销。不管是设计的初衷还是为现实所迫，前、后蜀时期的夫妻合葬墓绝大多数选择了异室（穴）合葬的形式。

（三）宗教色彩浓厚

唐五代时宗教兴盛。佛教自西汉末期传入中国后已有数百年，至唐代发展极盛；道教作为本土宗教，在唐代备受尊崇且被奉为国教。佛教所宣扬的往生轮回之说以及道教的长生不老、修道成仙观念早已深入民心。

随着人们精神世界信仰追求的不断发展与变化，"佛道二教既斗争，又融合，并与中国传统儒家互相渗透，其触角伸及社会各个角落，在人们的精神生活中占有重要地位"[1]，唐时丧葬礼俗受到佛教、道教的强烈影响。当时，上至天子亲王、公侯卿相，下及大夫官员、庶人百姓，在丧葬仪节中做法超度已经非常普遍。如道家三元节、降圣节，佛诞、盂兰盆节等大型具有祭祀性质的宗教性节日受到朝廷重视也得以大范围推广，而吊丧、入殓等道教丧葬法事处于发端时期，虽无佛教法事应用广，但注重丧礼仪式，唐末五代日渐流行。

实际上，唐代前、后期的丧葬礼仪制度对宗教持有的态度存在一些差异，主要表现在针对官员、士民的丧葬礼法。唐朝前期，国家重要礼典《大唐开元礼》中凶礼礼制完备，其中每一等级丧葬都划分为丧、葬、服丧、改葬四部分，具体内容折中古今之制，与民间丧葬代表敦煌书仪中的行丧葬事宜多有相合。到了唐后期以后，统治阶级的丧葬礼仪制度在实际操作过程中依旧吸取了很多佛道文化元素，但所制定的礼制有意识地趋向儒家古礼原则和精神，取缔和宗教、民俗相关的内容。不过当时的民间丧葬仪礼，大多保持儒家礼法与佛、道并行的方式，从敦煌书仪中

---

[1]李斌城：《隋唐五代社会生活史》，中国社会科学出版社，1998年，第367页。

记录有混合佛、道的"七日大殓祭""追七吊"等丧礼仪式可以得到证实。[1]总的来说，唐代官方正统丧儒家礼制根深蒂固，而恰逢宗教世俗化进程较快的时期，在民间思想中，普罗大众的佛、道信仰合二为一，许多与儒家礼制相契合的内容自然而然地被兼收融合。某些学者将这种丧葬礼仪面貌概括为"外儒内佛""外儒内道"，认为此时的丧礼制度是"儒学为体，佛道为用"[2]相结合，应该是十分恰切的。

1. 墓葬中的佛教因素

早期佛教传入中土后，很快便与本土长生思想体系下的西王母等形象有机结合，并为蜀地传统墓葬礼仪所吸收，使用了有关佛教信仰的图像符号，如摇钱树（座）上饰佛像[3]、力士[4]、白象[5]等，便在最初零散地吸收和运用到墓葬装饰中，可以称之为"汉代流行艺术对某些佛教因素的偶然借用"[6]。

随着佛教向世俗化、民间化方向发展，佛教题材的造像和象征佛的图案越来越多地出现在民间各种场所，丧葬活动更是自然而然地成为承载信仰的重要空间。汉魏至隋唐时期，墓葬中所使用的佛教元素越来越多。直至唐末，前、后蜀政权虽建立于中原战火纷飞的历史环境下，但西蜀地区原来就比较富庶发达，在社会大动荡的空隙中"恃险而富"，蜀中环境相对稳定，使其自身得以持续发展，加之统治者大力倡导佛教，以致佛教大行其道。佛教文化元素在前、后蜀墓葬中的运用集中于以下几个方面：

1）须弥座棺床为"佛座"

目前所知两蜀墓葬中的须弥座式棺床有石、砖、陶三种材质，其上放置棺椁。须弥座棺床既出现在三室或两室的大型墓葬中，也见于宋琳墓、徐公夫妇墓等地方官绅的墓葬中。棺床的规制也受身份及墓室空间的影响出现逐级变小的趋势，其中最长者为王建墓棺床，长7.45米，最短者为徐公夫妇墓棺床，长2.88米。石棺床四周

[1]陆晗昱：《唐代长江流域丧葬习俗问题研究》，武汉大学2019年博士学位论文。
[2]陈弱水：《唐代文士与中国思想的转型》，广西师范大学出版社，2009年，第67页。
[3]赵殿增、袁曙光：《四川忠县三国铜佛像及研究》，《东南文化》1991年第5期。
[4]何志国：《四川绵阳何家山2号东汉崖墓清理简报》，《文物》1991年第3期。
[5]三台县文化馆：《四川三台县发现东汉墓》，《考古》1976年第6期。
[6]（美）巫鸿：《早期中国艺术中的佛教因素》，《礼仪中的美术：巫鸿中国古代美术史文编下》，生活·读书·新知三联书店，2005年，第305页。

多雕刻瑞兽、力士、伎乐、花纹等，常有抬棺力士配合出现，在宋琳墓和高晖墓中还见石棺。砖棺床装饰简单，如光华小区五代墓、化成村五代墓在棺床一端砌仰莲形壸门数个。在蜀地唐墓中，爨公墓、金沙唐墓M2也有类似的砖棺床，但未见石棺床，同时与五代十国其他地区发现的墓葬棺床相比，装饰复杂的须弥座式石棺床是前后蜀墓葬棺床的特点。

须弥座棺床最早可以追溯到魏晋南北朝时期，"此时棺床多靠墓壁放置，常见于砖室墓、土洞墓中。石棺床样式除须弥座外、还见方形平台式、'山'形带足式、带阙或围屏式"①。目前所见早期须弥座棺床墓葬，有山西大同沙岭新村北魏 M2，大同迎宾大道北魏 M2、M3、M26、M78，太原南郊北齐壁画墓等。这几处须弥座砖棺床，普遍采用无装饰或有简易壸门与窗棂的装饰，尸体直接放置在棺床之上，并无棺椁；另有河北磁县湾漳北齐墓，也见须弥座石棺床，上置一棺一椁。"棺床用青石围边，内铺白色或灰白色石板，正中用朱红彩单线勾绘八瓣仰莲。棺床须弥座立面以白、红、绿色画出忍冬纹、连环纹等，装饰相对复杂。"②

唐代时，墓葬中的石质葬具增多，石棺床可分床榻式、长方形（方形）板式和须弥座式三种，除石棺床外还常见石椁和石棺。唐末以后，"形制高大醒目的房形石椁消失，但低矮简单的石棺床就不那么引人注目，在房形石椁消失后又继续流行，只是形制也趋于简单，纹饰较少"③。

须弥座棺床最早期出现在魏晋时期中原地区的墓葬中，这些地域多为佛教昌兴之地，棺床借鉴佛教须弥座的样式，并逐步流行，成为典型的墓葬葬具。唐代已知须弥座石棺床虽然仅刘济墓一例，但它的墓室整体布局、棺床摆放位置，与前、后蜀石棺床墓葬相似度很高，给了我们更多的思考空间。到了五代，北方人口南迁增多，南方蜀地吸收中原地区须弥座葬具形式在本地继续发展成为可能。

关于须弥座棺床的属性，很多学者做了讨论。沈仲常认为前蜀永陵、后蜀和陵的石棺床实为佛座，因其须弥座样式、装饰的莲花纹、扶（负）棺的力士在同时期的佛塔、石经幢以及敦煌石窟内佛座上都能找到类似的例子。而张虔钊、孙汉韶墓、宋琳的石棺床同样具有佛座性质。④有学者在此基础上认为佛教宣传"西方

①韩莎莎：《略论前后蜀墓葬特征》，《文博》2020年第3期。

②韩莎莎：《略论前后蜀墓葬特征》，《文博》2020年第3期。

③袁胜文：《唐代石葬具研究》，《南方文物》2017年第2期。

④沈仲常：《王建、孟知祥墓的棺床为佛座说试证》，载成都王建墓博物馆编：《前后蜀的历史与文化——前后蜀的历史与文化学术探讨会论文集》，巴蜀书社，1994年，第107-111页。

净土"是一极乐世界，能享受无限的欢乐，而这一无限欢乐的标志之一则是享受乐伎的供养，如根据《阿弥陀经》所绘制的敦煌壁画《西方净土变》就画有歌舞乐队①，所以提出前蜀永陵石棺须弥座及其上雕刻的二十四伎乐、莲花代表着墓主死后往生的极乐世界，并有其所奏为佛曲的说法。与永陵石棺床类似的伎乐石刻在后蜀宋琳墓的石棺床上也有发现，推测石刻所奏亦为佛曲。它们是墓葬美术与佛教美术之间交流互动的结果。

2）墓中的照明用具与"燃灯"

燃灯，在实际生活和宗教活动中都是不可或缺的器物。五代十国墓葬中常见出土具有照明功能的遗物，于前、后蜀墓葬而言，前蜀永陵与后蜀和陵均出土有灯台。结合当时崇佛的历史背景，这些照明灯具很可能就是佛教典籍中的"灯明"。燃灯作为佛教中一种宗教供养仪式，具有重要的佛教意义，《无量寿经》言："为世灯明，最胜福田"②。

"燃灯"即供奉佛前的灯火，主要用于僧徒礼拜、诵经时点燃，以及不分昼夜常燃的长明灯。佛教经典《佛说施灯功德经》和《佛为首迦长者说业报差别经》对于燃灯的十种功德做了详细介绍，包括于现在世得"三种净心"，于临命终时得"三种明""四种光明"③等福报和无量殊德。

墓中安放"灯明"的习俗延续时间很长，直至明清仍偶有所见，表达了死者期望积功德、通过转世轮回入西方乐土的愿望。④如《辨掩闭骨殖篇》谈到墓内安放长生灯的习俗，徐苹芳认为"长生灯并不一定全用灯盏，有的就用小盘或碗""凡墓堂内安长生灯者，主子孙聪明安定，主子孙不患也"⑤，可见墓中燃灯的习俗在金元时期依旧很盛行，所起的作用也不仅是为死者积累功德，也有庇佑后代子孙这样更为世俗功利的意图。燃灯祈求福佑祖先和后代的功德可能早已有之，唐代李义方记《弘济

---

① 郑以墨：《往生净土——前蜀王建墓棺床雕刻与十二半身像研究》，《四川文物》2012年第6期。

② ［曹魏］康僧铠译：《佛说无量寿经》第二，《大正藏》第12册，大正一切经刊行会，1970年，274页中栏。

③ ［高齐］那连提耶舍译：《佛说施灯功德经》，《大正藏》第16册，大正一切经刊行会，1970年，0803-0808页；［隋］瞿昙法智译：《佛为首迦长者说业报差别经》，《大正藏》第1册，大正一切经刊行会，1970年，0891-0895页。

④ 李蜀蕾：《十国墓葬初步研究》，吉林大学2004年硕士学位论文。

⑤ 徐苹芳：《唐宋墓葬中的"明器神煞"与"墓仪"制度——读〈大汉原陵秘葬经〉札记》，《考古》1963年第2期。

寺新制石灯台铭并序》中载有："灯明破暗……既福祖宗，亦光后嗣"①。

2. 墓葬中的道教因素

东汉时期，蜀地产生了中国最早的本地宗教——道教，"它起源于战国时的神仙方士说和秦汉时的某些民间信仰，又借用了先秦道家的名称以及某些术语"②，其自然就与民间信仰有着与生俱来的天然联系，对蜀地社会生活的方方面面产生影响。

道教对丧葬观念的影响是持续的，先秦以来，人们将死丧与病痛相联系，因死丧伴随血腥、腐烂等不舒适的感官体验，被认为是"污秽"的，故而在墓内限制亡者魂灵的活动范围并以物镇之。至迟到东晋前期，发展出"延误之说"，"意在通过在世生人的努力修行，可以救度已死去的先人，解除他们因生前所犯罪过而导致在地下世界所遭受的苦难"③。到了六朝时期，"镇墓"更多地开始关注救度亡灵和生、死二者之间的关系，道家、巫觋方术对此时的丧葬实践活动改造影响更深。有唐一代，道教在上层的扶持下达到前所未有的地位。虽然佛、道之争不断，难论高低，但从墓葬材料看，蜀地五代丧葬仪俗受当时盛行的堪舆之风影响，显示出深刻的道家思想和神仙体系的烙印。

1）墓室内放置墓主人像

蜀地五代纪年墓中，墓室内置墓主人像的仅有二例：前蜀永陵王建像、前蜀后妃像。王建像，系红砂石质，高86厘米，端坐姿态，身着圆领袍衫，头戴幞头，腰束玉带，整体形象与史书所记王建面貌基本吻合；前蜀后妃像，亦为红砂石所制，残高75厘米，为着裙幔的女性形象，其正襟危坐之态与王建像高度相似。实际上，成都地区唐宋时期的非纪年墓葬中出土的墓主人坐像更多，如近年来发现的洪河大道M1出土红砂石墓主人像④，学府尚郡M5青石墓主人像⑤，永陵公园M3男、女陶坐

---

① 龙显昭：《巴蜀佛教碑文集成》，巴蜀书社，2004年，第53页。

② 贾二强：《唐宋民间信仰》，科学出版社，2002年，第265页。

③ 刘屹：《六朝道教接受佛教业报轮回观念的历史遗页》，李四龙主编：《人文宗教研究》第4辑，宗教文化出版社，2014年，第236-239页。

④ 龙泉驿区文物保管所：《成都市龙泉驿区洪河大道南延线唐宋墓葬发掘》，成都市文物考古研究所编著：《成都考古发现（2001）》，科学出版社，2003年第175页。

⑤ 温江区文物保护管理所：《成都温江区"学府尚郡"工地五代及宋代墓葬发掘简报》，成都文物考古研究所编著：《成都考古发现（2006）》，科学出版社，2008年第332-333页。

像①，以上墓葬年代判断在中唐至北宋。

这些墓主人坐像多为石质，个别为陶质，坐像高度多不超过100厘米，矮小者仅十几厘米。墓主坐像不论性别，多呈双手插入袖内端坐之态。关于塑像的性质，张勋燎等主张为墓葬中替代生人之"石真"，属于道教遗物，是道教解注之法的运用②，即用假人代形，代替生人受注，使生人免于注殃。就蜀地墓葬而言，置墓主像的做法最早见于唐代中晚期，其后一直延续使用至南宋时期③，从数量上看，随着时间的推移，置像普及程度变得更广泛。不过与南方其他地区唐宋墓葬多随葬木质人像不同，蜀地始终未见墓主人像性质的木俑。

2）买地券随葬普遍

唐五代时期，丧葬习俗中有在墓葬中置放地券的传统，这是丧葬习俗发展的必然，也是道教盛行在买地券使用中的客观表达。唐代以前的券文，字数较少，文义简单，连续刻写，不立券额和首行标题，不易找到专称。发展到唐代后期的券文，字数增多，文义繁杂，内容大同小异，逐渐也趋于规格化。

前、后蜀墓葬中平民随葬买地券的较多，券文所包括的道教文化符号被使用者广泛接受。地券上常出现的道教神祇和阴官系统用语，如前文章节所述的"东王公西王母""女青""张坚固李定度"，死者亲属姓名写入地券，记述阴阳五行、龟筮相地等内容，甚至加入一些道教符咒图案。规格化的买地券道教元素基本固定，买地券的使用也不再是道教信徒的专属。祈盼死后宅地获得神灵护佑、免于鬼怪侵扰成为大家的普遍愿望，简单易制、价格低廉的买地券也因之成为普通百姓的不二之选。

3）"明器神煞"随葬品

《大汉原陵秘葬经》简称《秘葬经》成书于金元时期，是一部完整的地理葬书，虽为成书于金元时期的非官修书籍，但内容渊源可上溯到唐，故它在某些地方还保存了一些唐宋时代的丧葬旧俗。④书中《明器神煞篇》对社会不同阶层人物的墓葬所使用的明器的名称、尺寸、排列位置都有详细记载，结合过去学者们对其具体的释读，我们可以明晰蜀地唐五代墓葬中出土的部分随葬物与"明器神煞"的对

①成都文物考古研究所：《2008年度永陵公园古遗址发掘简报》，《成都考古发现（2008）》，
　科学出版社，2010年第390-391、403页。
②张勋燎、白彬：《中国道教考古（第5册）》，线装书局，2006年，第1403-1414页。
③韩莎莎：《略论前后蜀墓葬特征》，《文博》2020年第3期。
④徐苹芳：《唐宋墓葬中的"明器神煞"与"墓仪"制度——读〈大汉原陵秘葬经〉札记》，
　《考古》1963年第2期。

应关系。

（1）仰观伏听：《秘葬经》记自天子至庶人墓中，在当圹、当野之后置仰观、伏听。王去非先生考证"当圹、当野"属于唐时明器四神其中的两种，推测二者为镇墓俑，也称之为"天王俑"或"武士俑"[①]。"仰观伏听"就放置在镇墓俑之后。徐苹芳先生最早提出成都跳蹬河宋墓以及四川广汉宋墓发现的所谓"伏俑"，前者身平伏地下昂首观望，后者身平卧，两肘支地，侧首作伏听状，可能是仰观和伏听[②]。这两件宋墓出土的陶俑，从造型上来看，主要区别在于头部的姿势。类似形象的俑在更早期的后蜀宋琳墓中已有发现，另外福建永春砖墓中出土的陶"人首兽身俑"，其姿势与成都跳蹬河宋墓中的仰首"伏俑"也很接近，应该也是仰观。

（2）金牛铁猪：《秘葬经》记自天子至庶人墓内的东北及西北部放置金牛铁猪。关于金牛铁猪的性质，冯汉骥先生认为是压胜之物，目的是降伏地下的水土二龙，让死者灵魂得以安宁[③]。徐苹芳先生持有相似的观点，认为其与墓内金石习俗有关，"安金，大约是有金属器皿即可代替，如铁剪、铁刀或铁牛、铁猪之类，既可'厌呼龙'，又可'主子孙聪明安定'"[④]。前蜀永陵内的铁牛、铁猪分别位于棺床的东南与西南方向，其方位虽与《秘葬经》中所记不符，但永陵在正式发掘前曾被盗，不能排除铁牛、铁猪最初置放位置与《秘葬经》相合的可能。

（3）墓龙：《秘葬经》记自天子至庶人墓中放置墓龙。徐萍芳先生分析认为，人首龙（蛇）身俑很可能就是墓龙。[⑤]从五代十国墓葬的出土情况看，墓龙的数量并不多，如南唐二陵、吴国寻阳公主墓以及后蜀宋琳墓所出土的比较具有代表性。墓龙的造型分为单人首龙身与双人首龙身两类，后者按照龙身的形状又可分为平直龙身与交叉"8"字状龙身两种。迄今为止，出土墓龙的这些墓葬主人身份高贵，皆为天子王族或高品级官员，未发现庶人墓葬中出土该类遗物的情况。

①王去非：《四神、巾子、高髻》，《考古通讯》1956年第5期。

②徐苹芳：《唐宋墓葬中的"明器神煞"与"墓仪"制度——读〈大汉原陵秘葬经〉札记》，《考古》1963年第2期。

③冯汉骥：《前蜀王建墓发掘报告》，文物出版社，2002，第65页。

④徐苹芳：《唐宋墓葬中的"明器神煞"与"墓仪"制度——读〈大汉原陵秘葬经〉札记》，《考古》1963年第2期。

⑤王去非：《四神、巾子、高髻》，《考古通讯》1956年第5期。

附　录

墓 志

1. 前蜀天汉元年（917年）李氏内志铭

1958年，李氏内志铭出土于成都市东北郊青龙乡东林村五代砖室墓内，清理情况不详。现存于成都市金牛区文物保护管理所。墓志为青石质，略呈正方形，高68.5厘米，宽70厘米，厚8.5厘米。志文楷书，23行，满行20字，共469字。

【首题】大漢左雄霸軍使瑯瑘王公夫人故隴西李氏内誌銘并序/鄉貢進士劉贊撰并書/

【志文】夫人姓李氏其先奉天人也/曾祖端皇姓宋氏前朝追贈官爵存於史策（策）/祖今鳳翔秦王受姓於僖宗皇帝/父今皇朝駙馬都尉前天雄軍節度使守武/泰軍節度觀察處置等使檢校太傅兼中書令食邑/五千戶隴西郡王夫人則/令父之次女也母曰普慈公主/皇帝之愛女也夫人稟沖和之氣降神仙之/質珪璋比德桃李同芳友愛之間聰惠特/異及笄適/左雄霸軍使全紫光祿大夫檢校尚書左僕射左咸/衛將軍同正兼御史大夫上柱國瑯瑘王公公則/故通王太師之次子也兩朝聖裔榮冠當時/和順謙恭顯然淑德盡如賓之敬立内則之/□□在詔年忽紫沉疾醫藥無驗俄歸下泉好月西/傾□波東去以天漢元年五月癸丑終於文翁坊之/私第享年一十有九丁巳葬於華陽縣星橋鄉清泉/里之塋禮也僕射撫棺長慟涙血交瀧懼陵/谷遷改請為誌焉辭讓不從乃作銘曰/乃宗乃祖克聖克賢雅範芳姿介潔嬋娟/歸魂蓬丘掩骨松阡刊之貞石永閟重泉

李氏内志铭拓片

2. 前蜀乾德元年（919年）李会内志铭

2003年8月，李会内志铭出土于成都市龙泉驿区青龙村五代砖室墓内，清理情况不详。现存于成都市龙泉驿区文物保护管理所。墓志为红砂石质，高69厘米，宽70厘米，厚8厘米，志文楷书而成，共35行，满行38字，全文共计1069字。

【首题】大蜀故安國奉聖功臣前黎州刺史隴西公内誌銘并序/左街内殿講論大德賜紫沙門可修撰/

【志文】夫淳元本素分造化以法自然大道流謙順陰陽而資有象緜是五行運啓八卦兆先天覆/無私君臨有截是乃膺時以德始也顯尔禎祥濟世以能終也倐然雲雨厥惟/隴西公之謂矣公諱會本邠州宰平人也/先祖諱寧不仕考君諱政任邠州節度押衙充西北面華池都遊弈使檢校工部尚書/沉毅有聞雄謀顯著筠篁挺操松桂鬱貞榮盛當時芳猷冠世公天縱英靈神資貴氣/少勤儒室見敦詩閲禮之能長握兵符有禦衆總師之德深沉量度曠蕩機籌美玉不藏必/從器用首效職於故唐朝上拱宸第一都都知兵馬使李諱祐公之昆長也棣萼連榮庭荊/雙茂光從武幕顯歷轅門初補拱宸軍正將次轉授安國奉聖功臣左神策（策）軍正將/始榮鴻渥漸陟清階彎弧而雁落雲心撫劍而蛟沉水底克彰忠烈迴布翰

李会内志铭拓片

鈐積靈殊功屢/加爵袟次轉拱宸軍先鋒兵馬使授工部尚書厥後捧命防邊屯軍左蜀旋遇/

先皇帝潛龍日下伐叛龜城公同舉義旗收復城壘張減竈曳柴之術展沉沙堰水之功/果遂

殊勳寵膺擢用次授行營部領使轉加刑部尚書守左驍衞將軍既承將領旋肅邊封/星歲未

逾又轉加吏部尚書充左拱宸第二軍都知兵馬使尋奏請左拱宸第一軍使祐加/檢校司空

授東廳少尹袟加俸祿官貴鶋鳩統翼翼之曹贊明明之化公自拱宸軍使相次/加左僕射除

授黎州刺史任重六條聲楊（揚）千里懸魚表政去獸彰仁紅旆雖威貞廉是潔伏/遇土德

襄謝金行肇興蜀主龍飛明皇霸業公轉授右武衞將軍寵登朝/籍光顯階勳錫德頌恩九遷

八拜次轉右領軍衞大將軍復授金紫光祿大夫檢校司/空守右衞大將軍洎乎/高祖武皇

帝晏駕詔差天雄軍宣告使公兵權三十許年官歷二十餘任分/符布襲黄之惠恤戎同父母

之心股肱/帝王相傳魚水必謂長居昭代永贊清時豈期梁棟斯摧魯莊夢起神情無昧枕

席弗/紫貢遺章陳屬纊之詞告朝列瀝含珠之懇嗚呼/公以乾德元年七月九日薨于華陽私

第春秋六十有六風雲慘切朝野悲嗟以其/年十月十五日葬于靈池縣強宗鄉惠日里凶儀

費用錫自官司空載鴻名永辭白日夫人北海郡唐氏故秦州節度衙推諱道之女蒙恩進封

郡君柔儀夙著令德早聞既/頒命婦之榮光示從夫之貴一自嬪居鍾禍哀苦綿心琴瑟恩忘

絲桐韻絕有男三人長曰/重遇前攝秦州司馬次男光遠小男光進早沐鯉庭之訓幼彰懷橘

之風洎兕墨所鍾形服倏毀有三女長女嬬（適）左雄銳軍廂虞候賈彥鐸次女嬬（適）

右義勝軍廂虞候王忠誨小女笄年/未從嬬（適）配并光門閥恚契箴規機巧工容莫能備

紀可修藝慚碩學業謝生知重遇等請撰誌/銘直書其事嗚呼哀哉乃為銘曰/奇哉哲士間世

挺生神鍾貴氣天縱英明朗然人瑞顯尔國貞金堅玉瑩/焕矣斯呈其一胄裔崇門松姿筠節氣

貌昂藏心志忠烈劍鎖流泉弧彎初月/名德比方八元三傑其二昔衞詔命總帥七軍匡扶堯舜

掃蕩妖氛恩承雨露/祐實質功勳名朝丹禁步驟五雲其三德叶清時榮分符竹日焕隼旟風生

彩戟/聖澤方隆天禍來阽楹夢可悲逝川不息其四爰憑龜筮迥選山岡前標全櫃/後枕玉堂

輀車发发彩舉昂昂人生于此長奄郊荒其五/左街寧蜀寺僧匡肇書陳宗實鐫字

3. 前蜀乾德四年（922年）许璠墓志铭

1915年，许璠墓志铭出土于成都城郊普安乡（今成都市武侯区红牌楼）一墓葬内。现存于四川省博物院。墓志为红砂石质，呈正方形，边长77厘米，厚7厘米。志石局部周边残缺，其上端、两边及中部文字部分缺失。志文楷书而成，共25行，存字519字。

许璠墓志铭拓片

【首题】□蜀故光禄大夫检校太保使持节臻州诸军事守臻州刺史/□□国高阳县开国子食邑五百户许君墓志铭序/前梓绵龙剑普等州观察判官朝散大夫检校尚书刑部郎中兼侍御史柱国赐紫金鱼袋毛文镜撰/

【志文】（上缺）璠字韬光蔡州汝阳县阳安乡泉阴里人也世本淮西/（上缺）旧昔自雄藩常居显职考讳楚历职都知兵马使累官检校/□部尚书有子四人/□即第二也项自中和年中唐室乱离寓（宇）县搔扰泊从军旅遂别鄉关始自山东俄抵荆渚裨附廉使总缩师徒累因战功备分寵命唐朝授银青光禄大夫检校刑部尚书兼御史大夫寻

授涪/□刺史既詳兵法仍達[政][經]克布[六]條復詞五袴尋以中原版蕩/□部紛紜南北無家
東西有國須歸霸主爰至/□都允協昌[期][榮][膺]渥澤復授臻州刺史檢校太/□封開國子食
邑五□□□履之身揚名公靡尚浮華好從[簡]易遺榮樂道善[始][令][終]□[乾]德四年歲
次壬午五月庚辰朔廿/□日丁未終於成都[府]□（華）陽縣[萬][秀][坊]之私第享年六十有
九即/□其年六月庚戌朔二十[三]日壬申[葬]於成都府華陽縣普安鄉/沙坎里卧龍山禮也
[茂][寶][懿]行[开]在外誌序銘嗚呼大[化][莫]窮浮/生已矣緬惟人事吁□[悲][哉]男承韜承誨承
剽承瑶女十一娘十二/娘等號訴不天摧殘殞地/太師臨潁王以悼深手足痛極肺肝既闋/
□城復為銘曰/古往今來分丘壟纍纍有生有死兮人事堪悲/令始令終分素履無虧謀孫
翼子兮福善為[宜]/落日悠悠分悲風蕭蕭平原芬芬兮佳城迢迢/幽室一以閉千載不復朝
（下缺）

4. 前蜀乾德五年（923年）王宗侃夫妇墓志铭

　　1999年10月，王宗侃夫妇墓志铭出土于成都市龙泉驿区十陵镇青龙村五组五代
砖室墓内。现存于成都市龙泉驿区文物保护管理所。该墓志与盖均系紫红砂石质。
志盖呈盝顶形，顶部平面为方形，边长63~66厘米，高9厘米。四刹分别线刻荷花，
四角隅分别线刻一组宝相花纹饰。盖顶平面四边线刻双栏边框，双栏之间刻几何纹
图案，框内从右至左阴刻三行字篆书"大蜀琅琊王公魏王尚父墓志"。志盖底面亦
为方形，边长105.5厘米×106.5厘米，底面凿成方形空框，框内93厘米×94厘米。四
刹线刻牡丹花纹。志石略呈方形，高
107厘米，宽106厘米，厚10厘米，底
面仍凿成方形空框，框内92厘米×93
厘米。志盖与志石均已残破，从右至
左镌刻楷书志文63行，满行63字，现
存3 900余字。

　　【首题】大蜀故扶天佐命匡聖保
國功臣開府儀同三司守侍中兼中書令
修奉太廟使弘文館大學士判度支上柱
國食邑一萬四千户食實封六百户魏王
贈尚父秦/雍梁三州牧諡景武琅琊王
公墓志并銘太中大夫中書舍人上柱國

王宗侃墓志盖拓片

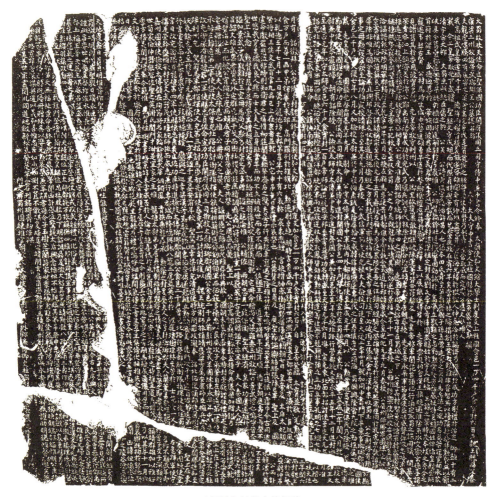

王宗侃夫妇墓志铭拓片

賜紫金魚袋段融撰/

　　【志文】夫龍虎嘯騰必有風雲之冥會高光爭伐是資英傑之經營囷仗忠賢乃彰睿
聖當取咸而定霸方應天以順人/我高祖武皇帝運協千年德侔兩曜首提義旅遂啓雄圖奄
有坤維盡苞井絡寰海允歸於獄訟人神克洽於謳謌乃作樂於成功方制禮於治定御極十
有二/載今上皇帝耿光下武體聖繼文守成規而代照貞明熙帝載而允釐庶政在宥六年矣
當草昧之締構創王業之艱難非睿智無以掃蕩擾搶非勳賢無以廓/清宇宙天祚大蜀生此
純臣屬之於公矣公諱宗侃字德怡許昌人也係本田氏舜皇苗裔齊國子孫盂常延客之英
司馬兵法之胤功名并著冠冕相承苽/厖具分葛橐弥遠祖考早終於祿位堦庭嗣繼於弓裘

惟公幼習韜鈐壯通機警因效誠于高帝立戡難之忠勤勳業隆崇雄威挺特爰錫國姓俾緒
皇親崇班/首冠於諸王盛德迥尊於帝族因彼君臣之義更加父子之恩妻敬材謀漢祖定封
為劉氏李弘奇偉周武賜姓於宇文既編玉諜之榮特茂本枝之秀今之/寵過事契古賢公材
為時生位由藝進雄勇早通於擊劍機權靡待於觀□□擇主以展能遂得君於先帝雲龍相
會漢王恨晚遇淮陰魚水交歡玄德喜謁/見諸葛其於委用彼實多慙先皇帝牧守利州以公
鄉里故舊果敢推能破陣運籌皆合符契及先皇帝移軍閬苑首預征行洎定取蜀之謀同議
開基之/策（策）曹參泗上願濟美於沛公鄧禹南陽贊成功於光武乃礪兵訓卒伐叛除兇
動合機宜靖專忠孝唐朝尋授先皇帝永平軍節度使益壯威聲弥恢志略軍事□/振遠迩
歸投繕甲聚粮誓除妖孽時丞相韋公昭度准唐朝詔命統師討陳田之罪與先皇帝同受詔
旨皆在蜀城之下公運其材智勇冠諸軍轉寨圍城連□/繼捷賊勢窮蹙開壁請降先皇帝不
犯秋毫坐收全蜀公之力焉既尅都城疇其勳效遂於景福二年十一月奏授公雅州防禦使
檢校右僕射爰施惠□□/洽謳謌報政陟明罷郡歸府至乾寧四年正月正授左廂馬步使昔
時都候今實執金式過奸邪顧著威令至光化元年九月奏授公眉州保勝軍團練使檢校空/
空塞帷問俗拔薤蘇民三載政成課績稱最至天復元年五月再授右廂馬步使累陟全吾之
任頻司緹騎之榮雄雋曾號於蒼鷹嚴肅僅同於乳虎京畿謐静□□/屏除非唯為國分憂兼
且興邦啓霸及收郪道親施擒縱之方載尅彭門亦授指撝（撝）之略英布集於垓下必破
項王張飛會於漢中果收蜀土公之制勝有類於斯/事定冊勳寇寧欵至論功稱最校績殊
多至其年九月乃奏授公武信軍節度使光禄大夫檢校司徒至天復二年四月就加同中書
門下平章事瑯琊郡開國侯/食邑三千户至天復七年八月又加檢校太尉兼侍中寇恟秉
鉞是隆屏翰之威韓信登壇遂專征伐之任尋值唐室傾陷蜀國興隆當九服之動搖屬萬民
之推/戴先皇帝爰順圖籙光啓霸基其年九月制命公守太保兼侍中軍城内外都指揮使
至武成元年四月以公勳業迥高年德俱茂乃除授公武德軍/節度使加開國護聖佐命功
臣開府儀同三司檢校太尉兼侍中進封開國公食邑四千户政化溥宣於左蜀親賢兼重於
維城至武成二年閏八月就□檢校太/尉兼中書令罷鎮歸朝有詔除授公檢校太師守太
傅兼中書令進封齊國公兼加爵邑至其年冬授北路行營都統又至永平五年十二月進封
樂安郡王又/至通正元年加守太師食邑六千户食實封一百户帝師論道統眾安邦委寄
益深功名轉盛至天漢元年六月准宣充東北面都招討使至光天元年□月准/詔充北路行
營東西兩面都統征伐歧隴控扼梁洋都統全軍兩攻寇逆收秦取鳳皆效殊勳料敵運籌往
無不尅雖杜預之立功立事孔明之七縱七擒□以階也/□望帝晏駕之歲有詔命公鎮撫
南鄭安緝襃梁乃除授興元節度使檢校太師兼中書令進封樂安王食邑八千食實封二百
户至乾德元年正月□扶天佐命□□□□□□□□□□□萬户食實封四百户準□□於

209

私第立戟□□□功克寧疆場三載微拜入秉鈞衡申翊戴□討護盡忠貞之□□□□
二年閏六/月有詔微拜公守侍中封魏王修奉太廟使弘文館大學士判度支加食邑一萬
四千戶食實封六百戶自皇帝登臨太寶益敬元勳守侍□而封魏王/食萬戶而尊一品甲第
輝華於朱邸高門羅列於旌旗比勳德則卓絕明時言貴盛而宜鍾弈世偶然遘疾遽至彌留
舟航方濟於巨川風燭□淪於夜壑/以乾德五年七月十三日薨于龍池坊之私第享年六十
有六哀軫宸衷悲纏宮掖搢紳感慟朝野痛傷遂輟朝七日皇帝及太后太妃親臨其喪躬伸
吊/祭將相王侯文武百官九品已上在京者并就公宅申吊竟日盡禮示哀榮也公薨背之日
甫及廣聖節謙樂結絡張陳已畢聖上及國后聞公凶訃/遽命徹罷悲泣移時則知衛君之
痛惜柳莊聞喪輟祭齊后之驚失晏子行哭趙車寵遇之隆雅符前志鳴呼賢愚共盡牛山徒
恨以霜巾今古同途□水競漂於塵/世悠哉穹昊殲我良人然而士大夫之立身恥當年而功
不立嫉歿世而名不稱而公位極王侯道尊將相年逾耳順德重朝庭壽之与榮不□不至矣/
聖上注念勳賢增悲手足特崇異禮超越諸家乃詔給班劍羽葆鼓吹旌旗儀衛就宅冊命贈
尚父梁雍秦三州牧謚曰景武禮也鳴呼昔李靖佐命於唐朝/謚加景武子儀戡難於王室冊
為尚父斯乃封崇之盛事贈謚之絕倫惟公輔佐兩朝忠貞一致保衛聖代經濟皇家功庸遠
繼於□□德業迥侔於伊/呂懿文雄武稟孝資忠外定群兇執干戈而衛社稷內凝庶績調鼎
鼐以冠台階鎮重一時巍我千古受茲贈謚不亦宜乎夫人秦國夫人張氏□德咸備六禮作/
嬪絜沼沚而化被公宮循法度而輔成君子同貴齊盛偕老共榮先公周歲而薨聖上以公位
高調鼎悲□鼓盆特命典儀榮加贈謚乃詔備頒禮式就/宅冊贈謚為明德夫人表殊恩也惟
公冊尚父之榮夫人謚明德之號歷代雖存於典故國朝未展於彝章今特封崇頗謂殊禮時
之貴重莫有等倫長子/承綽左靜遠第二軍使檢校太保曾充北路招討衛隊指揮使能荷拚
薪術通傳釗洎領軍而征寇多懷惠以畏咸次子承肇自左靜遠第一軍使聖上在東宮日/
改充衛隊右龍捷第一軍使賜忠貞佐命宣力功臣開府儀同三司檢校太尉瑯瑯郡開國公
食邑二千戶前彭州定戎軍團練使永平年中先□（皇）帝親討不庭駐/蹕利州充駕前馬
軍都指揮使又充第三招討馬步都先鋒使尋充第一招討副使後以魏王統制師旅鎮靖襄
梁方屬安康帥臣擁兵阻扈遂稟命征討盪定/妖氛餘兇咸至於乞降元惡遂擒而生致一
方寧謐千里晏安前年秋聖駕巡幸梁洋充清道使時方問罪歧隴奉詔北征復領師徒鳳州
應援尋聞勝捷卻至/行宮虎家而克禦弓裘守郡而致詞襦袴護鑾輿之巡幸梁漢著勤驅
虎旅以專征安康遂尅繼立勳績濟美德門次子承遵自右靜遠第一□（軍）使聖上在東/
宮日改充衛隊右龍捷第四軍使賜懷忠秉義匡佐功臣特進檢校太傅瑯瑯郡開國公食邑
二千戶曾充北路行營都統衛隊指揮使後任蜀州□（靜）塞軍團練使堂/構是崇幹蠱
惟敏材苞文武器茂珪璋統師旅而威惠兼行專郡城而袴襦興詠八龍三虎并英秀於鯉庭

瓊樹瑤林牙（芽）芳於士苑女一人□□右驍蹕軍使守/嘉州團練使檢校太傅顧在珣節
將名家韜鈐襲武華姻辦鳳貴族乘龍尋承勳蔭之封爰受夫人之號封瑯邪郡夫人蘭薰易
歇槿豔難□享祚不融盛年即/世茍家伯仲季能皆佐聖之英謝氏閨門才淑是宜家之主惟
龍捷太尉弟兄居喪禮制殆臻毀瘠之情營奉規儀備盡哀榮之節孝敬遠逾於曾子友于深
類于/季方播美閨門增華令範惟公質性淵重多略寡辭未嘗臧否於人倫亦絕喜愠於氣色
周勃厚德眾仰安劉汲黯朴忠時推直道秉茲茂□鎮靖群雄加以雅好/文詞□□□□寫
意必歌於樂府沿（沿）情每著於詩篇韻入管絃題于屋壁者處處有之今則龜長告吉兆
宅穸之有期馬鬣成崗儼川原而相□乃以其年十一月六/日□□□□□□□行葬于國門
□□□靈（靈）池縣強宗鄉花嚴里龍輳原禮也嗚呼煙熅間氣得之者生享王侯倚伏相
推失之者歾歸□莫哀樂既拘於舒慘榮/枯必□□□□□□□以令終亦□□□□蕭
條隴樹寒郊已黯於愁雲蓊鬱佳城宿草永織於巖電古今共此零落矣言融□□□□□
聞凶諱但懷感泣/無路傾輸（下缺）懃漏略執賤簡而敢愧鋪舒雖螢蓺蕪詞惟憂不稱銀書
金字勒當代之功□□□□□□□□之陵谷濡毫灑/□□□銘云/天地覆燾日月貞明惟
睿作聖資□□□□□□相生能集邦彥方□國□□其一□一□□□□□□□□□□□
德君□□□□水相識□□□□□□□日開闢坤維奄有/蜀域其二明离代照聖敬日躋永
厘楚□□□□□□□豐登稼穡偃息鼓鼙□（其）□（三）□□□姓田
氏本□□舜子孫齊侯苗裔□□□□孟常恩惠積德所/鍾聯昌弈世其四先皇啓祚淮水惟
長妙擇□□□□爰定父子以固忠良妻敬材智劉氏□□其五惟公英雄冠超今古九
序興文□□□□高用曹參光陛鄧禹/啓土稱王普天為主其六成名益盛勳績□□□牧嚴
道載守眉陽俗多襦袴政美龔黃□□□□著芬芳其七高祖膚圖□□□□獄
民受賚自公籌謀創/基草昧應乾之運熙帝之載其八帝醫茂德擁節遂寧登壇仗鉞戎政
武經禮以化俗義以措刑昭蘇遠近怡泰生靈其九再登將壇光臨□□□□雄藩允歸元老
舊旆/□旌飄纓羽葆政勵四□□□三考其十朝天歸闕位正太師都統萬旅鎮撫四維邦計
同議軍事先咨碩德重望超越等夷其十一邊警□□□□梁漢爰命元勳都統夷/□□□至
上妖□霧麢立載旌門登壇作翰其十二聖皇纘位思壯股肱乃下明詔調鼎是徵大貌其冕
庶績斯凝八政既頌三壽作朋其十三□□和寧微乖膝理他扁針醫/□□□祀疾轉弥留
天無福祉景命告終奄然沒齒其十四帝聞凶訃感泣驚疑太后興念慘怛不怡親臨其第吊
祭申悲恩渥隆異榮□□□其十五□以哀章賜其美謚□/□羽旒斾簫具備賵賻既優冊贈
殊異以獎元勳哀榮兼萃其十六孝孫令子玉樹芝蘭荀家叔季張仲急難各登熊軾佇陟將
壇門庭□□獨映朝端其十七緬惟明公秉持/□操多略寡辭智深謀奧道以義弘善惟忠告
如山如淵（淵）不罹不傲其十八爰歸真宅靖閟玄扄崗營鬱律馬鬣龍形創域於此永安

211

幽□神祇護助明德惟馨其十九邈矣悠/□□□苍昊蓋世靈（靈）閬川同道魂馘新松氣
紫蔓草全石刊銘將齊劫浩其二十/門吏前蜀州團練推官朝敬天夫檢校□□刑部貟外
郎兼侍御史柱國賜□□室裴光晉書

5. 前蜀乾德五年（923年）王宗侃夫人张氏内志铭

1999年10月，王宗侃夫人张氏内志铭出土于成都市龙泉驿区十陵镇青龙村五组五代砖室墓内。现存于成都市龙泉驿区文物保护管理所。墓志及盖均为紫红砂石质，规格尺寸及志盖图纹与王宗侃墓志及志盖相同。志盖顶部平面线框内，篆刻3行3排9字，即"大蜀明德夫人内志铭"。墓盖与志石均亦残破，志文50行，满行55字，现存2700余字。

【首题】大蜀故秦國夫人道封明德夫人清河張氏内誌銘并序/門吏朝議郎前守尚書水部員外郎柱國賜紫金魚袋周萼撰/

【志文】述夫為元臣之伉儷貴已□於搢紳冠命婦之班行寵又踰於姆姒其生也封高國號出驥戟門其殁也萬乘流恩九天歸贈齊體/既堯元漢傑趨庭又三虎八龍□以騰光於圖諜之間抗跡於賢家之右於斯為盛誰曰不然國夫人姓張氏遠祖源同軒后首刱

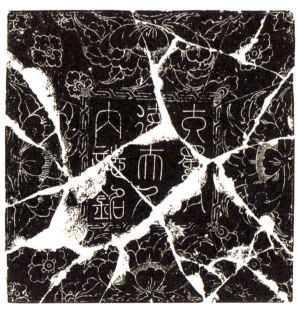

王宗侃夫人张氏内志盖拓片

（剏）弦弧/當是著功由斯得姓自留侯相漢至西晉收凡十代相承皆居貴□晉太康中收為蜀郡太守子孫因而家焉曾祖縕則收十一代孫/唐憲宗朝歷位至彭州刺史祖遣□任汝州別駕嚴考顯先□□書省秘書郎國夫人則秘書之少女也承祖父之明訓生禮樂之名/家習以溫和篤於孝敬讀惠姬之誡勗作清規懷道韞之才□□□唱女工悉備筆法兼精筓年歸于我瑯耶公魏王公以兩朝/宿德一品崇勳翊贊

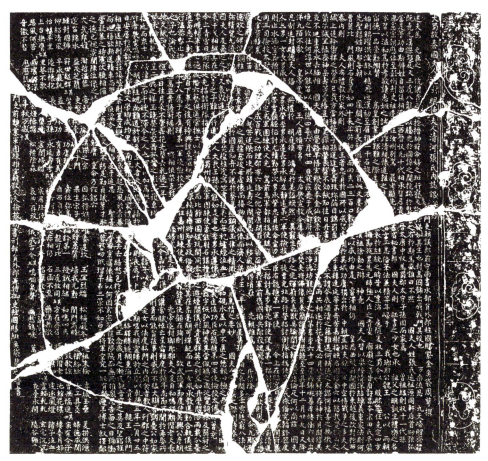

王宗侃夫人张氏内志铭拓片

高皇創業於艱難之際匡扶□□□□衣於繼統之時昔以豐沛扈隨爰收三蜀今以股肱
委任克定四方/始則鯤躍洪溟終以鵬飛迥漢初至眉雅二千石旋□左執□□□擁節旄
景為元帥極人臣之貴處廓廟之尊昔自許昌本宗田氏早蒙/先聖錫姓瑯耶每朝鳳闕之前
長列雁行之首此又妻敬□□漢祖徐勣之附神堯國夫人皆以舉案情深結縭義重家法則
何/曾莫比門風則石奮焉如四十來年共和□而罔失二三百口敦茲□以咸均由是睿澤相
仍皇恩曲被前聞國於東越後改封於西/秦内則夫人布禮教於家外則魏王著忠貞於國所
以威望遠圖於異域功庸獨出於中朝豈比夫娘子軍中空恃戰爭之事夫人/城上徒矜禦
捍之勞而已哉方當福蔭子孫運逢堯舜珠珍滿目錦屬盈□□宇重樓連延華弟奇芳嘉樹
掩映名園信全穴以悠哉覺銅山之/叢尔誠宜祿齊神岳壽等靈（靈）椿堂期美（瘞）相
縈良醫不效祇知往日廾書之□□□不謂今辰酒漬之藤難遇何輔德之太謬何福善之無

徵大/夜不迴重泉永去緬惟國夫人久由覺路早悟玄機敬奉全仙欽崇玉□若非法□惠
雨共相逐於花臺是必月帔星冠將存神於貝闕信異/境之攸往何浮世以能留以乾德四年
六月廿四日寢疾薨于成都府成□（都）縣淨德坊龍池里之私第享年六十四骨肉號咷
尊卑淒慟六姻出/涕九陌不歌皇帝爰降玉人厚頒布帛太后爰宣教令屢□□□梵夾將佛
像員來蘭饌與椒漿競至至其年十二月廿九日又降/恩制追封明德夫人備冊禮於明庭
頒鴻恩於美謚煥然異寵生泉路之光輝蔚矣嘉猷具編圖之翰藻求諸倫疋何以尚茲國夫/
人三男一女長男承緄次男承肇季男承遵長男承緄左靜遠第二軍使檢校同徒曾充北路
行營招討衙隊指撝（揮）使早從戎旅備究韜鈐器度/則止水涵空節操則□松帶雪頻
經征討尤積勤勞次男承肇忠貞佐命宣力功臣右龍捷第一軍使今上在儲宮日曾充□□
開府儀/同三司檢校太尉前□□州定戎軍團練使又充駕前馬軍都指撝（揮）使繼作第
三招討馬步都先鋒使復為第一招討副使旋充駕前清道/使官資積累寵□□□□□成
百戰之功理郡布六條之化安康問罪兇渠面縛於軍前褒國擁兵郫寇魂飛於境□□□敵
則風□□□撫/疲民則雨潤枯苗□□樂貞□□曳柴運機而決勝韓延壽之間（閒）闒息
訟以移風故得頃在先朝推為□牧丹禁降□□之命九隴刊/德政之碑況銅柱□□業素高
□□之風標愈峻每虛懷而接物長減佟而濟人梁孝王之平臺群儒星集孫丞相之東閣多
士雲趨窮八法以/彌精覽九流而周傳加以博物□□於國產知音不讓於蔡邕極銅儀玉
律之精微辨風角鳥情之要妙國夫人富□疾之際則侍奉□□/國夫人及薨逝之時又哀
毀過禮尋復專焚檀炷虔寫竺書援毫而每祝爐煙泣血而□和硯水蓋以申不匱之懇報罔
極之恩□□□□時以/來干戈相繼其在良弓之子難為行道之人大哉王孫乃能如是者
也季男承遵懷忠□義匡佐功臣右龍捷第四軍使檢校太傅亦曾充/今上青宮日衙隊又
充招討衙隊指揮使□任蜀州靜塞軍團練使勇能射石謀擅揚沙器宇恢弘風神秀異當佩
觿之歲泛覽詞林及弱冠之/年曉暢軍事七德咸備六藝俱通常撫士以投醪□□□而比
飫（飯）西園娛玩閒同七子之遊煙閣儀形貴處群英之列至如丹庭問俗兩載分憂/通商
惠工彰圖瘵惡自下車之後有袴興謠至罷秩之□攀轅積戀將知善政備覩高碑其在柔臺
胡可殫紀而已一女夙承教導動合軌儀性/行溫恭容止端□年十八屬于右廂踾第一軍
使檢校太□現任嘉州團練使兼水陸都發運使顧在珣則故武德軍節度使吳興公彥朗/之
子也論氏族則國高并貴語冠裾則將相俱榮克致□□□修婦式因是乎聞于先帝遂封
郎耶郡夫人爰自和鳴將期偕老天長/地久祇知瑤草恒春日往月來不覺蕣花先墮去乾德
二年□□□□□逝今嘉牧自傷大儷常賦悼亡星霜雖度於頻年志節不聞於再娶所/恨朱
輪軋軋亦呈二鹿之祥玉鏡熒熒空舞孤鸞之影況復專城□□□□□□□□□□□則貴而
能貧莅事則威而不猛大辯若訥憂公如家/招延而眾士知歸漕運而千艘不滯今之人也

214

何以加焉此蓋□□□諸子以義□□愛女以法度私門之內鼎食者數人列郡之中符/竹者
幾虖嗚呼至明者桂魄尚難逼於虧盈至大者天池猶莫袪於□□□則良辰葉卜□□□期
嗟我明靈（靈）歸於丘壟以乾德五年二月廿五/日安厝於成都府成都縣文學鄉成均里
□南原禮也國家禮備□□葬加常等□□□□駱驛賵襚稠重洎乎貴主親王侯門/相座
送終則康莊填噎設祭則簫箋縱□□露哀哀起悲風於素慕□靈（靈）去去結愁色於荒
郊魏王念歲月之漸遙覩音容之莫及望銘旌/而迴腸欲斷送輴車而雙□恒濡令□□相
□友于追思聖善高堂寂寞痛懷橘以何因玄宅密茫歎陟陵而無所摧裂思告面之日號慟/
當疑慕之時慮伏臘相催□□□□文詞不朽是勒貞珉蕚才恥□蓉簪叼玳瑁早乘三策
（策）不如白馬將軍空究一經有類瘦羊博士敘擇鄰/之德已愧察聞陳泣像之情□□□
學勉膺重命乃作銘云/大哉邦媛淑哲溫恭帝軒□胤漢傑之宗因孤得姓唯秦是攻玉宜烈
焰松稱嚴冬其一遠祖朱輪專城玉璽爰掜（析）洪源/遂留錦水益茂芝蘭更繁桃李□□
于門果生宋子其二煌煌蕙質歸我元勳閨門肅睦寵祿紛紜女工具美婦德咸聞/繼封國號
冠世超群其三賢哉□王功庸難/爵位彌高韜鈐第一授鉞相繼和鳴罔失□致歌謠曾無
憍逸其四家有令子仰紹清風早承嚴訓并立殊功有勇有義自西自東八龍可比三虎攸同
其五方在齊眉將□偕老池館花穠樓臺月好/怡暢平生優遊懷抱長□子孫永延壽考其六
福齋何昧恚瘵（瘵）相仍石函不至藥酒無微□□□駟遽逐風燈諸子泣血/上台撫膺
其七里巷不歌仁人墮淚宮闈歸眄宸居降使□露□□□銘旌數字鼉簧雲屯弱□□□其
八靈（靈）輴軋軋玄宅沉沉/悲風何苦幽壞何深雲煙慘澹松檟陰森哀哉存歿俄成古今
其九嗚咽泉聲幽愁鶴唳蒿□□□夜臺永閟（閟）陵谷雖遷/音徽不替歷歷誌銘千秋
萬歲其十/門吏前靜塞軍團練推官朝散大夫檢校尚書刑部員外郎兼侍御史柱國賜緋魚
袋裴光晉書

6. 前蜀乾德五年（923年）晉暉墓志

　　1974年5月，晉暉墓志出土于成都市东北郊八里庄附近前蜀晉暉墓。原墓志与墓
盖本应相合置于棺台前方。墓葬被盗，墓志位置也被移动，志盖翻落于前室中部，
残存数块，而志身立于中室棺台的西壁下，基本保存完好。墓志与志盖均为正方
形，边长106厘米，系红砂石雕刻而成。墓盖为盝顶式，厚9厘米，盖顶面边长52厘
米，上刻篆文"大蜀前故武泰军节度使赠太师弘农王赐谥献武晉公墓志铭"，共计5
行25字，四杀上线刻缠枝莲花纹，志盖底面内凹。墓志厚9.5厘米，侧边刻单朵莲花
纹，底面亦内凹，正面打磨平整，镌刻楷书铭文，共60行，每行60字。

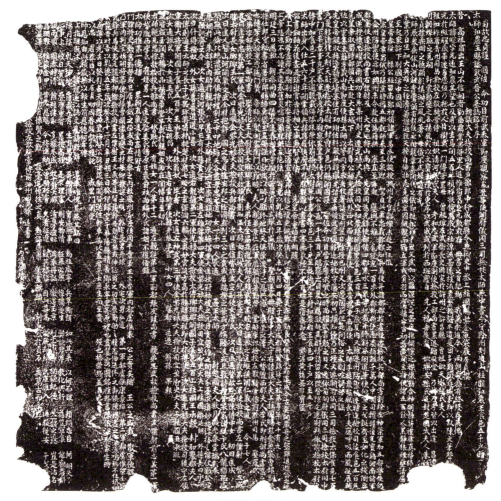

晋晖墓志铭拓片

【首题】大蜀故忠贞护国佐命功臣前武泰军节度观察处置等使开府仪同三司检校太师兼中书令守黔州刺史上柱国弘农王食邑五千户赠/太师弘农王赐谥献武晋公墓志铭并序/朝议大夫检校尚书户部郎中行成都县令兼御史中丞上柱国赐紫金鱼袋居贞撰/

【志文】昔高祖崗出王山不信相者勱图霸业果得里人追惟宿旧之元勳最在册书之首纪弼我万乘迨今两朝褒饰有终殁存无愧/太师讳晖字光远弘农其望也及甫以生焉间五百年祯祥扶億万歳宗社源流甚远枝派（派）素繁族谱半遭爰因多难微寻盛事聊以敘陈文笔鑿口口口口/光於照耀岁华遷易历位乃极於人臣树载一门传芳累世曾祖璋左武衛长史因家於许州之许昌县曾祖妣天水赵氏夫人/祖弘祚唐青州司马检校左散骑常侍祖妣清河张氏夫人考和忠武军节度副使检校工部尚书累追赠司空乃祖乃考皆以

出逢昌運□□/明朝蟬聯之克嗣軒裳豹變之各揚風彩以文寶式陳於東序以武威或列於
西班廖自先人福垂後裔姚樂安孫氏追封楚國太夫人朱絃□□□/璧貞標柔明之德顯彰
慎淑之風夙著母儀不忝婦道有光/太師辰象垂休山河鍾秀燕頷有封侯之相龍章真問
代之儀節挺松筠才兼文武加以蘊深沉之器度抱偏懹之襟懷動合神明静符禮律真將帥
□□□/事業乃自生知大英雄之經濟籌謀逈從天授自伸壯志克顯宏圖佩鞬而鶚立軍戎
負羽而鷹揚宇宙初為黃頭主將便綰五百餘人累静狼煙疊清鴈塞/以至起家許下別國沛
中因同/先皇帝參從禄公駐留南鄭初領諸軍馬步使旋授興州官官貂蟬未赴之任值/僖
宗皇帝幸蜀俄乃歸京時擁五都鋭師來至三泉迎駕自此主忠義都都知兵馬使并諸都都
指畫使遷檢校兵部尚書割隸左神策（策）軍加五都營使仍/□金州防禦使亦如興州未
令赴任為藉拱宸直至再起鑾輿不離扈從充一百步外都斬斫使悉委指蹤千萬人中獨司
權握復充寶雞河南諸軍/都塞使遷檢校尚書右僕射及大駕巡狩山南與先皇同為先鋒使
部領四都黑水三泉等把截并修斜谷閣道等使似雪之戈鋋齊至如化之棧閣立/成遂授懷
忠耀武衛國功臣兼集州刺史遷光禄大夫檢校司空弘農縣開國男食邑三百户壬子歲夏
内又除遂州防禦使遷特進檢校司徒食邑五百户/先皇帝取蜀時部領兵士赴大玄城下太
尉韋公補充羅城外西北面都指畫使先皇帝為東南面使太師手提眾旅職長千夫應呼吸
而風從展輔/佐以雲集未離方義山南節度使楊太師以管内方求岳牧署請蓬州望日除授
巴州又次遷閬苑但是問俗之處則喧謳袴之謠/先皇帝親收梓潼請充壕塞使有功翊佐料
敵無疑率先諸軍再領武信復移近地牧守陽安初只權知續乃正授又遷開府儀同三司檢
校太保食邑七百/户爰移清化又剌天彭遷檢校太尉加封爵户邑仍賜開國護聖佐命功臣
當仄（側）席求賢之時尚耀武書勳之日又遷依前開府儀同三司檢校太尉同中/書門下
平章事充武泰軍節度管内觀察處置等使封開國公食邑一千五百户臨罷之日爰以為政
超異群情請留難改替除是遷別拜依前檢校太尉□/侍中加食邑二千户不逾數載併陟殊
榮依前檢校太尉兼中書令食邑三千户至乾德元年封弘農郡王食邑四千户以至五千户/
太師出身入仕五六十年間掌領兵權踐履侯府不可勝數難以盡書四塞無氛祲不弔百姓
是瘡痍即愈紫泥黄絹無非寶匪/詔書鈿軸花綾盡是瑶函官告將相之盛勳賢罕儔先皇帝
重始末相隨/今上念勤勞盡瘁尚期別加於委寄為擇途近藩宣疊昇韓信之壇更佩鄭侯之
印寧謂偶嬰羔□無效良醫俄逼風霜遽成今古莫問藏舟之壑難追遊岱之魂/上帝悲涼不
忍讀其遺表舊交嗚咽難勝報處絕絃公竟以乾德五年歲次癸未六月四日薨于在京成都
縣碧雞坊之私第享年七十有九/明廷三日為輟朝參同曲四隣不違春相禮寺徵於舊典有
司式舉於盛儀聖朝遂命冊贈使中大夫守右諫議大夫上柱國賜紫金魚袋曹郇副使/將仕
郎守秘書省著作郎賜緋魚袋王昱賜謚曰獻武以晦以顯終地終天俱榮涣汗之恩共感褒/

崇之澤公婚隴西郡夫人李氏即刑部尚書嵩之女/也傳芳天族稟秀德門賛帝師以賢明處
閨門以雍睦夫人親弟景仁在軍歷職頗著勤勞堂叔李坦檢校左散騎常侍前黔州司馬娶
羅氏/堂弟李郃檢校工部尚書娶清化王太尉長女瑯琊王氏表弟任全勛并抱器能皆精武
略肅睦布謙恭之道縱橫闡仁義之風令子七人/長曰匡晏忠義第一軍使金紫光禄大夫檢
校司空婚故鐵林劉知溫太尉女彭城夫人兒孫寄哥次曰匡讓忠義第二軍使檢校尚書左
僕射婚左戚/勝太尉長女瑯琊王氏次曰匡順全紫光禄大夫檢校兵部尚書次曰匡信婚前
武定副使女唐氏次曰匡遇婚故黔南陳侍中女幼曰匡成/次曰匡父皆山河同氣文武全材
抱許國之忠貞蘊安邦之經濟或列三公之貴或居端揆之榮或方侯騰凌或且敦詩禮昔裴
家諸驥卞氏八龍猶恐盛/榮無此倫比絕漿茹戚俱持禮制之中叩地號天各盡孝思之道女
一十四人長適竇（夒）王太師封趙國夫人秋月凝光春雲瑞彩奉/華姻於朱邸彰内助於
親賢竇（夒）王太師巨浸涵空崇規鎮地功參締構業大匡扶弼社稷之元臣實磐維之間
傑分憂求瘼妙施綏撫之能仕鉞登壇/克顯訓齊之令次女適清河張氏早亡有外孫貴哥次
女適左雄勝第四軍使全紫光禄大夫檢校司空兼御史大夫上柱國解延朗外孫長曰承嗣/
次曰什得搔奴外女孫喜喜道道小喜次女適右龍捷第二軍使光禄大夫檢校太傅瑯琊郡
開國子食邑五百上柱國王承穀封弘農郡夫人/太傅則通王太師之長子也器琛蔣器材挺
楚材窮七略之玄深洞六韜之奥妙雲路方高於騰趨鵬程即大於搏扶次女適光禄大夫檢
校司徒守左領/軍衛大將軍開國子食邑五百户王承宬外孫翁奴延壽次女適左神武第三
軍使金紫光禄大夫檢校司空兼御史大夫上柱國王承胤/次女適譙氏次女適毛氏次女適
胡氏次女適右雲騎軍使韓彦能早亡小女四人勝都道遷翁孫果報/并皆或玉潤未稱於品
秩或華堂早就於親姻或尚在閨幃年至幼小/太師親兄思悰故檢校兵部尚書婚耿氏有姪
女一人第十二適左親從第三軍副都張友珪尚書親弟思武故檢校尚書左僕射前忠義第
一軍/使婚隴西李氏有姪男一人匡文娶姜氏鴒原已喪爵秩尚編外氏諸姻不復備録/太
師功推第一德播累朝直氣凌雲高情冠古/門館將吏勳舊勤勞或已居節鉞之榮或尚在趨
參之内故鳳州節度使同平章事王宗魯軍内都虞候表公之貴矣賭（睹）王公之盛哉散
軍使魏昌□（能）/乃軍内判官始開將幕便列掾曹頗懷通變之材每仰機謀之略外宅長
男彦球外宅次男弘道第一軍都虞候康景紹第二軍都虞候單全德/先鋒兵馬使充元隨都
押衙檢校尚書左僕射王文晟等并皆強幹各效勞能或伸征戰之功或展勤劬之積悉俻送
終之節俱陳竭盡之心涕泣嗚號不任填咽/□龜告葉吉以乾德五年歲次癸未十二月辛丑
朔三日癸卯歸窆于華陽縣積善鄉永寧里其原禮也畫晏露灑銘旌粉書陳儀注取象生時/
賜鹵薄以光去日發引占天街數曲置襧啓沿路諸筵駢闐皆送往軒車櫛比盡看來士庶生
而至貴歿也極榮斯蓋臣也/□以忠君葬臣以禮居貞叩因春顧懿分獲託戚里門闈受/□

师恩知由此积岁无以报生前恩德何幸傳/□上指蹤既沐諸龍遂以誌文見請敢辞遵奉唯
愧荒蕪其銘曰/□陽月陰乾天坤地覆載九有生育萬彙屏翰得人寰區無事動植咸寧兵革
斯弭如此其來以何而致賴竭忠臣弼明天子/□心事上皎日質誠疊膺重寄累換高旌是求
理處則安物情狂墓必煞悍獨遂生弊訛厘革教化興行為豐軍食能勸農耕/□調雨順國泰
時清餘糧捷畝多稼冬成牧十餘大郡活百萬疲甿滿奉丹詔徵還玉京刻千字以樹樹猶謙
紀德受一錢之送路豈是沽名/□馬珊鞍雜裘全甲昔受恩賜今將進納曾騎破虜久著征遼
致其祿位因此尊高龍厩卻歸武庫復入海嶽從安干戈□□/□賜渥澤但是功臣覩物有懷
賢之歎援毫追悼往之真勳銘鼎鼐儀畫麒麟刻盛烈於貞石冀萬古而永存/（上缺）檢校
左散騎（騎）常侍前涪州司馬徐遠書/勾當修墳墓（下缺）

7. 前蜀（908—925年）樊德隣墓志铭

樊德隣墓志铭出土时、地不详，现存于成都文物考古研究所。墓志为红砂石
质，志石上半部残断，残高51厘米，宽72厘米，厚8厘米。志文楷书，共27行，现存
470字。

前蜀樊德隣墓志铭拓片

【首题】（上缺）⬚軍樊府君墓志銘并序／（上缺）應制化因大師賜紫楚巒述／

【志文】（上缺）初名德隣入蜀方更名其先上黨人也因仕家長／（上缺）焉昔仲山甫匡輔宣王中興周道食菜於樊以為氏／（上缺）州司户參軍祖諱良守渭州長史／（上缺）妣平昌孟氏府君即司馬第二／（上缺）肅肅有度習吳通微書盡得筆法十五仕進／（上缺）點⬚尋授登州司馬皇唐末與兄檢校／（上缺）中僅及二紀洎王氏開霸歲在甲申蜀使及／（上缺）南既而裹足裂裳間道歸蜀與兄再會且喜／（上缺）揚于王庭尋授朝議郎守太子洗馬賜緋魚／（上缺）祖文皇帝龍躍坤維擢君知青城縣事俄改／（上缺）什邡令加金紫轉朝散大夫檢校尚書水部郎中／（上缺）秩滿又轉郫縣政聲藹然天書屢降或／（上缺）欺西門為政民不敢欺吾恥居季孟末由也已郫／（上缺）恩除授成都府司錄參軍兼御史中丞餘如／（上缺）卒于龜城清賢坊之私第春秋五十有／（上缺）⬚（革）陽縣星橋鄉望鄉里高原禮也／（上缺）範痛傷摧鯁益異鄉之悲慟撫孤弱／（上缺）郎體府君筆札綽有遺風殞／（上缺）檢校户部尚書燕諤次女三人／（上缺）悲哀摧慟府君好釋氏教／（上缺）食午後唯薦湯藥始君之未疾／（上缺）生微恙鳴呼達人先覺知終者也余之與／（上缺）君之去就亦可以式揚休列銘曰／（上缺）芳問孰敢與儔開悟佛理／（上缺）嘉猷雋字陳延昌

8. 前蜀（908—925年）王公墓志铭

王公墓志铭出土时、地不详，志石已不存，此据成都永陵博物馆藏拓。拓本边长为62厘米×80厘米，字体楷书，因志石残损，文字缺泐较多，现存38行，1000字。

【首题】（上缺）太廟事兼御史大夫上柱國賜紫金魚袋太原王公墓志銘并序／（上缺）柱國賜紫金魚袋房諤撰／

【志文】（上缺）仙傳有王子晉游嵩高山白日昇天即其人也時號王家因以為氏遠祖翦秦時為／（上缺）十五代祖西晉龍驤將軍濬有平吳之功載於史冊泝（派）分周室嵩山之羽化沖天族／（上缺）年皇任信州刺史祖弘儉大中初皇任漢州金堂縣令政居尤最吏服清通訟庭／（上缺）州銀山縣令留心鵲箭點額龍津甘於侯府曳裾屈就琴堂調軫（軫）公則銀山之長子／（上缺）宅其後進德修業日就月將天爵甚高士風可法若乃下幬發憤閒（閑）户自強披沙揀／（上缺）守君子之道此則公之業文也若乃貞固立事孝悌承家廉足分財平逾宰社效／（上缺）陋巷而自樂此則公之慎行也若乃有犯無隱以

公灭私慕弘演纳肝壮朱云折槛/（上缺）缨之族此则公之怀忠也若乃去华务实送往事居风雨晦而不渝用友言而可/（上缺）里此则公之守信也恢张四教辉暎九流政事负舟季之能词藻得屈宋之体/（上缺）果就弓招非因荐托礼优交辟奏章寻达於尧阶道洽从知赞画迪彰於俭府/（上缺）友（副）使广明二年僖宗皇帝巡幸蜀都公选授巴州归仁县令光启二年/（上缺）以干敏有闻就加试大理评事兼监察御史大顺元年授大理司

前蜀王公墓志铭拓片

直兼殿中侍御史／（上缺）大蜀開國之歲／（上缺）流以盛鶵鷟之列武成二年除宗正丞通正元年又除檢校尚書水部員外郎守綿／（上缺）師見推時彦至於剸繁理劇去弊除軒投刃皆虛（虛）當仁不讓妙於盤錯輕鄆縣之投／（上缺）晉國公代天理物求賢審官當爐冶而推至公執鈞衡而録片善捨築投竿之者景／（上缺）斯在襟靈（靈）豁然擢英俊之下僚委宗廟之大事光天元年除朝議大夫守宗正／（上缺）宇初構神主俄遷雖昭穆可觀而制度或異公力排羣議獨案禮文創便殿於／（上缺）蒸嘗克遵舊典所謂倫材雅當舉職難偕台庭繾議扵（於）陟明／（上缺）議大夫檢校户部尚書守太僕卿兼御史大夫上柱國依前知／（上缺）榮尚阻懸車之請一旦杯虵（蛇）結瘵（瘵）床蟻為妖寒暑旁侵膏肓易變道飆莫駐睼而／（上缺）一月五日啟手足於太廟之官舍春秋七十一翌日遷於荷聖佛寺／（上缺）無闕以其月十五日葬于成都府成都縣廣平鄉茂荆里禮也夫人濮陽吳氏吳／（上缺）風斯在男廷祐前吉王府長史早寔豹略妄擲雞窻（窗）班超之筆虛（虛）投侯白之言非／（上缺）子左贊善大夫兼通事舍人柱國賜緋魚袋□誠明入仕介潔修身陳孔璋裁撤／（上缺）陸氏機雲俱擅洛中才自公寢疾至於送終天倫之痛尤深月旦之評永巳／（上缺）公季弟前涪州司馬賣歷職戎伍染疾淪亡親姪男九人長曰廷規／（上缺）誨廷矩廷熙廷父廷徽廷璧廷頊姪女五人并未出事公義男永順／（上缺）預辨吉凶頗明窮達半年前自修行狀懇以誌文見託殊不知諤漁經獵史固／（上缺）荒虛（虛）歿後濡毫牽課而多慚漏略乃為銘曰／（上缺）翦平荆土溶泛樓舡勳閥之盛典籍攸傳其一百代子孫一時髦俊／（上缺）世綱縈身秋霜染鬢其二顯揚名實雅稱階資光陰暗度筋力潛襄／（上缺）驟困沉痾奄歸大夜方覩強明豈期凋謝其四迅若湍流倏如幻化／（上缺）骨文王定其優劣寧足比方其五卜宅平原開塋厚土左倚龜城／（上缺）形莫覩刻貞石兮一勞播徽猷分萬古／（上缺）前興州司馬吳延昌書

9. 后唐天成三年（928年）许仁杰墓志铭

2003年7月，许仁杰墓志铭出土于成都市龙泉驿区十陵镇双桥村五代砖室墓内，清理情况不详。现存成都市龙泉驿区文物保护管理所。墓志和盖为细红砂石质。志盖呈盝顶形，高69厘米，宽68厘米，厚4.6厘米。四刹分别线刻一朵菊花，盖顶线刻双栏边框，其中篆刻3行9字，即"故临颍州郡许公墓志铭"。志石略呈正方形，高69厘米，宽68.5厘米。志文楷书，32行，满行36字，全文共1025字。

【首题】大唐故全紫光禄大夫檢校兵部尚書使持節維州諸軍事守維州刺史兼御

史大夫上[柱]/國舊蜀明忠秉義彰勇功臣右神麾軍
使開府儀同三司檢校太尉前守綿州刺史上柱國/
臨潁郡開國公食邑一千五百戶許公墓志銘并序/
門吏前東川觀風判官朝散大夫檢校尚書刑部郎
中兼侍御史柱國賜紫金魚袋毛文慶撰/

【志文】君子有生符間氣出顯奇才武洞兵
機文通儒術資忠佐國履孝承/家貴襲鼎鍾慶傳詩
禮榮華相繼終始周逾生既有聞死當不朽於斯善

许仁杰墓志盖拓片

许仁杰墓志铭拓片

也不其偉歟/公諱仁傑字貫儀京兆長安人也高陽茂族臨潁華宗讓堯之芳躅惟新仕晉之嘉猷不既/則有長鬚顯譽多力馳名或孝感迪通此陰陽洞曉窮典墳之奧義撫昆弟之深仁子將聞/月旦之評玄度得天然之寶固亦源流自遠系譜相尋寧俟繁書并光信史兼是十美編于/本枝略而言之固足稱矣/曾祖諱元甫祖諱虔楚/考諱宗播維嵩協瑞隱昂騰英鷟（燕）頜標奇蚪鬚表異風后五圖之要本自生知武侯八陣之/微素推天授控赤羽而曾銜石虎挺青萍而嘗藏水犀潛資七德之文盛佐三分之業榮匡/霸主顯立殊勳傳家以仁孝為先許國以公忠是務隆于後裔憬彼前脩信重山河名光竹/帛蜀扶天佐命忠烈功臣前武德軍節度梓綿龍劍普等州觀察處置等使開府儀同三司/檢校太師兼中書令梓州刺史顯潁王食邑九千戶食實封三百戶贈太師謚忠廣公有子/六人公即第三也公稬軀落落張貌堂堂谷雲之筆札兼能郤穀之詩書具美國華時/彥公子王孫繱登弱冠之年便起雄飛之志其諸茂實此不繁書並在外誌標紀/公以唐中和四年十月十七日生於京兆府長安縣即以天成二年太歲丁亥十二月戊寅/朔十六日癸巳薨于維州郡舍亨（享）年四十有四人情痛惜物論悲傷知者報春聞之罷市護/喪到府奠祭盈門平素交遊內外親族弔賻皆至哀榮以光公識量深沉神機博達大/事能斷長謀鳳成承蔭襲於當年分寵榮於聖日加以依仁游藝好士禮賢庾亮/樓中不辜風月孟嘗門下長設車魚非熊而早慶玉璜癖馬而曾華金埒累提郡印頻縮兵/符弈世功名畢生富貴恨春秋之正盛痛金石之不堅永嘆逝川堪驚摧嶽公之/母晉國太夫人李氏以星沉家寶天喪國禎誰吟陟屺之詩翻誦及泉之賦以至金昆玉/季孺角童齡共感浮生咸增罔極今則卜擇告吉封樹葉宜緬彼佳城奄之幽室即以三年/歲次戊子正月戊申朔二十五日壬申葬於成都府華陽縣普安鄉白土里東山禮也/命婦瑯瑯郡夫人王氏義深齊體情極厭躬顧偕老以無期誓未亡而有節男伯通伯遇女/唐五等每聞庭訓具稟門風庶光必復之徵冀荷不孤之美恩也幸依門館得撰誌文多謝/蹤橫詎孱祖述恭副揮毫之請貴伸執紼之誠既屬辭焉乃為銘曰/伊公子兮冠時英履忠孝兮盡平生經文緯武兮馳嘉名承家立國兮藹餘聲/鍾鳴鼎食兮慶傳榮善始令終兮誰與京表歸真于此室庶勒石以為銘

10.后唐长兴三年（932年）高晖墓志

1952年9月，高晖墓志出土于成都东站双水碾高晖墓内。墓室正中置石质棺床，上置石椁，石椁后靠北墙下置一墓志，上有石盖，盖上刻"大唐故渤海高公墓志"。石桌侧一个有石盖，上刻"蜀故清河张氏墓志铭"。

高晖墓志长、宽皆为79厘米，厚7厘米。

【首題】唐故北京留守押衙前左崇武軍使兼宣威軍使西川節度押衙銀青光祿大夫檢校工部尚書兼御史大夫上柱國渤海高公墓志銘并序

□朝議郎檢校尚書祠部員外郎前梁州祿事參軍兼侍御史柱國賜緋魚袋崔昭象撰／

【志文】夫天地之間其如橐龠處四海之內誰超生死向百年中焉定短修日落虞泉宜有再中之分川奔巨海終無卻返之由貴賤雖殊後先而巳繇是尼父顯夢楹之讖兆曾生啟手足之孝思在乎人倫宜遵軌範其有名揚位顯列職居官生值明時享茲考壽歿歸厚合紀行藏欲使雲來知門風之覆遠俟其桑海不泯墜於聲光雖竭荒蕪莫得□縷述行按高氏系自一家瓜分八望粵自齊宗侯卿之後也侯曾孫固桀石以救人曰欲勇者賞余餘勇食邑於高以邑為氏又惠公孫蕫字子尾亦為高氏於姜得姓譜備傳自遠源流於今不絕降自魏晉迄至隋唐纍武也樹勳王室仗鉞秉麾出鎮山河英賢繼出居文也天理地入輔皇猷是知勇冠關西族稱山北不可備載聊陳紀綱者歟尚書諱暉字光遠郡聊渤海今為河東晉州人也曾祖以性便雲水誌尚希夷避世怡情不參祿位祖亮皇任右神策軍衙前虞侯檢校太子賓客父行本皇任朝散大夫前行石州司馬柱國公即故石州典午之令子也渤海公少而好奇長負大誌處眾則謙和為最居家則孝悌為先瞻無過雄才穎脫臨事不懼好謀而成洎壯年處眾則謙仕歷和門而歲久常以盡忠校而時深獨身許國解弓在手頻施汗馬之勞霜鍔懸腰纔坡魚麗之陣僖皇自蜀還京之載例溥見首錫恩銜俾加弄印迨後昭宗踐祚復示寵徵特轉貂蟬徒負荷相次北都守職隨從先晉王充留守押衙兼甲院軍使久從征伐粗曉虛歷試艱危出無不捷莊宗皇帝龍飛之後凡是衛駕功臣懸賞策勳各膺睿渥特敕授銀青光祿大夫檢校工部尚書兼禦史大夫上柱國充左崇武軍使是歲也我府主中令選自國戚出

高暉墓志盖拓片

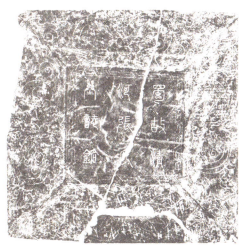

高暉夫人墓志盖拓片

鎮坤維舊沐臺恩並蒙録使公於此際特署西川節度押衙監都作院使況乃修仁可重積德
彌高齊松鶴之遐齡永保門庭之餘慶誰料遘侵景慕桑榆蛇影見於喧於枕側偶因微恙莫
起良醫遽及倉惶俄隨風燭以唐長興三年歲歲次壬辰三月癸未朔十日壬辰終於成都府
華陽縣果園坊之私第也享年八十有一有男一人西川節度押衙銀青光祿大夫檢校散騎
常侍兼禦史大夫上柱國充昭武軍主客馬步軍都押衙玉奇姿隋氣概卓犖宏屺岵情傷纏
哀義切泣高柴三年之血絕蔣詡七日之顯令有女一人在河東適劉氏有孫子三人兒曰全
義女曰孃子喜子並皆歧嶷骨秀神清公娶清河郡夫人張氏早馳婦德稱聞闈爰備三周歸
於君子昭明婦禮肅穆親鄰久播母儀每彰慈善偕老之期必俟賓之敬何悲矚壙之辰永絕
齊眉之禮銜冤茹慕墮睫潸淚幸有子而承家望夫形之空在公生居祿位壽享遐延操不倜
儻自負揚名立事善始令終至於丘壟松榆輀車旐翣悉皆備矣後誰及乎以其年十有一月
二十八日葬於華陽縣升仙鄉墓二裏禮也於戲良木壞泰山頹蒿裏迎歸泉扃即掩清風永
想遊岱之青容長恨輮栽痛終天之訣別象奉哀托修誌文略銘曰渤海華枝齊卿夜喬得姓
於姜出芳於世公之世族歷代所傳公之德行弈業相聯勇冠關西族稱山北積善垂休承家
可則轅門發跡銜間立身忠孝事主謙和奉親履歷官資彌臻考壽蒲柳相侵膏肓莫疚音容
眇邈光景逝徂莫駐風豔難留隙駒陟岵情深遊魂何處夕葉杜鵑朝晞薤露形銷影絕物是
人非翔鶯先去彩鳳無依佳城一閉兮封之蒼苔貞瑉萬古兮藏之隧表

11. 后蜀广政十一年（948年）张虔钊墓志铭

1977年底，张虔钊墓志铭出土于成都市东郊约8公里的保和公社"天鹅抱蛋"处
一座大型券拱砖室墓，该墓建于五代后蜀孟昶广政十一年（948年）。墓志系细红砂
石所制，平置于前室正中。墓志平面呈边长为100厘米的正方形，厚15.5厘米。志盖
四周阴刻云纹、莲花纹和卷草纹，中间篆书"大蜀故赠太子太师赐谥温穆清河郡张
公墓志铭"，共4行20字。志文楷书，有残损，共53行，约2 546字。

【首题】大蜀故匡國奉聖叶力功臣北□（面）行營□招討安撫使興元武定管界沿
（沿）邊諸寨屯駐都指揮使左匡聖馬步都指揮使山南節度興鳳等/州管内觀風營田處
置等使開府儀同三□（司）檢校太師兼中書令行興元尹上柱國清河郡開國公食邑四千
戶食實封三百戶贈太子太師/賜謚溫穆清河張公墓志銘并序/前幕吏將仕郎守左拾遺賜
紫金魚袋王文祐撰/

【志文】公諱虔釗字化機出黃帝軒轅之後第五子揮始造弦弧剗矢寔張羅綱以取
禽獸主祀弧星代掌其職因為氏焉清河則其望也/曾祖邁後唐贈銀青光祿大夫檢校左散

騎常侍兼御史大夫祖榮後唐贈銀青光禄大夫檢校户部尚書兼御史大夫/顯考藺後唐贈
金紫光禄大夫檢校尚書左僕射兼御史大夫上柱國顯妣梁氏後唐贈汧國太夫人公則僕
射之長/子也將星孕粹嵩嶽降神呂光之戰陳排時年雖尚幼鄧艾之軍營盡處志已不群爰
值舊唐土崩群雄角立九牧盡思於分裂四方皆耀於/戈鋋公切慕功名不事筆硯奮衣私室
貫勇和門彎弧則百步楊穿跨馬則一條練去未弱冠以騎射出景安義丁相國一見而奇之
□/以左右善射者七十餘人署公為首領洎武皇與莊宗龍潛汾水虎據并州遂置親衛左右
突騎非驍雄有異者不□□□□/□首奉精求便居將校亟當大敵頻立巨勳天祐十七年遂
受制累遷右突騎軍使銀青光禄大夫檢校國子祭酒兼御史中丞□□□□□刲/□鎮陽受

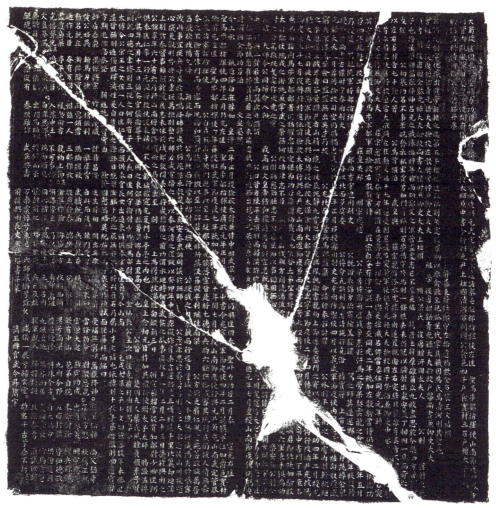

张虔钊墓志铭拓片

制轉兼御史大夫莊宗愈振軍聲奋有河朔須在董齊武士環衛乘輿爰擇威名倬當委任同光元年轉右突/騎守闕指揮使兼隨駕馬步軍都軍頭檢校右散騎常侍莊宗自奋有汴洛混一車書至同光二年就加左散騎常侍仍□□□拱衛功/臣四年就轉檢校工部□□□□莊皇失邦明宗應運公早居侍衛丞歷戰爭素彰汗馬之勞果契雲龍之會□元年五月/乃授隨駕親隨軍將都指揮使□□□部尚書守遼州刺史公既諧衣錦方欲褰帷蓋權護駕之師莫遂還鄉□□六年秋復轉/授檢校尚書左僕射守春州刺史明宗每以北面多虞委公傳命凡該利病悉請施行克洽人情實符上旨二年□月就轉金紫/光禄大夫九月薦轉檢校司空仍賜竭忠建策（策）功臣三年正月移授鄭州刺史充本州防禦使四月以義武軍節度使内聚逆黨外結匈奴黷武/窮兵深溝高壘僉曰監護無出英才乃授公充北面行營兵馬都監稟命請行奉辭討罪公外則平□助之醜虜内則斬旅拒/之渠魁遂至馘耳者谷量橫尸者山積一境之妖氣既静九霄之瑞露爰臨鳳既銜書龍初上節遂委鼙門之寄以酬□□□功四年二月授光/禄大夫檢校司徒充横海軍節度使長興初轉授檢校太保徐州大都督府長史充武寧軍節度使二年四月轉授□□□□行歧陽尹充歧陽/節度使三年七月復轉授特進依前檢校太傅行興元尹充山南西道節兼西面都部署水陸轉運□四年□□□□同中書門下平章事/兼西面諸州馬步軍都部署仍賜耀忠匡定保節功臣雞樹初栽鳳池乍啓土茅望重將□□□□□□□□□嗣君即位就加檢校/太尉弥仗統戎之術就兼掌武之榮無何歧師肆志不臣朝庭下詔伐叛方期澆湯潑雪□□□□□□□□□□六軍束手俱為助/紂之臣萬旅投戈盡作吠堯之黨公剛腸愈勁壯志不迴難屈節以事鑴固無心（下缺）樂安孫公則今/武信太師令公同歸入覲我高祖文皇帝倍弘禮遇悉有頒宣恩既殊□□□□□□□□顧謂侍臣□□朝方開疆宇正急/英雄得此二賢若生兩翼次日顯謂公曰昔者陳平去項羽而歸漢許攸□□□□□□□□□之明豈逭逃天之責曷若卿奮然壯/節赫尔忠誠忿崔杼負弒君之尤未能□戮思趙遁無出境之見果受惡名於是乃□□□□□□□□（明）德元年七月重授山南節度使仍賜安/時順國全節功臣洎文皇晏駕/今上承祧逈降白麻荐加皇擇二年正月授檢校太尉兼侍中昭武軍節□（節）□（度）仍賜匡國奉聖叶力功臣二月奉宣充右匡/聖馬步都指揮使四年三月轉充左匡聖馬步都指揮使廣政元年正月轉□□中書令充寧江軍節度使四年二月罷鎮寧江加爵邑實封/依前充左匡聖馬步都指揮使六年再授昭武軍節度使七年就加檢□□□□十年閏七月轉授山南節度使行興元尹兼充山南武定管界/洺（沿）邊諸寨都指揮使公自戎服出身轅門歷事以至三提郡印九鎮藩宣皆是將七德訓兵約六條撫俗或審其地利或酌彼人情無蠹/本之不除有倖門而必塞而況務弘簡静議絕疵瑕以至訟碑苔藻非所蕪沒再從平利繼往南梁公方欲更扇仁風重施善政旋屬晉/昌獻欵歧陽乞降朝庭命公為北面行營都招討

安撫使公授鉞之日鼕鼓而行逕自邊城深入外境無何咸陽失於慎密/洩此事宜援兵尋至於
鳳鳴降師讎成於猶豫謀乖穀楚計爽安秦景詞同議於班師公意亦思於養勇尋則逕之天水邈
彼山川旋運/心機更覩形勢將欲重提萬旅別墊（墅）六師必成電掃之功以奉河清之運旋
以癸卯年中氣疢（瘵）復作肩輿言還路遠三嗟程遙千里比翼卻迴漢/上別訪秦醫事雖類
於職良志未休（休）於城鄖散關去日將成韓信之前功渭水迴時何異武侯之故事廣政十一
年二月二十三日薨於興州之/公館享年六十有六乃歸山南僧舍備殯殮之具遺章至闕上為
愕然拉涕經旬輟朝三日頒宣賻贈常數有加都尉少卿匡弼/供奉匡仁率一行元從særsk護
來歸以不入都城權窆光夏門外亭臺之內也皇上念切元臣特加異禮降使贈太子太師賜謚溫
穆/以其年九月十五日備本官儀衛葬于國之東郊華陽縣普安鄉白土里高原禮也公娉楚國
夫人藥氏鳳推貞順素號賢/明既四德之聿修則三從之何爽有子二人長曰匡弼守衛尉少卿
駙馬都尉尚金仙長公主次曰匡堯前利州別駕娶今/太傅令公宋王之女姪一人曰匡仁充西
頭供奉官長女出適東頭供奉官安匡裔乃今山南元戎太保之子小女幼雖落髮年未勝喪/并
皆號則過傷毀將滅性爰自告□之際終日絕漿漸臨卜兆之辰無時泣血將刊貞石乃屬小才文
祜也依棲則十改年華僭濫則四遷賓職/方期退跡忽忝登朝勉就□資實由餘蔭固慙漏略莫
紀始終嗚呼哀哉掩袂拭面謹再拜而銘曰/軒后垂裔漢傑興宗竹□茂盛鍾鼎昌隆迭生將相
間出英雄後昆弈葉受福無窮其一嵩嶽降神將星儲粹尚父韜奇/黃公略異斬馬刃快穿楊鏃
利一舉摩霄自此而致其二轅門貫勇鸛陣求知當鋒效命對敵忘危岸虎方怒秋鷹正飢/勳名
既立漸陟階資其三雨露頻霑絲綸繼被武職既高兵權荐委秩峻小貂官崇大起戡定功成忠貞
譽美其四明宗應運/迥作元臣奄有萬國媚茲一人三郡作牧數載行春端揆水土兗澤惟新其
五厥有中山苞茅自絕奉命討除撅兵殄滅/盡覆梟巢尋平兔穴鳳忽銜書龍初上節其六滄溟
作翰海岱守方歧稱西輔漢號南梁九州分野五府封疆皆弘德政/克播聲光其七鳴□□臣入
據中土不可事讎須謀擇主乃以雄藩來歸高祖禮遇優隆特殊今古其八自天錫命拱極趨朝/
文皇晏駕□□承桃白麻累降瑞節頻交同心輔漢竭節匡堯其九三撫名州九鎮重地綿谷兩居
襃國罄至竹馬重迎/壺漿再□□命俄臨出關為帥其十授鉞而去鼕鼓前之勢將取□兵已及
歧援軍既入降將持疑且謀養勇須議班師其十一/敵境方□□疢（瘵）復有秦緩難訪武侯
終壽萬乘震悼分未已六師感慟分彌久盛儀一展分歸玄堂雄名千古分垂不朽其十二/前攝
興州長史王德璿書并篆鐫玉冊官武令昇鐫字

12. 后蜀广政十五年（952年）徐铎墓志铭

1985年元月20日，徐铎墓志铭出土于四川省成都市城东五桂桥附近、成都无缝钢
管厂三号门附近一座大型多耳室长方形券拱砖室墓。墓志、盖合竖立于墓葬前室棺床前

端正中，呈正方形，边长78厘米×79厘米，厚8厘米；志盖为盝顶式，盖边长77厘米×76厘米，厚14.8厘米；正方形顶面，边长38厘米×38厘米；四刹上线阴刻卷叶纹和莲花图案，每两边对称一朵莲花、一种繁花、一种剑莲；顶面中心上刻篆文"大蜀故高平徐墓志铭"，共3行9字；志盖底面内凹（图）。志正面经过打磨平整，以楷书镌刻铭文，个别镌字已蚀毁，存字1162，共38行，41排。

徐铎墓志盖拓片

徐铎墓志铭拓片

【首题】故竭誠耀武功臣左匡聖步軍都指揮副使兼第二明義指揮使金紫光禄大夫檢校太保使持節彭州/諸軍事守彭州刺史兼御史大夫上柱國高平縣開國男食邑三百戶徐公內誌/

【志文】公諱鐸字宣武本帝顓頊之裔大業之苗至伯翳左禹平土有功舜賜嬴姓其後始封於徐即彭城其/本望也至後漢徐範八代孫績為高平太守家于高平故以高平為望也公即績之苗裔矣/曾祖諱承肇皇任銀青光禄大夫檢校刑部尚書鎮州左都押衙/祖諱令釗皇任銀青光禄大夫檢校國子祭酒鎮州土客馬步使/考諱宥德皇任銀青光禄大夫檢校工部尚書守梓州別駕姚廣平宋氏公即其長子也仕/後唐莊宗皇帝同光初補充左羽林效義指揮第二都軍使及莊宗克平梁菀（苑）以軍功三年夏六/月除授銀青光禄大夫檢校太子賓客兼監察御史仍賜忠義功臣宣從興聖太子令公入蜀/高祖文帝作鎮成都改補充劍南西川節〔度〕左廂第五懷忠指揮使用是訓齊士伍習練干戈鬱有機謀勳/業始著天成三年奏加殿中侍御史長興元年春二月改轉充左廂第四宣戚指揮使明年集州行營大/顯殊功還歸京輦尋屬東川董相加兵涉於雁水大戰操橋復立巨功高祖襃其英勇署/攝普州刺史施仁布義去弊除訛百姓咸歸焉四年高祖真封承制加檢校工部尚書正守/普州刺史明德元年高祖龍飛夏六月就加檢校兵部尚書依守普州刺史是歲/高祖晏駕今上踐祚不忍改年二年春考袟（秩）未滿復加檢校尚書右僕射改轉使持節渝州/諸軍事守渝州刺史仍賜竭誠耀武功臣峽路行營都指揮使威振吳越惠安虁萬廣政元年春二月改/轉充左匡聖步軍都指揮副使兼第二明義指揮使檢校尚書左僕射赴聖主之憂勤定邊疆/之烽燧二年春三月除授使持節渠州諸軍事守渠州刺史既正六條雄歌五袴六年春二月加司空使/持節眉州諸軍事守眉州刺史守子罕清廉行國喬之惠愛七年秋就加金紫光禄大夫依前檢校司空/進封高平縣開國男食邑三百戶增封示貴列爵稱榮望重世家永隆宗祖十年奉宣充北路行/營勢動關西威加隴右十年秋八月加檢校司徒九霄雨露沛霈戰伐之勞一品元勳沐浴優隆之澤十/三年夏五月加檢校太保尋奉/宣旨補充峽路行營兼寧江軍管內沿（沿）邊諸寨屯駐都指揮使十四年冬十月除/授使持節彭州諸〔軍〕事守彭州刺史/睿澤既降梁柱已摧空悲定遠之心繼繼伏波之志以其年十有二月廿二日薨于寧江軍屯駐官舍春/秋六十有三維廣政十五年歲次壬子四月丙戌朔日葬于華陽縣善安鄉沙坎里之塋禮也/夫人清河縣君張氏男十三人長男思言左驍銳馬軍指揮第三都頭銀青光禄大夫次男殿直延楷/次男延矩前任鳳州長史又次男延範任源州別駕又次男延昭前任眉州長史又延楨前源州長史/次男延蘊前任興州長史/餘二子年齡尚幼未有成立/長女適弓箭殿直銀青光禄大夫檢校太子賓客扶風郡馬延超/中女適殿前承旨太源郡王崇遇又中女適殿前承旨京兆郡黎紹美又/中女適廣平郡焦重諤餘二女方尚稚齒遽失所恃/

公之季弟審唐比俊急難先殞於世（下缺）并兢持仁子之跡/公發跡鎮州起於蜀輔翼/明主親總軍戎拱衛兩朝五持郡印被堅執銳破敵摧兇勳績勞能備於外志慮其風雨寢漬文字/慮其磨滅故以直書正事秘於幽壤焉/鄉貢進士趙延齡撰鍋字官武刻字

13. 后蜀广政十八年（955年）孙汉韶墓志铭

1984年3月，孙汉韶墓志铭出土于成都市金牛区青龙乡西林村一座大型长方形砖室墓。志盖弃于前室中部南壁下，边长为82厘米；盖顶四刹阴刻缠枝花纹、蝴蝶、卷云纹等，正中篆书"大蜀故守太傅乐安郡王赠太尉梁州牧赐谥忠简孙公内志"，共6行24字。墓志平放于前室和中室之间，棺床之前，形状为正方形，边长82厘米，厚10厘米；志文楷书而成，共45行，每行44字，但志石中部断裂，现存1631字。

【首题】大蜀故匡時翊聖推忠保大功臣武信軍節度遂合渝瀘昌等州管内觀風營田處置等使開府儀同三司守太/傅兼中書令使持節遂州諸軍事守遂州刺史上柱國樂安郡王食邑三千戶食實封二伯戶贈太尉梁州牧賜謚/忠簡孫公内誌/門吏前遂合渝瀘昌等州觀風友（副）使將仕郎兼監按御史賜緋魚袋王父撰/前攝保勝軍團練巡官將仕郎試秘書省秘書郎白守謙書并篆/

【志文】公諱漢韶字享天其先太原人也昔周武王克商成王定之選建明德以藩屏周封康叔于衛至武公子惠孫曾耳/仕衛為卿因以為氏公即唐雲州別駕諱□之曾孫嵐州使君司徒諱昉之孫/後唐振武軍節度使贈太尉諱存進之長子大昂傳精洪□降氣早親弓劍素蘊機謀爰屬後唐高祖武皇/帝潛龍并汾先太尉握兵輔翼歲在庚申遂內稟公武皇祿公充隨使軍將天祐初轉/充定海軍副兵馬使三年武皇肷代莊宗嗣興四年春署公定安軍使墨制授銀青/光禄大夫檢校國子祭酒兼御史中丞上柱國于時寶位未定戎事方殷公累歷艱危繼伸勞劼至/癸酉轉五院第五院軍使丁丑以功升第二院兼都知兵馬使加檢校左散騎常侍兼御史大夫庚辰遷牢城都指/揮使授金紫光禄大夫檢校兵部尚書同光元年莊宗克復梁朝奄有區宇以麟州蕃落背叛命/公剪除氣祿才消絲綸荐至三年冬十有二月授公檢校尚書右僕射守蔡州刺史四年/莊宗晏駕明宗鼎新改元天成至二年秋八月就加公竭忠建策（策）興復功臣超授檢校司空依前守/蔡州刺史向國輸忠臨民布惠土豐禱袴境絕凶荒千里無虞一郡大理三年春三月除檢校司徒充彰國軍節度/觀風留後封樂安縣開國男食邑三百戶四年春三月天子以故林在乎彰國薦其祖宗公躬奉/詔書修崇清廟厥工才畢寵澤爰覃就加光禄大夫檢校太保依前充彰國軍節度觀風留後其年夏/四月值太夫人凶變俄返北京哭即過哀毀而幾滅雖□加起復而終被縗麻長興二年秋服滿/朝參尋奉宣充西面行營步軍都指揮使三年春正月除依前檢校太保遙授昭武軍節度使充

西面行營/副都部署遷封開國子加食邑二百
户四年夏六月移授武定軍節度使兼西面諸
州本城屯駐馬步軍副都部署/封開國伯加食
邑二百户改賜耀忠匡定保節功臣更峻軍權
顯持龍節師戎集睦黎庶安康舉申令以嚴明
致封/疆而肅靜明年春正月就轉檢校太傅遷
封開國侯加食邑三百會明宗遣劍嗣主承乾/
公方竭孝忠欲匡運祚而歧帥肆無君之志堅
篡立之心公乃請行營都部署山南節度使故

孙汉韶墓志盖拓片

后蜀广政十八年孙汉韶墓志铭

温穆/張公勁領銳師欲平患難及軍情龘（翻）變神器遷移遂與故温穆張公遠貢表章同
歸明聖/高祖文皇帝以公有太原之舊禮遇加崇明德元年秋七月制賜公安時順國全節功
臣授永平軍/節度使依前光禄大夫檢校太傅封開國公加食五百戶是月高祖登遐/今上纂
極二年春正月就加公開府儀同三司同中書門下平章事添食邑五百戶改賜匡國奉聖叶力
功/臣四年春三月奉宣充右匡聖馬步軍都指揮使廣政元年春正月除昭武軍節度使加食
邑五百戶食實/封一伯戶二年春二月上以公世為華族家有名才爰遵歸妹之文遂展/降嬪
之禮秋七月遽轉授公山南節度使自秩滿歸朝至七年春正月復加檢校太尉兼中書令增/
食邑五百戶食實封一伯戶其年夏六月再授山南節度使十年春正月雄武帥臣將山河而仗
順鳳集郡/守據兵甲以攜離公奉命專征籌謀制勝洎成勳烈益腆渥恩秋七月除武信軍節
度使旋/年轉左匡聖馬步軍都指揮使十有三年春正月公以聖主昭彰一德表正萬邦乃竭
赤/誠同獻徽號冊禮既餝（飾）命數弥隆就加公守太保改賜匡時翊聖推忠保大功臣十
有四年春正/月轉充捧聖控鶴都指揮使十有七年春三月再授武信軍節度使加守太傅依
前兼中書令封樂安郡王旋年/賜肩輿出入崇恩厚也公歷仕數朝久登貴位□戎有戒事主
無回以至位正公台爵/分王土將覬長施宏略永奉明時何期忽染微痾□成美瘀（疹）顧
短長而有數諒藥石以無徵以廣政十/有八年歲次乙卯秋八月丁酉朔十日丙午未罷藩鎮
薨于成都縣武擔坊私第享年七十有二/上聞之出涕輟朝七日降使持節行禮追贈太尉□
（梁）州牧賜諡忠簡其年冬十有二月乙丑朔/六日庚午以本官儀衛葬于華陽縣升仙鄉
賀仙里之原禮也贈譙國夫人李氏/公之夫人也先公歿世有子五人長曰晏琮懷忠秉義□
臣銀青光禄大夫檢校司空守右威衛大將軍守/眉州刺史兼御史大夫駙馬都尉尚蘭英長
公主次曰晏琦晏珍充東頭供奉官幼曰晏珪晏玫未/仕一女妻于武定軍節度使呂公之第
二男西頭供奉官宗祐公巨績殊庸備載外誌惟慮土昏苫駁以昧厥文別刻貞珉兼藏閟室故
直書其事者矣寋弘信刻字

买地券

1. 大蜀永平六年（916年）女弟子阿住券

1998年，女弟子阿住券出土于成都市光华路小学某五代前蜀残砖墓中，其他信息不明。

【券文】大蜀永平六年歲次丙子四月乙酉朔日寅大蜀國成都縣西市北圍女弟子阿住置造壽堂宜於成都縣文學光里福地謹告天神下及地里土地靈祇一切諸神左青龍右白虎前朱雀後玄武及五方龍神弟子阿住所置壽堂已後望壽命增延子孫昌盛富貴沖天財帛山積願比春秋一年年雨露恩沾一日日誓固今即擇其吉日開此壽堂所用石人石契共斷來期但遇天蕃（翻）地覆方來相會伏願諸神鑒知垂恩界護道樹芬芳神靈衛護今日吉神（辰）封閉壽堂主人長生延壽萬歲急急如五帝使者律令女弟子阿住置壽堂文

2. 后蜀明德二年（935年）任菩提买地券

该买地券采集于成都市东郊跳蹬河，现存于四川博物院。买地券为红砂石质，高30.7厘米，宽23.5厘米，厚2.5厘米，字径1.5~1.87厘米，正面刻楷书12行，全文共148字，背面无字。券文书法笔姿腴润，飘逸潇洒可观。

【券文】維明德二年歲次乙未十一月壬/辰朔四日乙未女弟子任菩提宜/華陽縣普安鄉沙坎里敬造千/年之宅萬歲石城今蒙了不敢/不諮白告天上下土伯左啟/青龍右啟白虎前啟朱雀啟/玄武今日封閉諸神備守任菩/提長生萬歲富貴長久石人石契/不得慢臨若人吉宅自有其/契天翻地倒方始相會今日吉/良告諸神封閉主人內外長生/萬歲

急急如五帝使者女青律令

3. 后蜀明德四年（937年）杨浔求买地券

该买地券出土时、出土地不详。现存于成都市文物考古研究所。券石为红砂石质，局部破损，高30厘米，宽32厘米，厚3厘米。券文字体正书，从右至左，共17行，满行17字，部分文字缺泐，现存200余字。

【券文】維明德四年歲次丁酉七月辛亥朔二十二/日壬申故銀青光祿大夫檢校工部尚書左/千牛衛將軍同正兼御史大夫上柱國楊浔求/生居城邑死安宅兆龜筮葉

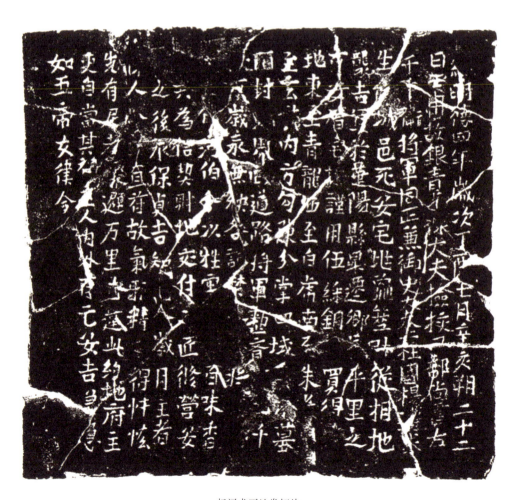

杨浔求买地券拓片

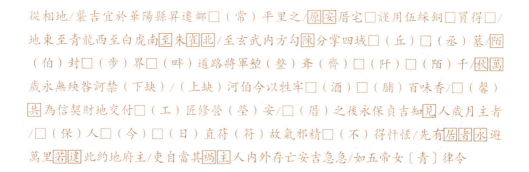

從相地/襲吉宜於華陽縣昇遷鄉□（常）平里之原安厝宅□謹用伍綵銅□買得□/地東至青龍西至白虎南至朱雀北至玄武内方勾陳分掌四域□（丘）□（丞）墓陌（伯）封□（步）界□（畔）道路將軍塾（整）齋（齊）□（阡）□（陌）千秋萬歲永無殃咎訶禁（下缺）/（上缺）河伯今以牲牢□（酒）□（脯）百味香/（馨）因為信契財地交付□（工）匠修營（塋）安/□（厝）之後永保貞吉知見人歲月主者/□（保）人□（今）□（日）直符（符）故氣邪精□（不）得忓恠先有居者永避萬里若違此約地府主/吏自當其禍主人内外存亡安吉急急/如五帝女〔青〕律令

4. 后蜀广政二年（939年）佚名买地券

1988年元月，该买地券出土于成都市双流县籍田镇竹林村六组五代后蜀双室合葬墓。该买地券位于墓葬北墓室甬道内紧靠门槛正中处，系红砂石质，残高0.6米，宽0.42米，厚0.07米，因墓室积水浸泡文字多已经无存，字体正文，仅能辨识出"大蜀广政二年"字样。买地券下部连有碑座，高0.22米，宽0.67米，厚0.27米，其上浅浮雕刻有莲花纹饰。

5. 后蜀广政十一年（948年）张虔钊买地券

1977年底，该买地券出土于成都市东郊约8公里的保和公社"天鹅抱蛋"处一座五代后蜀孟昶广政十一年（948年）大型券拱砖室墓。买地券系细红砂石所制成，平放于前室中部。买地券券文平面呈长方形，长62厘米、宽46厘米、厚8厘米。券文由楷书书写而成，共19行，312字。

【券文】維廣政十一年歲次戊申九月丙午朔十五/日庚申故匡國奉聖叶力功臣北路行營/招討安撫等使左匡聖馬步都指揮使山/南節度興鳳等州管内觀風營田處置等使/興元武定管界沿（沿）邊諸寨屯駐都指揮使開/府儀同三司檢校太師兼中書令清河郡開/國公食邑四千戶食實封三百戶行興元尹/張府君家生居城邑死安宅兆卜筮叶從相/地襲吉宜於此華陽縣普安鄉白土里之原/安厝謹用信錢買地其地東至青龍西至/白虎南至朱雀北至玄武中方勾陳分掌四域/丘承（丞）墓陌（伯）封步界畔道路將軍塾（整）齋阡陌千/秋萬歲永無咎殃若輙忓犯訶禁者將軍停（亭）長收付河伯今以牲牢酒食百味香莘（馨）共為/信契財地交付工匠修塋安厝已（以）後永保貞/吉

維廣政十一年歲次戊申九月丙午朔十五/日庚申故匡國奉聖叶力功臣北巡行營/招討安撫等使左匡聖都指揮使山/南節度興鳳等州管內觀營田處置等使/元武定管界邊諸寨七駐都指揮使補/齊候同三司撿校太師中書令清河郡相/國公食邑四千戶食實封三百戶尸/家生居城邑死安宅北卜筮叶從相/此襲君宜於山華陽縣普安鄉白土里之/安居謹用信錢買地其地東至青龍西至白/虎南至朱崔北至玄武中方勾陳分掌四域/丘承墓陌封步界將軍整齊阡陌千/秋萬歲永保無咎若忓恠犯訶禁者將軍停/長收付河伯今以牲牢酒食百味香辇共為/信契財地交付工匠修塋安厝已後永保貞/吉知見人歲月主者保人今日直符故氣邪/精不得忓恠先有居者永避萬里若違此約/地府主吏自當其禍主人內外存亡安吉/急急如五帝使者律令

张虔钊买地券拓片

知見人歲月主者保人今日直符故氣邪/精不得忓恠先有居者永避萬里若違此約/地府主吏自當其禍主人內外存亡安吉/急急如五帝使者律令

6. 后蜀广政十四年（951年）王府君买地券

1956年，该买地券采集于成都东门外跳蹬河。现存于四川博物院。

【券文】維廣政十四年歲次辛亥月庚申朔廿五/日大蜀國成都府故竭毅勇功臣左匡聖第一指揮使銀青光祿大夫檢校工部/尚書右僕射兼禦史大夫上柱國王府君地券生/居城邑死安宅兆（龜筮）協從相地襲吉宜於普安鄉白土裏之原安居謹使銅錢買得此地上至青天下至黃泉東至青龍西至白虎南至朱/崔北至玄武中方勾陳分掌四域丘承墓陌封/步界畔道路將軍整齊阡陌阡（仟）秋萬歲永保/九吉知見人歲月主者保人今月今日直符故/氣邪精不得忓恠先有居者永避萬裏若違/此約分付地府主吏自當其禍急急如律令/

7. 后蜀广政十五年（952年）徐铎买地券

1985年元月20日，该买地券出土于四川省成都市城东五桂桥附近、成都无缝钢管厂三号门附近一座大型多耳室长方形券拱砖室墓。买地券扰乱平放于M1前室棺床南端，略成正方形，其边长为36.5厘米×32.8厘米，厚2.7厘米。买地券边框阴刻双线，四角饰有蝴蝶花纹，双线内为三角形纹饰，券上共刻有207字，共13行，16排。

【券文】維廣政十五年歲次壬子/府君地券生居城邑死安宅兆龜筮叶/從相地襲吉宜於華陽縣鄉里/之原安厝謹用伍綵信錢買得其地東/至青龍西至白虎南至朱雀北至玄武/内方勾陳分掌四域丘承（丞）墓陌封步界/畔道路將軍墊（整）齊千陌千秋

徐铎买地券

萬歲永無/殃咎若輒有忓犯呵禁之者將軍停（亭）長收付/河伯今以牲牢酒食百味香新（馨）共為信契財/地交付工匠修營（塋）安厝已（以）後永保貞吉知見/人歲月主者保人今日直苻（符）故氣邪精不得忓愫先/有居者永避萬里若違此約地府主吏自當其禍主/人內外存亡安吉急急如五帝使者女清（青）律令

8.后蜀广政十八年（955年）宋琳买地券

1957年，该买地券出土于四川省彭山县观音乡七一农庄十四生产队窑厂的一座五代墓。该买地券置放在墓前室西壁，为红砂石质，石券有座，座上有莲瓣花纹，高14厘米、长58厘米、厚17厘米。券高64厘米，宽43厘米，厚5厘米，为迄今所见后蜀时期最大的买地券碑，比上录张虔钊买地券碑还要大一些，边沿有阴刻花纹，中间阴刻铭文13行，行字不等。原报告附有拓片图影，未录券文，据拓本图影辨识如下。

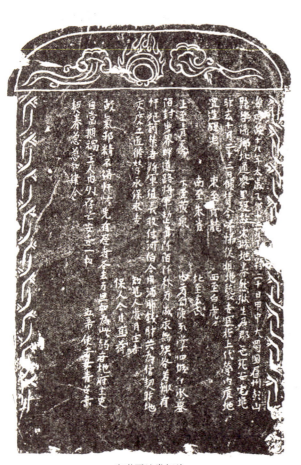

宋琳买地券拓片

【券文】維廣政十八年太歲乙卯十二月乙亥朔二十日甲申大蜀国眉州彭山/縣樂陽鄉北通零里歿故宋琳地券然琳生居郡邑死安宅兆/□去十月二十三日傾背今歸協從相地襲吉宜於上代營（塋）內庚地/置造鎮宅東至 青 龍西至白虎/南至朱雀北至玄武/上至青天下至黃泉內方勾陳分掌四域丘承墓/陌封步界畔道路將軍埶（整）齊扦陌忓秋万歲永無殃咎若輒有/忓犯呵禁者將軍值長收付河伯今用酒脯錢財共為信契財地/交度工匠修營（塋）永保求吉知見人歲月主

者／保人今日直符／故氣邪精不得忏恢先有居者各去万里如為（違）此約者地府主
吏／自當期禍主人内外存亡安吉一如五帝使者女青召書／契券急急如律令

9. 后蜀广政十八年（955年）谯氏买地券

1960年，该买地券出土于四川省温江地区大邑县安仁乡联合大队（今成都市大邑
县安仁镇），清理情况不详，现存于成都市大邑县文物保护管理所。该买地券为红砂
石质，通高34厘米，宽42厘米，厚4.5厘米。券石上端左、右抹角，呈碑形，额部线刻
菊花图案。券文字体正书，从右至左，共12行，每行15至19字不等，全文217字。

【券文】大蜀國邛州安仁縣廣德鄉和眾里□（奉）□（道）／女弟子安定郡譙氏
謹用閏九月廿五日於此和／眾里置立吉宅之原謹用五絲五菜酒脯□（金）□（銀）
／信錢對天地眾神買得此田一
圍封一十目東至青龍／西至白
虎南至朱雀北至玄武内方拘
（勾）陳則當□□／謹將青石
一牧（枚）替代生人之永鎮
壽堂之宅今逢／良友勸課修因
置立壽堂吉宅後影（願）保
千春永／無災難故氣邪精萬福
（弗）來襲養魂長魄保壽／千
春仙洞靈宮保存吉壽永無災
禍置立吉宅之／後青龍守左白
虎守右朱雀居前玄武守後譙
氏／今日設延意者覺凡夫之脆
（危）境無保壽而有終丘／墳
上聖猶然吉慶永壽遐年急急如
律令

谯氏买地券拓片

241

10. 后蜀广政十八年（955年）乐遥之买地券

该买地券出土时、出土地不明。现存于四川博物院。

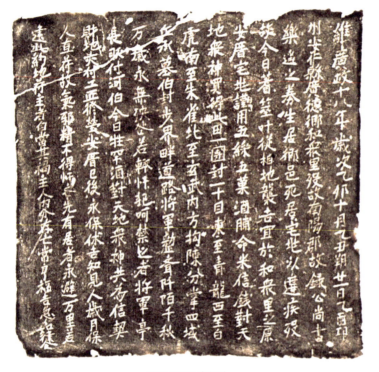

乐遥之买地券拓片

【券文】维廣政十八年歲次乙卯十月乙醜朔廿一日乙酉邛/州安仁縣廣德鄉和眾裏殁故南陽郡故錄公尚書/樂遥之券生居鄉邑死居宅兆以遘疾殁/故今日著筮菜從相地冀吉宜於和眾裏之原/安厝宅兆謹用五彩五果酒脯命米信錢對天/地眾神買得此田一圍封一十目東至青龍西至白/虎南至朱雀北至玄武內方

拘陳分掌四域/丘承墓伯封步界畔道路將軍整齊阡陌仟秋/萬歲永無殃咎若輒忓犯呵禁之者將軍亭/長收付河伯今日牲罕（牢）酒對天地眾神共為信契/財地交付工匠修塋安厝已後永保休吉知見人歲月保/人直符故氣邪精不得忓咨先有居者永避萬裏若/違此約地府主者自當其禍主人內外存亡常亨福吉急急如律令

11. 后蜀广政十九年（956年）刘瑭买地券

2017年3—6月，该买地券出土于成都市海滨村年家院子区域一座带券顶的长方形砖室墓。买地券系红砂石质、券石完整，方形，长35.4厘米，宽33厘米，厚2.2厘米。字迹清晰、书写工整。券面四边阴刻单线框栏，框栏内阴刻短线纹。

刘瑭买地券

【券文】維廣政十九年歲次丙辰八月一日庚申/故彭州就糧左定戎指揮使前守蓬
州刺史劉瑭/地券生居城邑死安宅兆今蔔歲月/吉日宜於華陽縣星橋鄉望鄉裏之/原安
厝其地東至青龍西至囼虎南/至朱雀北至玄武內方構陳分掌四/域丘丞墓陌封步界畔
道路將軍整/齊阡陌仟秋萬永無殃咎呵禁之者/將軍停長收付河伯今以牲牢酒脯/百味
香新共為信契安厝已後永保/貞吉知見人歲月主者永避萬歲符/故氣邪精不得懺悢先
有居者永避/萬裏若違此約地府主吏自當其禍/主人內外存亡安吉/急急如五帝使者女
青律令

12. 后蜀广政二十年（957年）孔目官□府君买地券

2001年，该买地券出土于成都西郊苏坡乡西窑村七组西城家园小区工地砖室墓M21。该买地券为红砂石质，长38.5厘米，宽37.5厘米，厚3厘米。券文阴刻，15行，字迹已风化，难以辨识。

【券文】□（唯）廣政□（二）□（十）年歲次丁巳四月□（戊）□（午）朔七/（上缺）□孔目官□府君地券生/（上缺）宅兆龜筮叶從相地襲吉宜/（上缺）鄉勸同里之原安厝其地/（上缺）東至青龍西至白虎/南（下缺）北至玄武内方勾陳

孔目官□府君买地券拓片

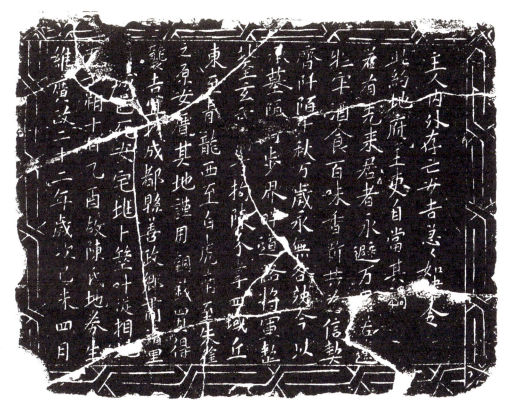

陈氏买地券拓片

分掌四域/丘承（丞）墓伯封步界畔道路將軍整齊阡陌/（上缺）訶禁之者將軍亭長/（上缺）河伯今以牲牢酒餔百味香新（馨）共為/（上缺）安厝己後永保/（缺汹）/（上缺）者永避萬里若/（上缺）地府主吏自當其禍主人內外存/（上缺）如五/（上缺）青□令

13. 后蜀广政二十二年（959年）陈氏买地券

　　1999年1月，成都市文物考古工作队在青羊区土地开发公司石人八组返迁房工地清理出一座后蜀墓出土了此买地券。现存于成都市文物考古研究院。该买地券系红砂石质，高31.5厘米，宽41厘米，厚3.3厘米。券文从左至右，共13行，每行12~13字不等，全文共161字。

【券文】維廣政二十二年歲次己未四月/丙子朔十日乙酉故陳氏地券生/居城邑死安宅兆卜筮叶從相地/襲吉宜於成都縣善政鄉肅清里/之原安厝其地謹用銅錢買得/東至青龍西至白虎南至朱雀/北至玄武四方拘陳分掌四域丘/承（丞）墓陌封步界畔道路將軍墊（整）/齊阡陌千秋萬歲永無咎殃今以/牲牢酒食百味香新（馨）共為信契/若有先來居者永避萬里若違/此約地府主吏自當其禍/主人內外存亡安吉急急如律令

14. 后蜀广政二十五年（962年）李才买地券

1977年，该买地券出土于蒲江县东北乡干柏村的一座砖室墓内。现存于成都市蒲江县文物保护管理所。该买地券为白砂石质、碑形。券座宽42厘米，高7厘米，厚7厘米，浮雕覆莲花5瓣；半圆形碑帽，浮雕卷云纹半圈，正中高7厘米；券身高30厘米，宽35厘米，厚3.2厘米。券文阴刻楷书，从左至右书，12行，字迹清楚。

李才买地券拓片

【券文】維廣政二十五年歲次庚申十二月乙/酉朔十八日壬寅今有邛州蒲江縣美/充鄉善通里沒（歿）故亡人李才之靈（靈）今用/銅錢萬萬九千九伯（百）九十九文就於黃（皇）/天父后土母十二神邊買得前件墓田周/流壹傾東至青龍西至白虎南至朱雀/北至玄武上至蒼天下至黃泉四至分明/即日□（錢）財分付天地神名（明）了保人張/堅固李定度知見〔人〕東王父西王母書契/人石功曹讀契人金主簿書契人/鳥飛上天讀契人魚入黃泉/急急如律令

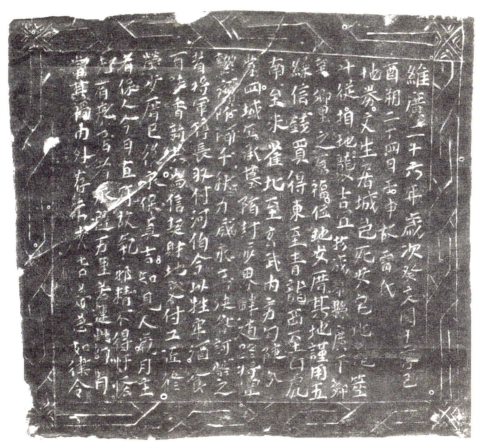

雷氏买地券拓片

15. 后蜀广政二十六年（963年）雷氏买地券

2008年4月，该买地券出土于成都市金牛区永陵公园古遗址M12中。该买地券长33.3厘米，宽37.2厘米，厚2.6厘米。券石临边处线刻边框，券文字体正书，从左至右，共15行，213字。

【券文】维廣二十六年歲次癸亥閏十二月己/酉朔二十四日壬申故雷氏/地券文生居城邑死安宅地龟筮/叶從相地袭吉宜於成都縣廣千鄉/望鄉里之原福位地安厝其/地謹用五/綵信錢買得東至青龍西至白虎/南至朱雀北至玄武内方勾陳分/掌四域丘承墓陌（伯）步界畔道路將軍/墊（整）齊阡陌千秋万岁永无殃咎訶禁之/者將軍停（亭）長付河伯今以牲牢酒食/百味香新共為信契財地交付工匠修/塋安厝已後永保

贞吉知见人歲月主／者保人今日直符故 [氤] 邪精不得忏悔／先有永居者永避万里若 [違] 此 [約] 自 [圖] 其祸内外存亡安吉急急如律令

16. 后蜀政二十七年（964年）徐公买地券

1988年元月，该买地券出土于成都市双流县籍田镇竹林村六组五代后蜀双室合葬墓。该买地券连同台座放置于墓葬南室棺台前部正中紧靠棺床处。台座文碑为红砂石质，全高86厘米，碑体宽39厘米，厚6厘米。石碑上部的半圆形碑帽相对要宽厚一些，帽宽43.8厘米，厚7.4厘米，弧高14.5厘米。石碑放置在一雕刻有驮碑石龟的碑座之上，石龟昂头伸爪，四肢匍匐，爪尖刻画锋利，锥尾内卷，龟背满布多重回纹，石龟长约33厘米，宽33厘米，引颈高约20厘米。买地券券文采用一顺一回的竖行倒文书写方法，字体正书，券文剥蚀严重，字迹漫漶不清，共11行，存110余字。

【券文】维大蜀廣政二十七年六（下缺）／（上缺）日丙申陵州籍縣漢陽鄉／思恩里歿故亡人徐公（下缺）／（上缺）十（下缺）丑（下缺）九日亡家人用錢萬萬／千千貫於黄土將（下缺）／（上缺）青龍西接白虎南接朱雀北接／玄武上至蒼天下至黄泉用作（下缺）／（上缺）鬼不得侵□亡人徐延保人／張堅固李定度天上功曹地下（下缺）／（上缺）于地下鬼母共同證知書券人／東海童子書券了自還東海急（下缺）

徐公买地券拓片